ミネルヴァ日本評伝選

夢、大きく膨らませてみなはれ

# 佐治敬三

小玉　武　著

ミネルヴァ書房

# 刊行の趣意

「学問は歴史に極まり候ことに候」とは、先哲荻生徂徠のことばである。

歴史のなかにこそ人間の智恵は宿されている。人間の愚かさもそこにはあらわだ。この歴史を探り、歴史に学んでこそ、人間はようやくみずからの正体を知り、いくらかは賢くなることができる。新しい勇気を得て未来に向かうことができる。徂徠はそう言いたかったのだろう。

「ミネルヴァ日本評伝選」は、私たちの直接の先人について、この人間知を学びなおそうという試みである。日本列島の過去に生きた人々の言行を、深く、くわしく探って、そこに現代への批判を聴きとろうとする試みである。日本人ばかりではない。列島の歴史にかかわった多くの異国の人々の声にも耳を傾けよう。

先人たちの書き残した文章をそのひだにまで立ち入って読み、彼らの旅した跡をたどりなおし、彼らのなしとげた事業を広い文脈のなかで注意深く観察しなおす——そのとき、はじめて先人たちはいまの私たちのかたわらによみがえってくる。彼らのなまの声で歴史の智恵を、また人間であることのよろこびと苦しみを、私たちに伝えてくれもするだろう。

この「評伝選」のつらなりのなかから、列島の歴史はおのずからその複雑さと奥ゆきの深さをもって浮かび上がってくるはずだ。これを読むとき、私たちのなかに新たな自信と勇気が湧いてきて、その矜持と勇気をもって「グローバリゼーション」の世紀に立ち向かってゆくことができる——そのような「ミネルヴァ日本評伝選」にしたいと、私たちは願っている。

平成十五年（二〇〇三）九月

上横手雅敬
芳賀　徹

ウイスキーをテイスティングする佐治敬三

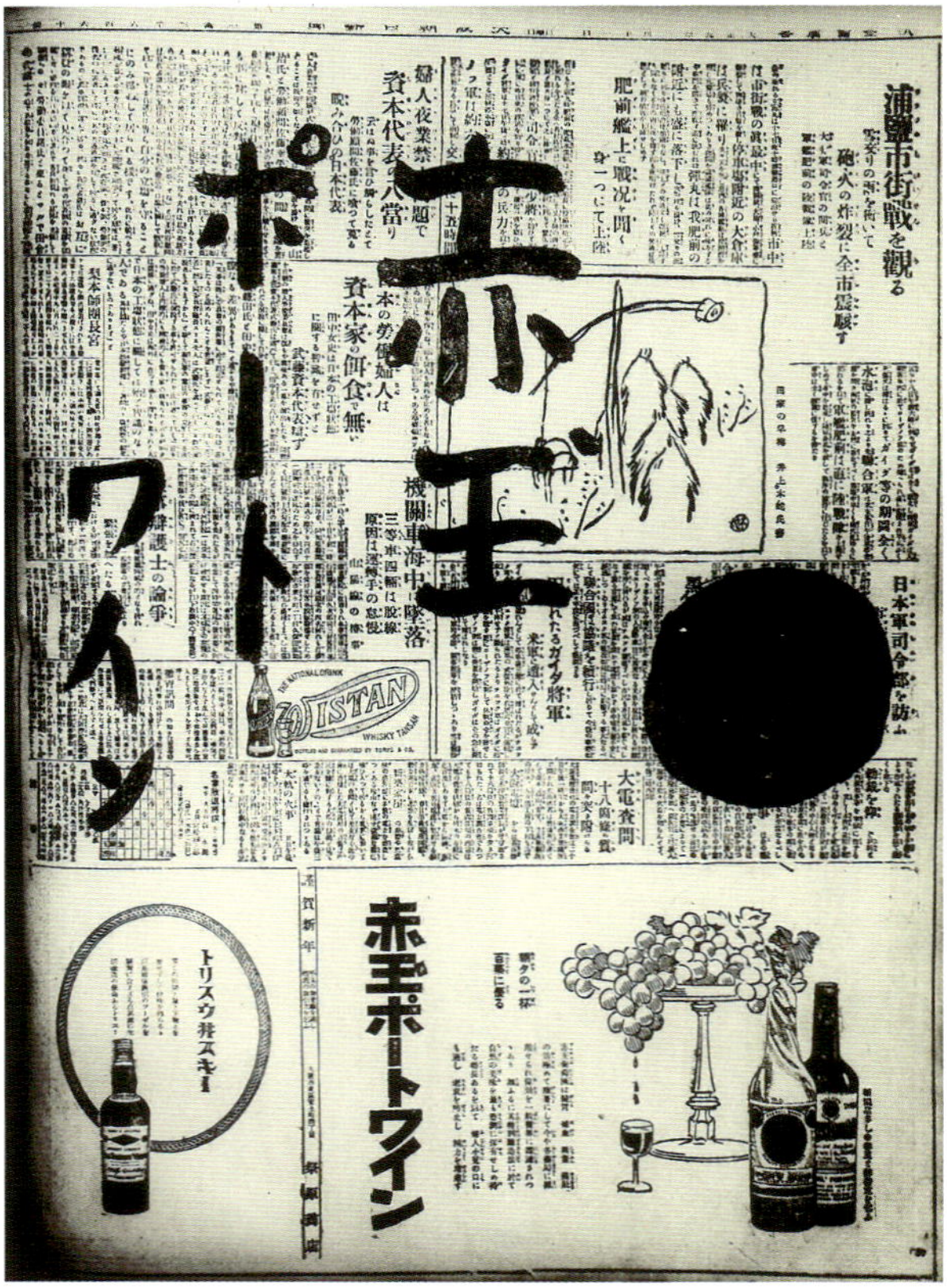


赤玉ポートワイン新聞一面広告（大正９年１月11日）

ウイスキーのテイスティングをする鳥井信治郎と佐治敬三

動くアンクルトリスのPOP

純生ビールを手渡す佐治敬三（昭和56年）

# 佐治敬三——夢、大きく膨らませてみなはれ

目次

プロローグ　「佐治敬三」とその時代……1
異色・異才・異能　評伝というかたち　答えは一つではない
二代目の人間性　これを解くヒント　新しい文化と大きな稔り

第一章　商都大阪の臍——青は藍より出でて藍より青し……9
1　父と子——商いの遺伝子、そして道修町に生まれる……9
大正デモクラシーの落とし子　船場・道修町という土地柄
2　船場商人の流儀——信治郎と「学歴」……13
父・信治郎と近江の気風　独特の商家の賑わい　父の教育観
開高健の大先輩　信治郎の面目躍如
3　小西儀助商店——「青雲の志」に目覚める……25
丁稚七年　新しい時代と小西儀助
4　明治四十年四月一日——時代は大転換期……30
赤玉ポートワイン　製品開発力と広告の効果　敬三が生まれた
十一歳下の次男坊

目　次


第二章　モダンの風と「郊外文化」――昭和戦前期の「阪神間」……39

1　阪急宝塚線の雲雀丘へ――幼・少年期から青年時代……39
大阪郊外へ転居　敬三の一文

2　〈伝説〉の中の父・信治郎――「回想記」をたどる……43
「池田」の宅地開発　池田からさらに西郊へ　雲雀丘花屋敷

3　鳥井三兄弟――語り継がれる兄弟のきずな……56
雲雀丘家なき幼稚園　友人にめぐまれた学校生活
浪速高等学校尋常科を志望　突然の養子縁組と母の死　虫の勇気

4　浪高・仏教青年会――河合栄治郎・リベラリズムの思潮……69
病弱で内省的な性格　読書癖と浪高の高等科へ　河合栄治郎に心酔
阪大理学部への進学と兄の死

第三章　戦中・戦後、新たな出発――「希望」という名のチャレンジ……85

1　学徒出陣と阪大理学部小竹教室――一冊の『文藝春秋』……85
太平洋戦争の渦中へ　恩師小竹無二雄の涙

2　ここも戦場だ——海軍技術将校としての三年間……91
青島での教育訓練　第一海軍燃料廠という機関
佐治敬三技術大尉の研究課題　第一陣の組だった弟・道夫
陸海軍、その確認　神奈川県にいた敬三と道夫
坂口謹一郎博士と平賀譲軍艦総長
3　復員、そして寿屋入社——敗戦の〝リアル〟に戦慄……107
終戦、初志を貫くために　焼跡からみた大阪城
4　アカデミズムと実践——喪失感の回復へ……112
研究所と『ホームサイエンス』　サントリー文化の源流
第四章　創業者的「二代目」として——何か為すあらん……121
1　信治郎は徒手空拳で——「ススメ、ススメ!……」……121
潜んでいた骨太の「志」　徒手空拳の挑戦　商いは「攻めの精神」
ガルブレイスと鳥井信治郎　信治郎流の点火装置
ホテルニューグランド
2　『ホームサイエンス』の原風景——知られざる〝傑作〟……138
マイクロフィルムで保存　プランゲ文庫にみる研究所の陣容

牧羊子の存在感　『ホームサイエンス』の風景
編集長・佐治敬三の胸の内　『週刊朝日』のインタビュー
3　帝大理系卒の若き経営者――小林一三と〈商い〉の精神……152
大いなる助走期間　「修養団」と人間形成　河合栄治郎と阿部次郎
〈社業〉に目覚める
4　人間の絆――黄金期の再来と『洋酒天国』の時代へ……166
動き出した若き専務　片岡敏郎時代のこと　「やはり、人が原点や」
山崎隆夫、そして開高・山口・柳原……

第五章　理系の経営者――経験・論理・閃き、様々なる意匠……179

1　近代化を育んだワイン――大正モダニズムと寿屋……179
「危機」と隣り合わせの経営　「アカダマ」とスカラーシップ
中谷宇吉郎博士のこと　株式会社「寿屋」の誕生
坂口謹一郎と川上善兵衛　「開かれた」坂口博士の研究室
「岩の原葡萄園」の再興　甦った葡萄園
2　伝統と革新――「大将」信治郎から理系の敬三へ……203
社長就任、敗戦からの出発　経営者開眼、そして挑戦
生産拠点の大増設

3　ウイスキー、飛躍へ――「舶来崇拝思想」との闘い……211
トリスにこだわったわけ　マスターブレンダーの矜持　鼻の芸術
4　マーケティング戦略――『洋酒天国』と開高・山口・柳原……225
機いたれば汝それをなさざるべからず　マーケティングの時代の到来
第六章　「逆風」とはこう闘う――敢闘精神とは何か……237
1　ビール事業へ挑戦――「君はビールが売れる顔しとるな」……237
決意したビール事業への発進　ビール事業へ挑戦　首都圏への集中作戦
寡占市場へいかに乗り込むか　遂にZ旗はあがった　社名変更を断行
関西地区も発売、しかし……　〈純生〉を発売して「生」で先行
2　「経営」に大義あり――「やってみなはれ」と行動の哲学……273
経験の閃きから　ビールの需要を読む「視点」
「現場」中心主義と小さな本社
3　総合力と集中力――「超酒類企業」という大構想……281
「超酒類企業」とは何か　社是一新
4　スタイルのある経営――骨太のリベラリズム……287
国際酒類資本との闘争　関西財界リーダーとしての修業時代

EXPO '70 大阪万博まで
第七章　「コマは回ればシャンとするんや」――「人間通」の経営学……297
1　佐治敬三の日本的経営――「生活文化企業」の実現へ……297
「ケイゾウ・サジ」　日本的経営者が「米国流」を実践
2　経営者の条件――行き詰まりからの脱出……306
会社の寿命　サントリーホールの建設と「オールド」不振
花開く「夕方の文化」　サントリーホールのブランド価値
3　「諸君！」上役をこき使おう――素朴なアイデア発想装置……322
自由主義経済と日向方斎　上役を「動かす」装置
「マルめメモ」の効用か
第八章　誰のための会社か――精神のエネルギー……331
1　グローバリズムの時代へ――「企業文化」と技術の力……331
企業分割論　進出はたした海外拠点
2　パイオニア精神の一考察――会社の進化……337
M&A　理系が「ハッピー」な会社

3 財界活動とは何か――「コミュニティー」の推進力……346
千里の万国博覧会　財界人として　喧しい遷都論
アダとなったサービス精神

第九章 「夢」は大きく――「文化」を生みだす企業哲学……365

1 サントリーホールはなぜ成功したのか――カラヤンの助言……365
演奏家と聴衆が一体となる「理想」　マエストロの指摘

2 石橋を叩けば渡れない――出る杭を伸ばそう……372
西堀栄三郎と不思議な共通項　とにかく「やってみなはれ」

3 逸材の孵卵器をつくる――「サントリー文化財団」……377
音楽財団と文化財団を設立　国際シンポジューム「日本の主張」

エピローグ 〈個〉を開くひと……387
落穂ひろい　大阪大学佐治敬三記念ホール　沖縄文化の遺宝展
ロマネ・コンティ　スポーツ文化振興　岩波文化と敬三
映画「アルゴ・プロジェクト」　青いバラを咲かせた　玄鳥俳句の粋
創業百周年　美感遊創　豊饒の人生

参考文献　407
あとがき　413
佐治敬三略年譜　421
人名索引

# 図版一覧

佐治敬三（柳原良平画）……カバー写真
ウイスキーをテイスティングする佐治敬三……口絵1頁
赤玉ポートワイン新聞一面広告（大正九年一月十一日）……口絵2頁
ウイスキーのテイスティングをする鳥井信治郎と佐治敬三……口絵3頁
動くアンクルトリスのＰＯＰ……口絵4頁
純生ビールを手渡す佐治敬三（昭和五十六年）……口絵4頁

寿屋第一号広告（『大阪朝日新聞』明治四十年八月十九日）……32
赤玉ポートワインの新聞広告……33
住吉町の寿屋（大正三年頃）……35
幼少期の敬三……42
家族での記念写真（右から二番目が敬三）……60
大阪帝大での敬三……82
焼野原の大阪（終戦直後）（毎日新聞社提供）……110
寿屋大阪工場（終戦直後）……125
『ホームサイエンス』（創刊号）……140
片岡敏郎（左から三人目）井上木它（左から五人目）……170

サントリーの宣伝を支えた面々（開高健・矢口純・山崎隆夫・坂根進・柳原良平・山口瞳）
（『サンデー毎日』より）……175
トリスバーの外観……228
トリスウイスキーのCF……231
「トリスを飲んでHawaiiへ行こう！」のポスター……232
サントリービール発売時の広告……262
サントリー〈純生〉の広告……269
店頭で自ら販売する敬三……272
父・信治郎と敬三（昭和三十三年）……283
サントリーホール大ホールのステージとオーストリア・リーガー社のパイプオルガン……367
大阪大学中之島センター（十階に佐治敬三メモリアルホールがある）……390

▨写真図版は特記以外サントリーホールディングス株式会社提供

# プロローグ　「佐治敬三」とその時代

シリーズ「ミネルヴァ日本評伝選」の一冊として、佐治敬三の生涯をたどりながら、一時代の企業経営者の精神とその業績をつづろうと思う。

## 異色・異才・異能

この人物はふつうにいわれる経営者とはちょっと違っていた。それは学者をめざしていた理系であったとか、書斎派にかたよっていたとかいうことではもちろんない。

創業者のあとを継いだふつうの二代目だったら、これまで書かれた何冊もの書物があるのだから、このうえ屋上屋を架す必要はないだろう。けだしこの人物は初代が成し遂げた実績の何倍もの規模に育てたすぐれた経営者にして内省的な表現者、しかしながらカリスマとは遠く、素朴に俳句を詠むふつうの日本人でもあった。社長として陽気にパーティーのステージで歌ってみせている陰で、内視の苦味をかかえている晦渋な近代人《モダニスト》でもあった。

佐治敬三は、「不幸にしてオヤジと違って、私には神仏はないのでね」とやんわり語る人でありながら、般若心経も、新訳聖書も、シェイクスピアも諳《そらん》んじることのできた、やはり〝インテリ〟だった。井上靖、阿川弘之氏という小説家と対談をしても、話題がとぎれることはなかった。最晩年には、万という蔵書をもちながら、正岡子規の『墨汁一滴』と『仰臥漫録』を愛読してやまぬ人であったのだ。

じつは私自身、昭和三十六年（一九六一）五月、佐治敬三が社長に就任した年の秋に、サントリーの前身「寿屋」の入社試験で同社長の面接を受けて入社した。その後三十八年間、この経営トップのもとで薫陶をうけてきた経験をもっている。

そして私が同社を退職した年は、すでに会長になっていた佐治敬三が享年八十で逝去した年の翌年、つまり平成十二年（二〇〇〇）であった。したがって、この年からすでに十余年が過ぎてしまったわけだが、ふり返ってみると私は、佐治敬三が社長として在任したおよそ三十年間と、会長になってからのまる八年間を、同社の宣伝、広報部門と文化事業部門などに在職していたことになる。

さて、いうまでもなく佐治敬三は、戦後「昭和」を代表する企業経営者の一人である。

理学部化学科の出身でありながら、マネージメントやマーケティングのセンスにめぐまれ、企業文化、生活文化を、人びとの目に見える実体のある具体的な事業で、展開して示した経営者であり、一方、今日の視点からみても、〝文化〟の推進者であり、擁護者であったといってよいであろう。

そして企業経営という枠にとどまることなく試みかつ実践した「生活文化」への取り組みは、若くして経済界に登場したばかりのころから知られるところとなったのである。それにはサントリーホールや芸術財団（音楽事業、美術館事業）および文化財団という二つのサントリー公益財団の活動などをあげるまでもないのである。

理系の人ではあるが、芸術・文学に親しみ、みずから綴ったエッセイ集や折にふれて絵筆を執った絵画や、晩年のたのしみであった書や俳句まで含めて、それらの創作活動は、時代をいきいきととらえて、表現は際立っており、一経営者の筆のすさびとはいいきれぬものがあった。

しかし、ここでまずもって感じることは、「評伝」という言葉の重さと、書き手としての私の立場の機微とでもいおうか、そんな遅疑《ちぎ》逡巡《しゅんじゅん》である。たとえ

## 評伝というかたち

ば、小説家・阿川弘之氏は名著といわれる『志賀直哉』が出たとき、ある座談会で、自著であるこの作品を評伝と呼ばれることを好まない、と発言したのである。

伝記文学の名手・阿川弘之氏を引き合いに出すとは畏れを知らぬ神経ともいえようが、あえて書くならば、阿川氏は「評」はしていない、ただ伝記として綴ったのだ、ということを、やや強いひびきで語ったのである。

いうまでもなく、志賀直哉は阿川氏にとって文学の師であった。そこで「評」はしない、ただ厳然として存在する直哉をそのままに書こうという姿勢を貫いたのではないか、と私には思われたのである。これは小説家としての師弟の場合だが、それにしても阿川弘之にして、このような姿勢をとり、腹を据えてとりかかる必要があったということであろう。それは師・志賀直哉への敬慕と親愛の深さに通じることであり、また、一切を捨象《しゃしょう》して、直哉の文学の真髄に迫ろうとする阿川氏の息遣《いきづか》いがつよく感じられるのである。

このことが、今、私にもよくわかる。

幸い、といえば語弊があるが、私は佐治敬三が率いてきたサントリーという企業を去ってすでに十余年という、長い、いわば頭を冷やすためのクール・オフの期間を終えている。ようやく灰汁（あく）が抜けてきたようである。

ひるがえってまた、この歳月をつねに佐治敬三とサントリーという企業についてあれこれ考えをめぐらしてきたことも事実である。だからこそ、今もってまだ、サントリースピリッツが毛細血管の中にまで流れているのではないかと問われれば、そうかもしれない、と答えるしかないだろう。しかし、この二つは矛盾することではない。

ともあれ現実を歪めてはいけないと思う。なによりも必要なのは、企業経営を通じて時代と四つに取り組みながら、つねに同時代をリードしつづけた佐治敬三の全生涯を真摯にたどることなのだ。それが唯一の私の「立場」であり、「方法」とするべきことだと肝に銘じたのである。そんなことをはじめにあたり、断っておきたいと思う。

まず、素朴な問いからすすめていきたい。

### 答えは一つではない

佐治敬三とは、どんな企業経営者であったのか。答えはいくつか用意されている。

高度経済成長期には、そのもちまえの才能にモノをいわせ、二代目らしからぬ手腕を存分に発揮して、基幹事業である洋酒部門を発展させ、そのうえで鉄壁の寡占市場といわれたビール事業への挑戦を敢行した。さらに多くの文化的な新規事業を展開し、数々の成功をもたらした経営者であった。

これは正解であろう。だが、これだけでは説明不足である。答えとして弱い。

では、このような説明がある。

「生活文化企業」を真っ先に標榜し、サントリーの中興の祖として、ウイスキーやワインを製造販売する一酒類企業から、大規模な装置産業であるビール事業に乗り出して、ややもすれば前垂れ的な社風と規模といわれかねない「洋酒の寿屋」を、近代的な一大企業に伸《の》しあげた功労者であった。さらに開高健、山口瞳、柳原良平などという才能を発掘し、大正末年から昭和初期にかけての寿屋宣伝部の第一次黄金期につづく、昭和三十年代から数十年にわたる第二次宣伝部黄金時代をつくりあげ、広告文化に寄与した。

これもまあ妥当な指摘であり、間違ってはいまい。しかし、まだ十分な答えとはいいかねるのである。

それでは視点をすこしずらし、人物に焦点をあてた答えは用意できぬものか。

佐治敬三は、道修町《どしょうまち》の両替商の家に生まれた稀代の実業家であった父・鳥井信治郎の次男であり、少年時代、次男であったがゆえに母方の親戚・佐治家の養子となった。佐治敬三という名の由来である。さらに成人してからは、早世した兄・吉太郎の代わりに父の会社を継ぐため、みずから有機化学研究に没頭していた大阪大学理学部の小竹無二雄博士の教室を辞して寿屋に入社した。そして、理系の才能をいかし、〝家業〟の伝統をまもりながら、サントリーをゆたかな「企業文化」を展開する近代的企業に発展させた。

しかし、これとても、正解ではあろうが、先の答えと同語反復的だといわれかねないプロフィールの断片にしか過ぎないのである。

## 二代目の人間性

いうならば、佐治敬三という経営者は、冒頭にしたためたように、このような説明ではとうてい捉えきれないものをもっていた。いくつもの顔があり、しかも柔軟でありながら、輪郭のしっかりした結晶構造のような、何か確かなものを内に秘めていることを予感させるようなところがあった。そしてなによりも、新しいこと、好奇心を刺激されるような奇抜なことや人間臭いことが好きで、内省的な人のようでいて、人びとのまえでその人間的側面を開陳して見せることもいとわなかった。海外からやってきた客人のまえで宴会芸もやれば、パーティーではステージにあがり、得意のドイツ歌曲や、自社のコマーシャル・ソングを歌った。もちろん、企業のトップとしては、よそ行きの顔をしてブラックタイを身につけて、経営者賞や華やかなベストドレッサー賞などを何度も受賞していたけれど、しかし決してそれだけではなかった。前垂れ姿で酒販店の店頭に立って、お客さまに深々と頭を下げ、

「毎度、ありがとうございます」

と、心からいえる根っから商いの心をもった人でもあった。

〝二代目〟の大らかさとゆとりをもちながら、創業者的エネルギーと理系の鋭さをもった企業家、いや、起業家であったというべきであろう。しかしこれも、具体的でないというだけでなく、いちば

ん大事な佐治敬三の人間性そのものや、そのやや複雑味を帯びた価値観や、若いころからの持論でもある人生観、さらに処世についての考え方には、なにも触れられていない。

### これを解くヒント

うつろいやすく、激動する時代である。すでに私たちは、図らずも3・11という未曾有の東日本大震災と原発事故を体験している。「一寸先は闇」とは、真実を衝いた実感のある言葉だ。いつ何が起こるかわからないのである。

高度経済成長期の内外からの強い刺激を柔軟に受けとめて、それを「実績」という見える形に演出し、みずからを表現し得た人物が展開した企業経営の軌跡は、この時代にはいささか眩しすぎるかもしれない。しかし、だからこそ、たしかな示唆を得られるということでもあるだろう。

つまり、とりもなおさず、佐治敬三の生涯には、「経営者とは何か」という問いはむろんのこと、「働くとはどういうことか」「よりよく生きるとはどういうことか」という永遠の難問《アポリア》を解くヒントが隠されている、といえるからだ。そこに経営者・佐治敬三の姿をみることができる。

### 新しい文化と大きな稔り

一時代の過渡期でもあった大正八年（一九一九）、敬三は大阪の道修町に生まれた。

この時期は、大正デモクラシー、大正モダニズムということばにみられるように、都市化が一気に進み、市民意識が芽生えはじめた時代でもあった。一方で、関東大震災があって時代が転換期の様相をみせはじめていたが、大正十二年（一九二三）、四歳のときに父・信治郎が、モダンな文化の香りただよう阪急沿線の宝塚に近い兵庫県の雲雀丘花屋敷に住居を移したことで、敬三は、幼少年期を道修町とは異質の「新しい文化」のなかですごすことになる。新しく台頭したばかりの都市郊外の生活文化を、身をもって体現したのだった。

当時の道修町や船場では、事業に成功した商人たちが阪神間の阪急沿線に新居を建て、本宅（住居）をそこに移すという傾向が生まれていたようだ。都市化の文化現象としても興味深い潮流だが、小出楢重や谷崎潤一郎のケースにも、敬三の成長と無関係ではない興味深い事例をみることができる。この阪神間に起こったモダニズムの流れを汲む文化現象は、期せずして新しい人材を生む独特の風土ともなった。

大正十二年、鳥井信治郎一家が、道修町から一時、大阪府北部の「池田」に移した本宅を、さらに二駅宝塚寄りの兵庫県「雲雀丘花屋敷」に移したことは、時代の流れとはいえ、敬三の幼少年期から青年期に大きな影響をもたらすこととなる。

私がこれから示そうとする『佐治敬三』では、まず、ゆたかでかつ振幅が大きかった幼少年時代に焦点をあてて、敬三の人間形成の原点をさぐろうと思う。そして、敬三だからこそ可能であったあの独自の経営思想と稀有な経営的成果、そしてあの人間味が、傍目からは見えずに隠されていたところも多かったけれど、強い内省をともなった想像力と意志と行動力の結果であったということを検証してみたいと思うのだ。そしてもうひとつ。ここで書こうとしていることは、敬三がその生涯を通じて、いかなるモチーフをもちつづけ、かくも大きな豊饒の人生をもたらしたのか、まさにそれを確認しようという、ささやかな試みなのである。

# 第一章　商都大阪の臍――青は藍より出でて藍より青し

## 1　父と子――商いの遺伝子、そして道修町に生まれる

### 大正デモクラシーの落とし子

敬三が生まれた大正八年（一九一九）、商都大阪の臍《へそ》といわれた船場界隈の発展はめざましかった。近代大阪の経済基盤が拡充をみせていた時期であった。すでに明治十年代に、時の政府が目標としていた「富国強兵」「殖産興業」政策は、日清、日露の両戦争に勝利して確実に実績をあげていた。

さらに第一次世界大戦（一九一四～一九一八年）によるブームは、明治末年までに成立していた財閥を活気づけ、三井、三菱、住友、安田、浅野などの財閥のほかに、古川、野村、鈴木、大倉などが進出して、大戦終了の大正七年（一八一八）には十二の財閥を数えるまでになっていた。そしてさらに各分野における新事業の創業は活発化し、交通網の整備に加え、産業資金の供給にもいっそうひろい

道が開かれるなど、新しい産業基盤づくりの面でも、ここ大阪・船場は中心的な役割をはたしていた。

船場に隣接する住吉で、敬三はその年、大正八年（一九一九）十一月一日、父・鳥井信治郎、母・クニの次男として誕生した。信治郎が四十歳、クニが三十二歳のときの子である。そして、明治四十一年（一九〇八）生まれで十一歳上の兄・吉太郎と、大正十二年（一九二三）生まれで四歳下の弟・道夫がいた。ちなみに敬三が産声をあげた大正八年、それぞれ出生地も生まれ月も異なるが、つぎのような人たちが誕生している。宮沢喜一、加藤周一、長洲一二、大野晋、さらに小説家の水上勉、小島直記、詩人の吉岡実、また俳人では、晩年に親交のあった森澄雄をはじめ、飯田龍太、金子兜太、吉田鴻司、佐藤鬼房の名をあげることができる。

この世代の人たちは、大正時代のちょうど真っ只中に生まれており、その時期に流入したモダンな西洋文化とデモクラシー思想の影響を、多かれ少なかれ幼少期から受けている。

第四章で詳しく触れるが、敬三も徴用され、学窓を離れ海軍技術士官となった。年齢的に近い企業経営者をあげれば、同じ阪大理学部の二年後輩でソニーの創業にかかわった盛田昭夫も海軍で兵役に従事、一歳年下のワコール創業者・塚本幸一は陸軍でインパール作戦に従軍した。また、三歳年長であったダイエー創業者の中内功は陸軍に徴用されて、フィリピン・ルソン島で、大岡昇平の極限状況を描いた戦争小説『野火』さながらの辛酸をなめて、九死に一生を得て帰還した一兵士であった。

## 船場・道修町という土地柄

佐治敬三は、『へんこつ　なんこつ――私の履歴書』で、大正八年の「十一月一日、大阪市に誕生」とだけしか書いていないが、すこし書き足せば、同市の旧東区住吉町五二番地の商家に生まれた。住吉町とはどこであろうか。

平凡社の『日本歴史地名大系』が詳しかった。つまり、この町は大阪城の外堀にあたる運河（東横堀川）の東岸に位置していたことがわかる。元和八年（一六二二）頃に住吉屋藤左衛門が開発したことにより、ずっと住吉屋町といっていたようだが、明治五年に住吉町と命名されたとあった。住吉といっても、これで現在の大阪市南部の住吉区ではないことがわかる。しかし、今や東区も見当たらないし、土地勘のないものには、正直のところちょっと混乱しかねない。

大阪市では区と町の再編が平成元年（一九八九）に行われ、東区は南区と統合して新しく中央区となったらしい。したがって東区住吉町という記載は現在の地図上にはなくて、中央区松屋町住吉となっているのである。

だから船場も、船場の北部にあたる道修町も、釣鐘町《つりがねちょう》も、平成元年以降は、東区ではなくて、中央区として記載されている。

由緒ある東区も、その一部の町名も消えてしまったのだ。再編当時、明治二十二年（一八八九）以来、大阪を大阪たらしめていた由緒ある東区の廃止を惜しみ、反対した住民も多かったという。

本題に戻ろう。ちなみに、父・信治郎の住吉町のこの店舗は、昭和二十年（一九四五）三月十四日の大阪大空襲で焼失するまでずっと寿屋本社であった。しかしながら、この地で本格的に事業を展開するまでに、同商店は何度も移転をくり返し、激変する時代の流れに社運をゆだねていたが、すこしずつ規模を拡大していたのである。

サントリーの70年と百年誌および敬三の父・信治郎が、七十九歳のときに書き始め、サントリー社内報『まど』に連載した回想録「道しるべ」などの記述から、所在地の変遷をたどってみたので書いておきたい（当時の地名のままとする）。

明治三十二年　大阪市西区靭《うつぼ》中通二（二月一日、鳥井商店開業）
明治三十三年　大阪市西区北堀江通二
明治三十三年　大阪市西区西長堀北通二〜六
明治三十九年　大阪市西区西長堀北通二〜六
（同じ住所ながらこの年九月一日、店名を「寿屋洋酒店」に変更）
明治四十一年　大阪市南区安堂寺通二（現・中央区南船場二付近で、隣家が中之島公会堂を寄進した株式仲買人・岩本栄之助の店舗だった）
明治四十五年　大阪市東区住吉町五二（三月十五日に移転）
大　正　十　年　大阪市東区住吉町五二（同じ住所ながら「株式会社寿屋」設立）
昭　和　二　十　年（三月）　大阪市北区堂島浜一の二〇（同年、住吉の本社が戦災で全焼したため、臨時営業所を開設）
昭　和　二　十　年（十月）　大阪市北区堂島浜一の二〇の一（本社とする）
昭和三十三年（六月）　大阪市北区中之島二の二二（新朝日ビル、同四十六年三月、堂島浜二の一に独立した現在の本社ビルを佐治敬三が建設するまで。）

こうして社屋の変遷の跡をつぶさに書きならべてみると、敬三の父・鳥井信治郎が明治三十二年（一八九九）、二十歳にして独立し小さな店舗を構えてから、孤軍奮闘、さぞや多くの辛苦を重ねたであろうことがわかる。（移転の年が、七十年史と百年誌とで、多少の食い違いがあるが、後者百年誌に従った。）

## 2 船場商人の流儀――信治郎と「学歴」

### 父・信治郎と近江の気風

『佐治敬三』のものがたりは、父・鳥井信治郎の孤独な、そして先駆者としての挑戦のドラマからたどらなければならない。激しく揺れ動く時代、しかしながら国家建設にむかって上げ潮だった明治十年代に生まれたこの父は、三人の息子たちに、様々な挑戦する魂という遺伝形質と、大阪「船場」育ちの才覚というゆたかな経営資源を、はからずも伝えているからである。父・信治郎は明治十二年（一八七九）一月三十日、大阪市東区釣鐘町に両替商・鳥井忠兵衛の次男として生まれた。父・忠兵衛四十歳、母・こま二十九歳のときの子である。明治十二年は卯年であるが、信治郎は二月四日の節分前の生まれで、旧暦に従うと年越し前ということになるので寅年に当たる。

信治郎も次男であったが、四人兄姉の末子である。十歳上に兄喜蔵（長男）、六歳上に姉ゑん（長女）、さらに三歳上に次姉せつ（次女）がいた。回想録で信治郎は、鳥井家は父祖の代から船場釣鐘町で両替商を営んでいたと書いている。

両替商には、本両替仲間と銭両替仲間とあるが、父・忠兵衛は地の利を得て、店も家屋敷も大きい方で、町の人びとを相手に、手広く銭と小銀を両替する銭両替仲間を営んでいた。本両替仲間というのは、いわば銀行と同じで、資金力も豊富、江戸時代には幕府や藩と取引するほどの規模と力をもっていた。『宮本又次全集』（講談社）などによると、この地域には、江戸時代に近江からやってきて、両替商を営む商人が多かったとある。

近隣に近江町という地名があるところから、信治郎の父、忠兵衛の祖先も遠く近江からやってきた可能性がある。私はこの数年来、ときに大阪府立中之島図書館にこもって、専門司書の方の手をわずらわせながら調べてきたが、鳥井忠兵衛が、あるいはその祖先が、はたして近江から移ってきたのかどうかは、これまでに同図書館収蔵の書籍類からは特定できなかった。

ただ、後述するように、のちの信治郎の経営哲学である「利益三分主義」は、江戸時代から近江商人の「売り手良し、買い手良し、世間良し」（三方良し）の伝統を汲んでいるところから、江州を起点に活躍したいわゆる近江商人の血統が感じられるのである。また、これも後述することになるが、加えて信治郎が奉公にいった小西儀助商店の主人が、先代に見込まれて二代目を継いだ近江彦根の人であった。これも状況証拠となるであろう。

信治郎の母こま（敬三の祖母）は、やさしい心遣いをもった人で、多くの人びとから敬われて昭和二年八月十五日、八十歳で没した。そして信治郎の眼に映ったいくつかのエピソードを残しているのである。父忠兵衛は明治二十九年九月九日、六十歳で没した。

　鳥井家の当主は、代々「忠兵衛」を称した両替商だった、と信治郎は書いている。

## 独特の商家の賑わい

　さらに釣鐘町にあった父・忠兵衛の店は商いに絶好の場所にあったともいう。むろん大阪の大空襲で跡かたもなく焼失してしまったので、現在は町の様子も変わってしまっているが、当時は、釣鐘町が骨屋町筋に交叉する角にあって、まさに一等地であったのだ。敷地は九十七坪余。場所柄もよく、銭両替仲間とはいえ、同町でも相当の地位をしめていたといわれている。

　それにしても、当時の船場の素顔をやはり知りたいものである。

　一口に船場といっても、「株の北浜」「繊維の丼池《どぶいけ》」、そして「薬の道修町」という。それらの町並みは、むろんそれぞれの素顔をもっている。では、どんな町並みで、どのような人びとのざわめきが聞こえてきたのであろうか。また、商都独特の〝臍〟といわれる浪速「船場」に共通する街の空気があるだろう。それはどんなものだったのか。

　釣鐘町と隣接する船場の地に生まれた小説家・山崎豊子は、直木賞受賞作『花のれん』の冒頭で、繁忙期の船場の商家の賑わいについて書いている。新潮文庫の同作品から引用してみよう。

　節季《せっき》になると、船場の町並みは俄かに活気づき、緊張した気配になる。信用取引が盛んなだけに節季の支払いは几帳面で厳しい。表口の大阪格子からずっと見通せる店の間は、暗い昼灯《ひるとう》の下で畳が黒光りするほど掃き浄められている。漆喰の店庭は、奥深い裏口まで続く通庭になり、打ち水をしたばかりのあとが、絞り模様のように濡れている。この通庭の片側に、店の間、中の間、台所、奥の間が細長く列び、店の間と中の間は、中振《ちゅうぶり》のくぐりのれんで仕切られている。

六畳ばかりの中の間に、大きな支払い台を置き、その中央に主人が坐り、両脇に番頭が控えて支払いを済ますのが節季のしきたりである。集金の出入り商人は、くぐりのれんの外側で順番を待ち、

「お次、お入りやす」

中から声がかかると、一人ずつ中の間の前の通庭へ入り、

「本日の節季、おおきに有難うさんでございます」

と挨拶する。

これが小説『花のれん』の冒頭である。節季とは、商売の貸借関係の勘定期のことで、盆と暮の半年ごとにあったようだ。だからちょっと特別な時期の様子である。この舞台は日露戦争後の船場という設定だから、明治三十年代後半から四十年代にかけての船場の商家のある時期を切り取った風景なのである。

信治郎は、明治二十年、東区島町の北大江小学校に入学した。同級生は十名であったというが、信治郎は成績がよく、翌年四月には尋常科四年を飛び級して高等科へ編入されたようだ。普通の子どもより小学校時代が短かったからか、信治郎はあまり記憶がないと書き残している。

ただ一つ、信治郎の小学校時代を通じて、忠兵衛にまつわるエピソードとして、こんな話を前掲の回想録で書いている。それは信治郎が通った小学校の用務員の話であった。その用務員は大変貧乏で、生活にも困る状態だった。忠兵衛はそのことを聞いて、ひどく同情した。そこで信治郎に、その用務員に米を一袋持っていくように言いつけたという。一斗（一升の十倍）近い重さの米袋を、小学生の信治郎は人を助ける喜びにあふれて、重いとも思わず運んでいったという。

父・忠兵衛は、明治二十三年に米穀商に転業しているので、おそらく信治郎が小学校の高等科三年か四年で、数え年十二、三歳の頃のことではなろうか。この挿話を、敬三は、信治郎からほとんど唯一の祖父の話として繰り返し聞かされたことがあり、よくおぼえていたのである。

## 父の教育観

敬三は父信治郎の道修町仕込みの才覚と熱気と実行力を、ときに問わず語りに若手社員たちに話したこともあったが、むろん父親の小学校や商業学校時代のことについては、ほとんど語ることがなかった。

しかしながら実際は、佐治敬三は信治郎について、とてもよく語った〝二代目〟であった。むしろ父親思いであった。旧制高校を終えて進路を決めるときに、手厳しく父からやり込められたという話は問わず語りに口をついてでた。また信治郎が豊臣秀吉を大変敬愛しており、「豊公会」をつくり、自ら格調高い文章で『生ける豊太閤』という一冊を上梓していたことや、神仏への信仰があつく、とくに比叡山詣《もう》でに熱心だったこと、また、父の日常生活におけるクセに至るまで懐かしそうに話すことがたびたびであった。

敬三は「父自身がどこまでの学歴をもっていたのかは、実は詳らかではない。もともと父にとっては学校なんぞは、くそにもならぬひまつぶしくらいのものでしかなかったのではないかと思う」と、『サントリーの70年I』に寄稿した「この道ひとすじに」で書いている。だが、この一文を型どおりに受け止めてはいけない。これが書かれたのは昭和四十四年（一九六九）だから、父・信治郎が八十三歳で他界して八年後、敬三が五十歳の頃であった。さらに、文章はこう続くのである。

その父が誰かのすすめもあってのことか、兄の高商進学を許したのである。寿屋が比較的早く学校出を採用するようになったのは、父の意志によるものではあろうが兄の進言も大きな役割を果したのではないかとおもうし、またそのうけ入れさせるものを、父は兄の教育の中に見出していたのではないかとおもう。

父が後年私の恩師小竹無二雄阪大教授に、こんなことをいったという。

〝ウィスキーは面白いもんだす。どこで造ったもんでも、山崎の蔵に、二、三年もおいておくと、すっかり山崎で造ったもんと似てきます。私はこれを空気によるもんやと思うてます。教育もゆうて見ればそんな空気とちがいますやろか。〟

父は空気の成果を兄の教育の中に見いだしていたのであろう。（原文のまま）

敬三は、この一文のすぐ前で、兄・吉太郎について「兄はこの翌年の昭和六年三月神戸の高等商業学校（今の神戸大学経済学部の前身）を卒業した」と書いているのである。

たしかに父・信治郎は、ほとんど独学で、体験的に経営の才覚を身につけていった事業家であったわけだが、それでも信治郎は、当時としてはかなり恵まれた学校教育を受けたと思われる一面がある。むろん短い学校生活ではあったが、そこで身につけた基礎学力と友人たちからの刺激は、後年、大きな力となった。向学心が旺盛な利発な少年であったことも刮目に価するのである。

敬三が書いているとおり、信治郎は教育を受けることや、知識教養のたいせつさを熟知しており、それは後年、三人の息子たちへの教育方針にも、強く表れている。

さらにそればかりでなく、事業に成功してからは、若手の学者や研究機関、学園などに対する積極的な支援活動というかたちで、信治郎ならではのパトロネージュ（パトロン的支援）として発揮されたのである。

信治郎自身、どちらかというと、はじめから船場の商人の道を歩もうとしたというよりも、むしろ新しい事業に取り組む起業家的素質を修業時代から発揮していたことが、その閲歴をたどるにしたがってみえてくる。大阪商人というよりも、新しい時代感覚にめざめた現実主義的な起業家精神の持ち主というべき人であった、と思われる。

それは信治郎の「近代」を嗅ぎわける天性の素質から生じたものであったが、しかし何らかの教育的基盤なくしては、そのような才覚も視点も目ざめなかったに違いない。では、そのたしかなものを見抜く素養、あるいは才覚の芽をどのようにして育んだのであろうか。

思うになにせ明治十年代のことである。

当時の船場商人の教育に対する一般的な姿勢を、あるいは「空気」を、今にして正確に調べるにはかなりの困難がともなうが、今回、信治郎に関して可能なかぎり資料を当たってみると、こんなことも見えてきたのである。

信治郎は、当時四年制だった北大江小学校を三年で卒業した。これは頭脳明晰な優秀な生徒だったからであろう。卒業したのが明治二十三年（一八九〇）、すぐに北区梅田出入橋の市立大阪商業学校に入学した。同校の第二回生であった。ちなみにこの年は〝日本の資本主義が成立した年〟と、のちにいわれている。自由党が結党し、商業会議所条例が公布され、殖産興業を背景に企業の創業があいついでいる。

堂島近くの梅田出入橋にあったその商業学校の校舎は、今は存在していないけれど、この学校は当時からの名門であった。つまり明治十三年（一八八〇）、時の大阪財界の立役者・五代友厚（大久保利通の「知恵袋」ともいわれた）ら十六名によって設立された大阪商業講習所が改組して生まれた商業学校だったのである（やがて東京商大、神戸商大とならぶ大阪商大に昇格し、わが国の三商大といわれる名門となった）。この時期のことを、信治郎は次のように書いている。

当時の小学校は四年制であったからひきつづき同じ学校の高等小学校を終了、ついで大阪商業学校に進学した。この学校は今はなくなったが北区梅田出入橋にあった。この商業学校時代のこともいまは全く夢のように記憶に残るものとてない。

この商業学校を出てから、私は釣鐘町の家を出て、東区道修町二丁目の小西儀助商店え店員として住み込むこととなった。（原文のまま）

（鳥井信治郎「道しるべ」社内報『まど』に昭和三十三年九月号～同三十四年十月号まで連載）

ここに書かれている大阪商業学校は、発足当初から商都大阪の期待をあつめて発足した公立の教育機関であった。

歴史的にみると、早稲田大学の前身、東京専門学校の設立が明治十五年である。大阪商業学校の前身であった大阪商業講習所はそれより二年も早く、前述のとおり同十三年に設立されているのだ（二〇一〇～二〇一一年に、大阪市立大学はその前身である大阪商業講習所の開設からちょうど百三十年目の節目の年ということで、大学創立記念事業に取り組んだ）。

この大阪市立大学の沿革には、大阪商業学校では信治郎よりも一歳上に野村証券の創設者・野村徳七がいたことが書かれている。また、信治郎は回想録に、安堂寺通二丁目に信治郎の店舗があったときには、隣家が当時株式仲買人だった岩本栄之助邸だったと書いている。

ところで大阪商業学校にまつわることで、時代を現代に引き寄せることになるが、ひとつ思い当たる奇縁ともいうべき事実にぶつかったのだ。——

佐治敬三にスカウトされて、昭和二十九年二月にサントリー（当時はまだ寿屋という社名）に中途入社した開高健は、大阪市立大学法文学部を卒業しているのであった（正確には卒業時には法学部）。

信治郎は、大阪市大の前身にあたるこの商業学校へは、二年間通っただけで卒業はしていないから、記録には修了あるいは中退となっているが、これはつまり信治郎が、のちに寿屋へ入社してくる開高健の先輩にあたるということなのだ。

この事実を開高健が知っていたかどうか、わからない。佐治敬三が開高を中途採用したときに、信治郎は社長として履歴書を見たであろうから、知っていたことになろう。

じっさい、信治郎の霊感《インスピレーション》が開高健を呼び寄せて、〝二代目〟敬三が採用したと考えてもすこしも不自然ではない。——このことについては開高健の妻・牧羊子とかかわるエピソードがあるが、のちに述べることになるだろう。

ともあれ社長信治郎は、開高健の中途採用を敬三が報告してきたときに、自分の後輩にあたることに気づいていたのである。中退したとはいえ、信治郎は、開高健が卒業した大阪市大の前身大阪商業学校に、若き日の二年間を在籍していたのである。学びのふるさとであった。

## 信治郎の面目躍如

さて、話柄を戻すと、信治郎はこの商業学校を中退して、明治二十五年、数え年十四才のときに両親の家から出て、道修町の薬種問屋・小西儀助商店へ奉公するために住みこむことになった。いわゆる丁稚奉公である。この時期の大阪では、子どもを将来立派な商人にするためには、上級学校へ進学させるよりも、商売の現場で苦労を体験させ、才覚を身につけていくことが、かしこいやりかたとされていたようだ。

前掲の回想録「道しるべ」で、信治郎はそのことにふれてこのように書いている。

「私の若い時、父親の知合いだった小西（儀助）商店へ丁稚にやられたが、母親の涙に送られていったものである。家は店のすぐ近くではあったが、夜になると母を思うて枕をぬらしたものである。さびしかったのだ。」

この一文をみると、マザコン信治郎の〝面目躍如〟であろう。この回想録を書いたとき、信治郎は、まだ敬三に社長の座を譲っていなかったので現役社長であったが、じつに七十九歳になっていた。とても涙もろかったのである。

ここでふたたび小西儀助商店に眼を転じよう。

同店は薬種問屋として漢方をはじめいろいろの草根木皮を扱い、あわせてワインやウイスキー、リキュール、スピリッツなどの洋酒類や、清涼飲料などにも手を拡げていたが、さらに商売を拡大して絵具染料問屋も営むようになっていた。のちに信治郎は、明治二十三年に博労町二丁目に別店舗として開店した絵具染料問屋へ移った。これも後年に役立つことになる。

ふり返れば明治二十四年から、二十歳で独立する前年にあたる同三十一年まで、足かけ七年の奉公であった。同三十二年（一八九九）には、西区靭中通二丁目に「鳥井商店」を開業し、葡萄酒の製造販売をはじめて、この年が寿屋の創業年となった。

もうひとつ注意しておきたいのは、信治郎が小西儀助商店へ奉公した年の前年、つまり明治二十三年四月、父・忠兵衛は米穀商に転業している。あわせて家督を相続した長男・喜蔵に店をやらせて、米穀ばかりでなく清涼飲料なども取り扱うようになっていた。

両替商は、明治も中頃になると、新たに興った銀行におされて、小規模金融とはいえ、商いがむずかしくなっていた。そうした背景もあって信治郎の父・忠兵衛には、次男が小西儀助商店で身につけさせてもらう「商い」の経験が、これからの一家の商売に役立つだろうという期待があったのである。

つまり小西といえば、薬種ばかりでなく葡萄酒をはじめ洋酒類や清涼飲料などを手広く扱っている大店であり、将来、本人のためばかりでなく実家の商売にもきっと役に立つだろうと思われたのだった。時機を得てということではあったが、それにしても、七年で奉公先を辞めているのは、どうしてだったのか（杉森久英『鳥井信治郎伝・美酒一代』新潮文庫の年譜を参照）。

当時の船場での言い伝えを、山崎豊子は小説『花のれん』で、ヒロイン多加に、次のように語らせている。けだしこの小説は吉本興業の女主人がモデルといわれている。

「船場のお店《たな》奉公でも丁稚七年、手代三年、番頭二年というやおまへんか、まあ、わてらも寄席商売の丁稚から行く気でやりまひょうな――」

まさに、ヒロイン多加の言うとおり「丁稚七年」であった。

## 3 小西儀助商店──「青雲の志」に目覚める

信治郎がせっかく進学した当時の名門大阪商業学校を中退してまで奉公に出た、道修町の小西儀助商店とはどんなところであったのか。また、なぜあえて丁稚奉公の道を選んだのであろうか。

### 丁稚七年

むろんこれは当時の船場の流儀、仕来りというものだったのであろう。しかしすでに書いたとおり、同じ両替商の息子で野村証券を設立した野村徳七は、信治郎と同じ頃、この商業校に在籍していて、きちんと卒業しているのだ。

信治郎が書きのこした文章から推し量るとすれば、父・忠兵衛が以前からの知り合いだった小西儀助から、

「あんたはんとこの良くでける次男坊の信治郎どんを、ぜひに！」

と強く乞われたからに違いない。

十歳年上の兄・喜蔵はすでに成人して父の店を手伝っていた。次男は奉公に出て自分の道を切り開くことを運命づけられていたのであろう（たまたまこの年、明治二十五年の朝日新聞に、小西儀助商店は「丁稚一名求む」という広告を出している。むろんこれも、無関係ではない）。

しかし反面、よくわかっていても、信治郎は悔しかったに違いない。だからであろうか、信治郎は

小西儀助商店へ送り出されるときの母の涙を生涯忘れていないのである。

当時私は十四才だったと思うが、いわば丁稚奉公にやられたわけである。今は店員は通勤が普通で住み込みというのは多くないようだが、その頃は住み込みが普通で、通勤というのはよほど上にならないとなかったものである。

小西儀助商店のあった道修町は周知の通り薬種問屋街で、その頃小西商店はアルコール等の舶来の薬種問屋であった。ここで私の覚えていることは、今の西成区伝法町に生石灰をとりに行ったことがある。相当遠いところを荷車をひいてゆき、積めるだけ積んで帰るのだから十四、五才の自分には相当の苦労であった。

しかしここで葡萄酒の作り方というものが分かったのである。その葡萄酒は赤門葡萄酒という名で、生葡萄酒であった。後年葡萄酒に眼をつけ、赤玉ポートワインを製造販売するに至ったのは、全く小西儀助商店の丁稚奉公時代の賜といわねばならぬ。……（原文のまま）

（回想録「道しるべ」社内報『まど』に連載）

たしかに、ふり返って「丁稚七年」の時期を総括すれば、これがすべてであろう。しかし、この時期に信治郎は、さらに多くの眼にはみえない賜《たまもの》を小西儀助商店から学び、またとない貴重な体験をいくつも積み重ねたことに、後年、気づくのだった。

改めていうまでもないが、小西儀助商店は船場の道修町通りに面して、堺筋と交差する北東の角に、今なお威容を誇るように建っている。おそらく現存する京阪の豪商町屋でも最大の規模と建築面積をもつ古建築ではなかろうか。平成十三年（二〇〇一）に文化庁から国の重要文化財の指定を受けた。現存する最古の町屋建築は京都の杉本家住宅であるといわれるが、これは明治三年（一八七〇）に上棟されていて、小西儀助商店よりも古い。しかし、国の重要文化財に指定を受けたのが、平成二十二年（二〇一〇）と遅いので、古建築としての小西家住宅の注目度がいかに大きかったかがわかるであろう。

### 新しい時代と小西儀助

話は飛ぶが、昭和から平成に変わるころ、サントリーの山崎蒸留所では、記念館をかねたゲストルームほか諸施設の充実を、時間をかけて検討していた。いわゆる産業博物館づくりに熱心だったサントリーは、昭和五十四年（一九七九）五月、すでに山梨県の白州蒸留所敷地内に本格的なウイスキー博物館を開設していたが、山崎こそサントリーウイスキー発祥の地である。歴史文化の要素を取り入れた記念館構想を具体化するようにというのが、当時の社長佐治敬三の強い指示であった。鳥井信吾現副社長兼マスターブレンダーが委員長だったそのプロジェクト・チームは、時間をかけて歴史をふり返り、あわせて将来構想を検討、立案していた。

山崎蒸留所は創業者鳥井信治郎が、熱い思いをこめて大正年間に建てたもので、スコットランド風のキルンやポット・スチルをはじめ、工場の建物にも古い歴史的な景観を今に伝えている。そうした関連で創業期の明治・大正の資料も必要ということになり、信治郎が明治の中頃に修業時代を過ごした道修町の小西儀助商店（現・コニシ株式会社）から、いろいろと教えを乞うたのであった。

山崎蒸留所と小西儀助商店――異質のようであるが決してそうではなかった。道修町と京都郊外山崎の地とは、つながるものが色濃く漂っていた。むろんこの威容を誇る町屋建築が竣工したのは明治三十六年（一九〇三）のことであるから、信治郎はここが新築になる前の建物の時代に奉公していたのである。この時期には独立して鳥井商店を立ち上げて四年が経っていた。この年は前年の三度目の移転後で、南区安堂寺橋通二丁目に間口四間の店を構え、数名の店員を使っていて、経営はすこしずつ軌道にのりはじめていた。

このころになっても信治郎は小西儀助商店にはしばしば出入りしており、深い絆でつながっていたようである。だから道修町の豪商町屋の雰囲気をそのまま残しているこの古建築からは、若いころの信治郎の面影が、浮かんでくるのであった。若い信治郎の青雲の志の原点が存在する場所（トポス）であった。

若き鳥井信治郎に大きな影響を与えた小西儀助とは、はたしていかなる人物であったのであろうか。今は「コニシ・ボンド」で知られるコニシ株式会社として発展しているが、現存するこの小西儀助商店を建てたのは、信治郎がつかえた二代目小西儀助であった。初代の小西儀助は京都の人で、明治三年（一八七〇）に道修町で創業したという。しかし、間もなく資金繰りに失敗して事業に行き詰まり、彦根の薬種問屋から二代目を迎えたのであった。これは暖簾を守るための船場商人の伝統的な措置、根強い流儀、あるいは生存の方法だったというが、こうして小西儀助商店は立ち直ったのである。

この婿入りした二代目小西儀助は薬草――いわゆる草根木皮の類――を刻む技術に長けていたという。その上、二代目には近江商人の血が流れていたので、才覚にもめぐまれて、積もりに積もった借金を三年で返済してしまったというエピソードが残っている。したたかな商人魂が二代目には流れていたのである。

信治郎の回想でもわかるように、小西儀助商店は薬種問屋とはいいながらも、さらにウイスキーやワインをはじめとする洋酒類やスパイス類を輸入していた。この二代目は新しいものが大好きで、進取の気性に富んだ人でもあったのである。輸入して扱った種々の新しい商品群の内容をみても、新しい生活感覚と成功した商人独特の自信が、裏付けとしてあったことが伝わってくる。新時代を先取りしようという息吹と、そこからは開拓者精神すら感じられるのである。初代の失敗を乗り越えてきた挑戦する二代目であった。面白いことに、明治十一年か十二年頃と思われるが、大阪で最初に電話を引いたのがこの小西儀助であったという。実に早い。とにかく第一号なのである。

佐治敬三はあるとき、「こうしたエピソードが存在することこそ、小西儀助スピリットの真面目《しんめんもく》や」と発言したことがあった。さらに興味深いことは、欧米の雑誌類を定期購読し、ノベルティー（ダイスや灰皿など洋酒の宣伝物）なども、とくべつに取り寄せていたというのである。

## 4 明治四十年四月一日——時代は大転換期

### 赤玉ポートワイン

明治四十年（一九〇七）四月一日、満鉄が鉄道事業を開業した。前年ようやく設立された南満州鉄道会社が、はやくも存在感を示し、国民の期待にこたえたのだ。おりしも信治郎は、満を持して甘味葡萄酒「赤玉ポートワイン」を新発売した。それも満鉄開業の日、四月一日にあわせた。これまでの甘味ワインの製造販売の経験を生かして、起死回生をめざす。断固たる決意で臨んだ。新製品は、味・香り・色、そしてボトルとラベルの意匠など、一つも疎かにすることなく慎重に商品開発を進めなければならなかった。従来からの原料ワインの輸入元である神戸のセーレス兄弟ワイン商会へは、これまで以上に足しげく通い、原料の調達以外にも、スペインをはじめ欧米のワイン事情や生活文化の情報を吸収することに努めていた。

それにしても、味やアルコール度数は、やはり日本人の食生活となじむ頃合いのものでなければならなかった。ハイカラな色と香りも欠かせない。そして、ボトルやラベルなど商品の意匠は、買ってくれる人びとに夢をもたらすような表現が欠かせないのであった。信治郎は、セーレス兄弟ワイン商会で見た、あるタイプのスペインワインのラベルの一部に、小さいが、きれいな赤い丸がデザインされているのに気付いていた。そして、

「これは太陽だな、……よいヒントを貰った。ひとつ日本風の意匠でやってみよう」

と、その日すぐに店にもどり、瞬間的に閃いたそのイメージどおりに、制作にとりかかったのだった。

子どもの頃から太閤秀吉好きの信治郎は、太陽が、それものぼりゆく大きな朝の太陽が好きだった。だから「赤」が好きなのである。太陽が嫌いという人はあまりいないと思うが、信治郎よりも三歳下の歌人斎藤茂吉がやはり太陽が好きで、こちらは沈む夕日の「赤」がとりわけ好きなのであった。こんな歌を詠んでいる。

あかあかと一本の道とほりたりたまきはる我が命なりけり　　茂吉

とにかく赤をいろいろと歌に詠み込んだ。国威発揚とはいえぬまでも、明治生まれの世代は、どうやら太陽が好きだという国民的な共通項があったようだ。時代感覚がそうさせていた、ということはいえるのではなかろうか。

**製品開発力と広告の効果**

しかしながら「赤玉ポートワイン」は大ヒットだった。これが最初のヒットだった。同年、八月十九日の大阪朝日新聞に打った広告も効果的であったようだ。こんな素朴な文案がつらねてあった。

親切ハ弊店ノ特色ニシテ出荷迅速ナリ
洋酒問屋・壽屋洋酒店

寿屋第１号広告
（『大阪朝日新聞』明治40年８月19日）

さらに、二年後の明治四十二年（一九〇九）七月には、販売成績のよさに後押しされて、赤玉ポートワイン独自の広告を打っている。

衛生的好飲料品　甘味薬用葡萄酒　●赤玉ポートワイン

ささやかなスペースの広告であるが、これは効果があった。販売ルートは、最大手の祭原商店と提携が整い、地盤づくりもおこたりなかった。同四十三年に出た新聞広告からは、薬用葡萄酒というセールスポイントをより鮮明にして、複数の医学博士の推薦文を添えはじめ、多いときには「六十博士ご推薦」とうたったのである。葡萄酒が、まだ、薬用とみとめられていた時代だった。

信治郎が、事業経営者として頭角をあらわしたのは、まさにこの時期、明治四十年であった。独立してようやく八年が経っていたが、業界でその名を知られるようになっていた。

相変わらず販売は良好だった。店舗の北側にあった北工場に続いて、大阪市の港湾埋立地に築港本工場を建設した。これは後に大改修されて大阪工場となる。

明治四十四年、信治郎は混成酒「ヘルメスウヰスキー」を発売した。小西儀助商店に奉公していた時期におぼえた調合の技術を生かしたのであったが、これは時期尚早というよりも、製品力が弱く、消費者に訴えなかった。ただ、新聞広告で、「ヘルメスウヰスキー」の代理店として、次の四社を並べられたことは、寿屋洋酒店の存在を確かなものとした。

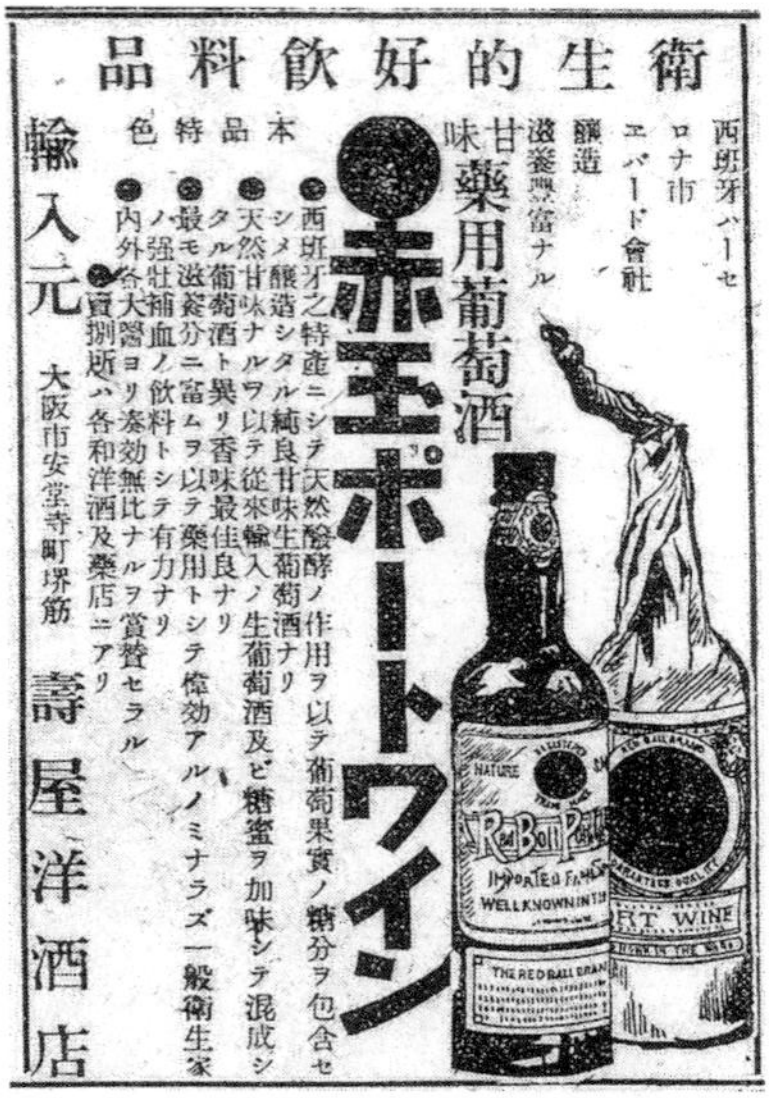


赤玉ポートワインの新聞広告

大阪市東区安土町四　祭原伊太郎
同　東区道修町二　小西儀助
同　東区高麗橋弐　松下善四郎
神戸市元町四　吉川商会

今みても、堂々たる販売ルートであるが、それればかりでなく、この時期に「へルメス」を商標登録していたことの先見性にも、敏腕な起業家・信治郎らしさが覗く。戦後一九六〇年代、「ヘルメス・ジン」が、佐治敬三がスカウトした宣伝部長山崎隆夫のもとで縦横の活躍をはじめていた山口瞳制作による浪花節のＴＶコマーシャルで売り上げを伸ばし、一時、「ヘルメス・ジン」は流行語となった。

さらに、一九八四年（昭和五十九）十二月には岩波書店が雑誌「へるめす」を創刊したが、これは岩波書店（のちに社長になる大塚信一氏）から乞われて、佐治敬三が承諾し、サントリーが所有している「ヘルメス」の商標権を提供したものだった。同誌は、大江健三郎、大岡信、武満徹、中村雄二郎、山口昌男ら各氏が同人となって編集されていた。一九九七年七月に出た六十七号を最後に終刊となったが、同人の人々から「へるめす」という商標提供は感謝された。知的な同人誌の一時代を作ったのだった。

### 敬三が生まれた

小説家の石濱恒夫《いしはまつねお》は、敬三より四歳年下である。大正十二年（一九二三）、道修町に隣接した住吉の薬種商の家に生まれた。幼年時代をふり返って、思い出のなかでこう書いた。

当時の町の境界であるどぶをまたいで店は平野町、住居は淡路町になっていたのだろう。

（石濱恒夫「船場の活力」伊勢田史郎『船場物語』跋文）

これは明治三十年代、石濱の祖父の時代のことであるが、職住一体であった自宅の区域の住所が二つの町名にまたがっていた不可思議さを、やや諧謔味を込めて回顧している。だが、こうしたことには、いたってのんきに構えていた土地柄だったらしい。大阪の臍ともいえるこの界隈独特の風土に育った石濱恒夫の正直なつぶやきだった。さらにこの一文は、こう続いている。

住吉町の寿屋（大正3年頃）

「ちなみに電話は東貳貳六七番。慶長元和以来の淡路洲本の代々の薬種問屋で、ご維新のさいに倒産、次男の豊蔵が借りた五十銭を握って来阪、天満樽屋町の長屋住いの独学で、薬剤師の免状をとり、東洋一の商工都市大阪の船場で家業を再興、日本で最初に局方薬のレッテルを使用したのは祖父だという。」

敬三の父、信治郎が独立する前後の町の空気が窺える。石濱商店は、小西儀助商店同様に早くも電話も敷設していた。むろん恒夫の祖父は、小西儀助商店にも親しく出入りをゆるされ、正月などは祖父につれられて、彼も一緒について行った。昭和初め頃であろう。ポチ袋のお年玉を結界（帳場格子）の背後の大金庫からだして、「ぼん、はい、お年玉」と言ってくれた「小西儀助はんのおじいちゃんを、いまだにその情景まで忘れえないでいるのだ」と石濱恒夫は懐かしんでいるのである。

石濱は旧制天王寺中学、大阪高校を出ると、東大に進学したが、小説家の織田作之助に親炙するあまり、卒業後は大阪に戻り、小説『道頓堀左岸』など大阪ものの作品を得意とした生粋の大阪人である。開高健は天王寺中学、大阪高校で石濱恒夫の後輩にあたり、同郷の作家として、織田作之助とともに石濱に敬愛の情を抱いていた。

ところで明治二十年（一八八七）、船場と双璧をなす商人町島之内で生まれ、大阪文化を背負った画家といわれた小出楢重も、随筆「大切な雰囲気」（『小出楢重随筆集』岩波文庫、二四二頁）のなかで、「大阪はあまりに周囲がのんきすぎ、明る過ぎ、簡単であり、陽気過ぎるようでもある」と親愛をこめてわが町の個性の一端を指摘している。これも石濱恒夫が感じていた「大阪」に通じる気分なのだろう。

## 十一歳下の次男坊

赤玉ポートワイン新発売の翌年、明治四十一年（一九〇八）十二月二十三日に、鳥井家では長男吉太郎が生まれた。西長堀北通から転居したばかりで、安堂寺通二丁目に店と自宅を構えていた時期である。

ちなみに信治郎と妻のクニ（香川県観音寺の旧士族小崎一昌の長女）が正式に婚姻届を役場に提出したのは、その月の四日だった。第一子の誕生のわずか十九日前であった。

長男吉太郎は、信治郎が独立後の事業ではじめて確かな手ごたえを摑んだ大きな転機の真っ只中、生を受けた。前年に発売した赤玉ポートワインは、売り上げ急増のために猫の手も借りたいくらいだったと、後年、信治郎は社員たちに語っている。それもそのはずで、従業員は信治郎を入れても七名しかいなかった。しかし、信治郎は将来を賭けたこの大きな商機に全精力を傾注していたのである。

吉太郎は利発な子どもで、そのうえ幼い頃から両親を助けるやさしい一面をもっていた。成長してからは、名門の神戸高商に進学する。吉太郎は親の期待を裏切ることなく、後継ぎとして熱心に家業に取り組んだ。

性格的には、彼はかなり繊細だったという。そしてやさしいところがあって、幼少のころから親孝行で、弟たちが生まれると大変可愛がった。兄として実によく面倒をみたというのである。とくに十一歳年下の次男敬三が生まれたときの喜びようは尋常ならざるものがあった。隣近所の家々に行っては、

「僕とこ、弟が生まれたんや！　敬三ちゅうねん。」

と触れまわった。それだけ歓びが大きかった。

吉太郎は、生涯を通じて格別な弟思いの兄であった。昭和七年（一九三七）、副社長に就任して父の事業を補佐していた吉太郎は、本格的活躍もいよいよこれからという昭和十五年（一九四〇）、病で急逝してしまった。享年三十一であった。過ぎ去った時を求めて、敬三は前出の「私の履歴書」に、早世した兄吉太郎を登場させている。敬三には、生まれたときからおでこのまんなかに、顔の特徴にもアクセントにもなっている立派な黒子《ほくろ》があった。生まれたときから鎮座している自分のおでこの特徴をもちだして、ややユーモラスにエピソードとして冒頭においているのである。

兄吉太郎が、生まれたばかりの赤ん坊をつくづく眺めて、こう言ったという。

「この子、おでこに蝿がとまってるデ。」
この一言は、弟敬三が生まれたことを、ことのほか喜んだ十一歳年上の兄吉太郎のはやる気持ちが、じかに伝わってくるようである。成長してから敬三は、両親から、このような弟思いの吉太郎にまつわるエピソードめいた話を、よく聞かされていたのである。このおでこの黒子について、山口瞳は、敬三を紹介するある誌面に載せた一文で「ビューティー・スポット」と書いたことがあった。敬三が、山口瞳にそう言ったのだろう。

敬三はこの兄が大好きであった。後年、敬愛をこめて、早世した兄についてたびたび語っている。とにかく知的な面でも、精神的な面でも、多くの影響を兄吉太郎から受けているのである。だから四歳年下の弟道夫を含め、この三兄弟の仲好しぶりは、いささか伝説的でもあった。

# 第二章　モダンの風と「郊外文化」——昭和戦前期の「阪神間」

## 1　阪急宝塚線の雲雀丘へ——幼・少年期から青年時代

敬三には、幼年時代に生活環境を一変させる転機があった。これは今ふり返ってみると、のちの佐治敬三の人格形成にとても大きな影響をもたらす出来事であり、体験であった。

### 大阪郊外へ転居

大正十二年（一九二三）、四歳のときに、一家が阪急宝塚線沿線の雲雀丘に住居を移したと『サントリー百年誌』の年表には記載がある。鳥井信治郎は、のちに回想録で「母の老後のために住居を閑静な郊外に移した」と書いているが、これは職住分離を決意してのことでもあったのであろう。この時期のことを敬三は、『へんこつ　なんこつ——私の履歴書』でこう書いている。

大正末、この頃父はいっぱしの商人になっていたのであろうか、商売の店（ずっと後まで事務所のことをみせと呼んでいた）を大阪市内に置いたまま、阪急宝塚線の雲雀丘に居をかまえた。父にとっては母、つまり私の祖母の健康を気遣って、郊外に住むようになったという。雲雀丘は、当時の新興住宅地である。今日でいうディベロッパーである阿部元太郎氏の手によって開発され、山の急峻な坂道の両側に高級住宅が並んでいた。（『へんこつ　なんこつ――私の履歴書』日経文庫、二〇〇〇年）

敬三はこのくだりでは、のちに兄嫁となった春子の実父である阪急電鉄の敷設にかかわった事実上の創業者・小林一三については触れていない。しかし当時、小林一三は、大阪郊外の新都市開発を積極的に推し進めたパイオニア的な経営者であった。掲出の文章では、敬三は兄弟や縁戚に多くの実業家をもつ阿部元太郎の名のみを示しているが、雲雀丘の宅地開発も、実は小林一三の阪急沿線〝田園都市構想〟の延長線上にあったのである。

それにしても信治郎は、雲雀丘に移るかなり前に、大阪郊外の池田に土地を購入し、ごく一時期ではあったようだが、まず、その地に転居したのである。小林一三が開発した大阪府池田町の新興住宅地は、モダンな郊外型の瀟洒な住宅が建ち並び、明治の末年から大正時代にかけて、その評判は関東にもきこえていた。

実は、右に引用した一文とほぼ同じ内容のことを、敬三は昭和四十四年（一九六九）五月発行の『サントリーの70年Ｉ』の一章として書いているのである。執筆されたのは、『へんこつ　なんこつ』に先立つこと二十五年まえで、父・信治郎が没して八年後、時に敬三は五十歳であった。この七十年史の大型ハードカヴァーの一冊のなかに、山口瞳、開高健の評判になった「やってみなはれI、II」に続いて、「この道ひとすじに」という題の、かなりの長文の「父・鳥井信治郎について」とでもいうべき内容のエッセイが掲載されているのである。

社史『やってみなはれ』は、二人の作家の手になるもので、すこし時間をおいて『小説新潮』に転載され、のちに新潮文庫の一冊としてひろく読まれている。

**敬三の一文**

ところで、この佐治敬三の一文も、しめきりギリギリまで時間をかけて書かれたもので、これが後年、日本経済新聞の「私の履歴書」（補足したものが単行本『へんこつ なんこつ』となる）の第一稿の役割を果たしているのである。このあとの章とも関連してくる記述がみえるので引用しておこう。

私が生まれたのは、大阪の船場、薬の町としてきこえた道修町の一角であった。近くの御霊神社《ごりょうさん》が氏神で、店の若い衆の肩車にのせられてよくお詣りに行ったものだと聞かされたが、界隈のことはおろか、家の様子もまるきりおぼえてはいない。

当時父はすでに四十をこえていて赤玉ポートワインが順調にのび寿屋もやっと一息ついていた頃のことである。

間もなく父はその居宅を大阪府下の池田町（今は市）字満寿美《ますみ》に移した。当時の池田はぼつぼつ新しい家がたち始め、今日でいえば新興住宅地、それもやや高級の部類に属していた。文化住宅風

幼少期の敬三

の、突き出た破風の西洋瓦の屋根があって、家の前を小さな川のせせらぎが流れ、あたりは閑静なたたずまいだった。

　池田住いはほんの短い間だったが弟の道夫はここで生まれた。

　父が死ぬまでの居所とした兵庫県川西町（今はここも市になった）通称雲雀丘に移ったのは、そのすぐ後のことである。市内から不便な郊外に居を移すなどとは、父の生き方からすればむしろ不思議とも思えるが、親孝行の父が、老齢の祖母の健康を気づかってのこととすれば納得がいく。祖母は、この家の離れで八十才の天寿を全うしてなくなった。

　弟が生まれたのは大正十二年一月二十二日である。ちょうど父がウイスキー造りに、その生涯をかけようとしていた時期のことである。

（佐治敬三「この道ひとすじに」『サントリーの70年Ⅰ』一九六九年）

敬三が少年時代に愛読したという中勘助《なかかんすけ》の『銀の匙』の一節を思い起こさせるような美しい文章で

ある。しかし、そればかりではない。この文章からは多くの情報、つまり具体的にいうと、これまでのサントリー社史の年表や敬三自身の著書の年譜にはみられない新しい事情が読みとれるのだ。つまり、信治郎は「雲雀丘」に転居するまえに、小林一三が開発した阪急沿線「池田」の地、真寿美に家をもっていたということである。

繰り返すまでもなく、敬三は大正八年（一九一九）道修町の生まれである。すでにみてきたように回想記によると、たぶん二歳か三歳の頃に、店の若衆《わかしゅ》の肩車で御霊神社に出かけていたことを聞かされて育ったとある。したがって、信治郎が池田に居住していたのは大正十年ころから、道夫が生まれた同十二年一月か、せいぜい二月位までの間で、敬三の記憶のとおり、住んでいたのはやはり一〜二年のことだったのであろう。

幼年時代の生育時についてさらにいえば、池田（大阪府）から雲雀丘（兵庫県）へというこの時期の住居の変遷は、佐治敬三という〝個性〟の形成に、おそらく決定的な影響を与えているのであろう。このあたりを、もうすこし、詳しくみていきたい。

## 2 〈伝説〉の中の父・信治郎——回想記をたどる

### 「池田」の宅地開発

当時、池田の新興住宅地開発は、阪急電車の前身である箕面有馬電気軌道株式会社（大正七年に阪神急行電鉄と社名変更。通称は阪急電車）によって明治四十一年（一九〇八）に鉄道敷設の認可が下りた翌年の四十二年から開始されたという記録がある。

むろん鉄道敷設の方は、すでに大林組によって工事が進んでいたらしい。その時期、小林一三は同社の専務取締役だったが、事実上、鉄道事業と関連事業を推進する中心的な役割を果たしていた。というのも、資金難などから頓挫やむなしと思われていた箕面有馬電気軌道の敷設計画を、果敢にも経営を引き受けた小林一三が、沿線の大規模な分譲住宅地開発を進めることにより、不動産収益と乗客増加をはかる一石二鳥の経営戦略を展開中であり、なんとしても成功させようと血の汗をながしていたのだった。

同四十二年（一九〇九）、小林はまず池田室町に二万七〇〇〇坪の住宅用地を買収したのだが、実はその前年、新規の鉄道敷設が決定すると、さっそく日本で初めての企業ＰＲ冊子を発行していたのである。内容は、自社の鉄道事業について安心、安全を述べ、あわせて沿線の住み心地の良さと、至便さを宣伝するもので、タイトルにも「最も有望なる電車」という単刀直入に訴えるべきメッセージを盛り込んでいた。戦略的にも見事なものであるが、それは巷間で大いに話題を呼んだのである。

このＰＲ冊子のアイデアは卓抜な内容で、さすがに十七歳の慶應義塾大学の学生時代に、郷里の山梨日々新聞に連載小説を発表した文人経営者ならではの、人びとの意表を突く見事なアイデアであり、ワザであった。

それはともかく小林一三は、まず、池田に目をつけ、郊外型の新興住宅地を造る決意を固めたのだった。そしてそれが箕面有馬電気軌道、つまり後の阪急電車における沿線開発の第一号となった。

この一三がみずから編集した『最も有望なる電車』というPR冊子は、池田市の「小林一三記念館」で見ることができる。今も、これを知るコピーライターや広告関係者が、実物を見たいとやってくるという。いってみれば、わが国の近代的PR戦略のルーツなのである。一三はこの小冊子を、思い切って一万部刷った。前例のない沿線分譲地を拡張販売するために、このPRツールを有効に使うことを考えていた。

当時、身近な友人、知人たちには、一三から、

「君、地面を買って一緒にやろうじゃないか。」

とすすめられたものも多かったという。

さて、小林一三が新都市開発のために池田に的を絞って着手した年は、敬三が右の一文でも書いているように、信治郎が赤玉ポートワインのヒットで、まさに「一息ついていた」ちょうどその時期であった。

それに池田開発がはじまった明治四十二年には、大阪市中で天満焼けといわれた大火があり、船場界隈まで騒然としていた。これではもう街中には住めない、という空気が人びとの間で出はじめていたのである。一三のターゲットは、船場あたりの大店の主人や、またサラリーマンたちであったが、彼らこそ、すでに新興富裕階層なのであった。

この年、信治郎は、開発事業に必死で取り組んでいる小林一三と、どこかで遭遇しているはずであった。そして、前年の明治四十一年、一三がみずから考案し執筆した、企業PRを目論んだパンフレ

ット『最も有望なる電車』と、翌年秋に出した沿線の分譲住宅地を紹介した『如何なる土地を選ぶべきか。如何なる家屋に住むべきか』という卓抜な小冊子を読んだにちがいなかった。

## 池田から さらに西郊へ

私はパンフレットについて、小林一三記念館を訪問したり、『小林一三全集』をはじめ、あれこれ文献によって検証したりしたことを書いてきたものの、実は本当のことは確かめようがないのである。パンフレットで顧客に直接訴えたことが、よい結果を生んだことは、間違いではない。これらの経緯をさらに調べたが、該当する資料は一三の回想録と記念館に保管されている実物以外には確認の手立ては見当たらなかった。しかし、小島直記も『鬼才縦横——評伝・小林一三』の中でパンフレット作戦についてはその効果をはっきり書いている。たしかに一三は、そのような才覚と直感と実行の人であったことは事実であった。

ふり返ってみると、後に姻戚関係をもつことになる信治郎と小林一三は、どこではじめて出会ったのであろうか。すでに百年以上も前のことなのである。これは「歴史探偵」の想像力を刺激する、人間の宿縁の謎というものを感じさせるからだ。直接的な記録がなくてわからぬ以上、傍証を固めることで、可能性をたどってみることだろう。

池田の土地のことでついでに書いておくと、もしそのとき、つまり売り出しと同時に信治郎がその土地を購入した場合は、果たして信治郎のねらいは何であったのだろうか。これから発展しそうな沿線の土地を購入しておいて、値上がりしてから売り抜けようというようなことを考えたのだろうか。それは決してありえなかった。信治郎は、生涯を通じて土地で儲けようとしたことは一度たりともなかったからだ。

こんなエピソードが残っている。太平洋戦争が終わった年、焼け野原になった大阪の空き地をみて、大番頭の作田耕三が、

「大将、今のうちにこのあたりの土地をすこし買っておきましょうや。」

と提案したのである。案の定、作田は叱られた。

「あきまへん、うちは土地で商売するような会社ではありまへん!」

ということなのである。強く窘《たしな》められたのだった。それに小林一三は、値上がりをねらって土地を購入するようなことはやめてもらいたいと、パンフレットのなかでやんわりと購入者たちに断っているのである。

敬三が書いている池田町字真寿美は、一三が室町の分譲地の東隣に、第二期として開発した土地であった。信治郎が、まず真寿美に土地を購入したことは、どこまでも家族のための、近い将来の生活を考えてのことであった。そしてそのことは、結果的に佐治敬三をはじめ、鳥井三兄弟の原点をたどるうえで、欠かすことのできぬ幼年時代の背景となるのである。

さて、この時期(明治四十年、四十一年)、信治郎は赤玉ポートワインのために大阪朝日新聞に広告を出しており、広告、宣伝への関心が高く、目配りと研究には怠りなかった。

第一号の広告は、明治四十年八月十九日の紙面で、コピーは、

「親切ハ弊店ノ特色ニシテ出荷迅速ナリ　洋酒問屋　壽屋洋酒店」

というもの。すでに紹介した。第二回は、翌年四十一年七月二十八日付のやはり大阪朝日新聞で、「自家醸造品ハ特ニ御割引可仕候　洋酒問屋　壽屋洋酒店」と、本音が出て積極的な拡売をねらう文面となったが、いずれもデザインは印象的なもので、まっすぐに屹立したワインボトルをバックにして白抜きで文字を浮かび上がらせている。当時にあっては制作面でも果敢な広告戦術といえるのではなかろうか。これに対して、同業者は、「たかがワインを売るのに新聞広告なんて、大げさな！」といって笑ったというのである。

このときばかりではないが、信治郎が行くところ、かならず逆風が吹いたのである。挑戦とは、そのようなことなのであろう。

信治郎は、常々、関東の競合他社の動向をしらべるため、新聞はもちろん、雑誌、パンフレットなどを丹念に読んでいた。これは若いころ奉公した小西儀助商店の主人譲りの習慣であり、情報収集術でもあったといわれている。競争相手の動向を知るためにも、東京で発行された広告年鑑のたぐいを取り寄せて、その年の優良広告ベストテンなどを調べているのである（関東の蜂印香竄葡萄酒の経営者神谷伝兵衛が広告に熱心で、ベストテンの八位に入るような質の高い内容のものを作っていたという）。

地方紙をふくめ七、八種類の新聞を読み、また雑誌は外国からも取り寄せていたほどであった。小林一三が作った日本で初めての、一般市民向けの、それも人の意表を突く、新都市開発をめぐるPR冊子には大いに触発されたであろう。信治郎が広告研究に取り組んでいた時期とちょうど重なる頃であった。その年、信治郎は三十歳、一三は六歳上の三十六歳だった。

明治末の一三の阪急沿線における新都市開発がいかに魅力に満ちたものであったかが、前掲の敬三の回想記にも、短いが具体的に書かれている。さらに評伝『わが小林一三』をかつて上梓した大阪生まれの芥川賞作家阪田寛夫が、一三への敬愛をこめた一文のなかで書いていることも、ここでみておく必要があろう。この阪田寛夫は、土地や住まいは人間形成の大きな要素となる、と書いている。

もし小林一三がいなかったら、いたとしてもここまで書いてきたような運に彼がめぐり逢わなかったとしたら、私の歳に近いか、もっと上の年代の上方生まれの人間は、自分たちにとっては確固とした人文的世界である「阪急沿線」というものを、ついにこの世に持たずに終ったであろう。それが日本文化にとってどんな意味があるかは判らないが、かつて阪急神戸線の西宮北口あたりから六甲山系沿いに神戸の東の入口まで、また、西宮北口まで戻って直角に同じ六甲山脈を今津線で東の起点宝塚の谷まで、そして宝塚からは宝塚線で北摂の山沿いに大阪に向って花屋敷から池田、豊中あたりまで、その線路より主として山側に、原野であった赤松林と花崗岩質の白い山肌・川筋にまるで花壇や小公園や、時には箱庭をそのまま植えこんだような住宅街が、ある雰囲気を持って地表をしっとり掩っていた。今から四十年以前のお話である。

（阪田寛夫『わが小林一三』河出書房新社、一九八三年）

ところで、敬三の父・信治郎は、やはり実際の池田への転居よりも、かなり早い時期にその分譲住宅地を購入していたようだ。

先に土地だけを購入し、建物は、敬三が生まれてから数年ののちに建てたとしても不自然ではない。雲雀丘への移住は、大正十二年一月に弟道夫が誕生したあとだったことは、はっきりしているからだ。池田では、場合によっては借家であったとも考えられなくはないが、道修町で暖簾を張る商人がまずそんなことはない。

一三は、借地でもよいし、土地を買っておいて、あとで家を建ててもよい、といろいろ選択の余地を拡げて、くだんのパンフレットで謳っていた。これは、佐治敬三をめぐるこの物語の伏線にもなる出来事なのである。つまり、一篇の文化史をたどるうえでも、ここで小林一三と鳥井信治郎を、すなわちこの時期に、やはり結びつけておきたいのである。

## 雲雀丘花屋敷

阪田寛夫の文章にみられるように、明治末年から大正時代にかけて、阪神間における私鉄の敷設にともなってひろがった新都市開発は、新しい時代をひらく画期的な事業であった。

阪神間の新都市構想は、東京や横浜にくらべてもいささか早く、欧米の風をいち早く呼吸していた関西、とくに六甲山麓を中心に、新しい地域文化を生み出したのだ。阪神間モダニズムといわれて、近年あらためて再評価されている関西独特の生活文化の台頭であった。

時代が大きく動いた明治末から大正にかけて、大阪、神戸という両大都市郊外が、大変貌を遂げ、新しい相貌をみせるようになったのは、ひとくちにいえば、郊外の都市化ということであろう。洋画家の小出楢重や、岩野泡鳴、またのちに谷崎潤一郎という芸術家たちが、好んで郊外に住みはじめたことも見逃せない。船場の商家の経営者たちの間でも、職住一体という従来のライフスタイルから決別し、住いを閑静で健康的な郊外へ、という流行がはじまっていたのである。

それからおよそ百年、一気に現代にとぶが、平成二十三年に人気女性作家の有川浩《ありかわひろ》の評判小説『阪急電車』が書かれ、その作品が映画化された。小説はベストセラーになり、三宅喜重監督の映画も記録的な劇場動員数になったという。映画では、中谷美紀とベテラン宮本信子の呼吸が合っていて阪急沿線らしさが好ましく展開されていた。この小説は、この沿線の町の伝統に根ざした典型的な都会派の「郊外小説」というもので、書かれるべくして書かれたのであろう。女流らしい繊細な感性が捉えた町の景観や人々の生活ぶりが静かに描かれていて、古くて新しい郊外の物語という印象を与えたのである。

さて、現在の宝塚・箕面線が開業したのが、明治四十三年（一九一〇）である。小林一三は箕面に動物園、宝塚に大浴場「宝塚新温泉」を開設し、さらに意欲的に沿線開発と人々の意表をつくエンターテインメント事業をあわせて取り入れていく。これらの事業こそが、収益源なのであった。つまり、大正三年（一九一四）には宝塚唱歌隊（当時、三越の少年音楽隊が人気を博しており、それにヒントを得て導入したといわれる）を創設しているのだ。むろんこれがのちの「宝塚少女歌劇」に発展するのである。

鳥井信治郎が阪急宝塚線の沿線雲雀丘に邸宅を建てた時期は、そうした一三のいわば田園都市構想が完成に近づきつつある節目の時期だった。翌年、大正十三年には、いよいよ四〇〇〇人の収容能力をもつ宝塚大劇場が竣工したのである。競争相手である阪神電鉄もふくめ、私鉄の敷設にともなって、一三らによる阪神間という特定の都市郊外ともいうべき地域が開発され、新しい構想のもとに誕生したエリアはモダン都市にふさわしい文化風土を育んでいった。

ところで、阪急宝塚線の雲雀丘花屋敷駅は、二つの駅が近すぎるという理由で一つになったためずらしい駅である。昭和三十六年（一九六一）、雲雀丘駅が花屋敷駅に吸収されるかたちで、駅名としてはやや長い「雲雀丘花屋敷」という駅となった。敬三の回想録によると、雲雀丘駅は、住民の要望でつくられたいわゆる「請願駅」だった。だから花屋敷駅とは至近距離だった。人口の増加もあって阪急電車の連結車両が長くなると、当然のことながら不都合がでてきた。二駅統合は必然だったという。

平成二十二年十月一日、前社長鳥井信一郎の母春子が九十九歳で他界した。広く公表はせず、親族で葬儀を済ませた。春子の逝去が新聞に載ったのは翌年一月二十七日の毎日新聞が最初で、その翌日、共同電、時事電でもながれ、朝日、読売など多くの新聞が書いたが、逝去の事実とその遺産が同社の文化財団に寄付されたという内容にとどまり、葬儀のようすなどの報道はなかった。

筆者が佐治けい子夫人から電話をいただいたのは、それから一カ月半ほど過ぎた十一月の中旬だった。自粛していたのだが、そこで意を決して翌月の二日に佐治邸を訪問したのである。

私は平成十七年（二〇〇五）十一月一日、佐治敬三の七回忌が大阪ロイヤルホテルで行なわれた折に、雲雀丘花屋敷を中心に阪急宝塚線と今津線の沿線を歩いてきた。むろん、このときは佐治邸には伺わず、中山寺の佐治敬三墓前に花を手向けるだけにとどめたのである。

そして、一昨年、平成二十一年の秋に、そのときは事前の取材もあり、同じコースをふたたび歩いたのだった。

さて、昨年秋は何度目かの佐治邸の訪問となった。雲雀丘花屋敷駅に着いたのは、秋晴れの静かな午後だった。ホームには、雲雀丘学園（サントリー副社長の鳥井信吾理事長、幼稚園から高校までの約二七〇〇名が学んでいる）の初等部の子どもたちだろうか、制服姿の男の子が三、四人行儀よくベンチに腰掛けて、何かしきりに話しこんでいる。

駅の西口が花屋敷方面に行く出口であろう。あまり大きくない、しかし瀟洒な駅舎を出て、しばらくあたりを歩きまわってから、踏切を越えて、東口の方、つまり川西の寺畑方面に向かう駅正面の道を行ってみることにした。くり返すまでもなく佐治敬三邸へは何度か訪れているが、一人であったことはなくて、大阪本社の秘書室のひとと一緒のことが多く、そのためにいつまでも道順がおぼえられない。はじめて来た町のような印象だった。

しずかな住宅街をしばらく東へ歩き、また右に曲がると、角に鳥井信一郎邸があった。さらに左折してすこし行くと右手が、今、けい子夫人が住む佐治敬三邸だった。大きな門と左手に建つ大正モダニズム風の洋館はよくおぼえていた。

この日は、暗くなるまで何時間もお邪魔してしまった。夫人のお話を伺いながら洋館を中心に邸内や庭をよくみせていただき、雰囲気のあるあたりの空気をこころゆくまで吸いこんだ。そして夫人手作りの料理でよく冷えたプレミアム・モルツをいただきながら、話に耳を傾けたのだった。

ここで話柄は一転する。

ドイツ文学者でエッセイストの池内紀は、平成二十二年（二〇一〇）秋に上梓された『ことばの哲学――関口存男のこと』という興味深い評伝のなかで、東京の郊外開発についてこんなことを書いている。

> 西武新宿線の下落合駅で降りると、すぐ前に目白通りと交叉して北西の方向にゆるやかな坂道が見える。S字型をしたカーブをたどると、閑静な住宅街に入っていく。「目白文化村」とよばれ、大正十一年（一九二二）、箱根土地（のちの国土計画）が住宅地として開発、大々的に売り出した。
>
> （中略）
>
> 大正から昭和初期にかけてのころだが、わが国に住宅開発のブームがあった。よく知られたところでは田園調布、「東京の軽井沢」とよばれた桜新町、「学者町」の異名のあった本郷・西片町だろう。練馬区豊島園に隣合った城南住宅、駒込の大和郷《やまとむら》、東武鉄道が開発した板橋の常盤台《ときわだい》、さらに埼玉県大宮の盆栽村、藤沢鵠沼・片瀬海岸、阪神間の香櫨園《こうろえん》、千里山、宝塚の雲雀丘……。

このように池内紀は、大正末期の郊外開発を総括している。ちなみに「目白文化村」には、くだんのドイツ語学者関口存男がまず転居し、翌年には学習院長の安倍能成もここに住まいを移したのである。引用のように池内は、関西にも触れているが、ちょっとおまけのような扱いである。最後のところで「宝塚の雲雀丘」を明記しているところなど、兵庫県生まれの池内らしい目配りが行き届いているという見方も、できるかもしれない。ちなみに筆者は目白とは隣町のような豊島区千早町で生まれた。育ったのは神戸市東灘区であるが、目白、椎名町界隈の町並みには既視感がある。

五島慶太は、田園調布の開発にあたっては、小林一三を紹介されて教えを乞うているのである。おもしろい逸話が数々あって、脇道に入り込んでみたい誘惑にかられるが、ここではやめておかなければならない。

一三は雅号を逸翁といったが、『逸翁自叙伝』によれば、一三は明治六年（一八七三）、山梨県韮崎の富商の家に生まれ、母にすぐ死なれた。養子だった父は離別、姉とともに叔父夫婦に育てられた。慶應義塾大学に進み、学生時代は軟文学や演劇に熱中していたという。卒業のころは新聞記者を志していたが、心ならずも三井銀行に就職した。大阪支店に着任したあと、名古屋支店、また大阪支店勤務と異動が多く、やりきれない思いをかこっていた。

三井銀行に入社した唯一つの収穫は、大阪支店長だった岩下清周から多くの教えを受けたことだった。三十四歳（明治四十年）のときに同銀行を辞めたあとも、北浜銀行に移っていた岩下が企画した新証券会社に転職をはかる決意をし、のちの大きな鉄道事業の端緒を摑むことになったのである（註　大正十二年に竣工した寿屋ウイスキー原酒の山崎蒸留所建設の融資は、三井銀行大阪支店から受けたという。当時の支店長が昭和四十年代には健在で、サントリーの社内報『まど』に寄稿している）。

日本で最初の田園都市構想を実現した小林一三は、偶然の機会を生かす天賦の才にめぐまれた経営者であった。後に「鬼才縦横」といわれ、大経営者の名をほしいままにしたが、幸運なめぐり合わせをその努力で生かした人であった。

## 3　鳥井三兄弟——語り継がれる兄弟のきずな

ここまですこし寄り道をしてきたが、これはあとで生きてくるであろう。

雲雀丘に転居したころのことを、敬三は回想録のなかで、短くではあるが思い入れをこめて次のように書いている。

### 雲雀丘家なき幼稚園

……雲雀丘は、当時の新興住宅地である。今日でいうディベロッパーである阿部元太郎氏の手によって開発され、山の急峻な坂道の両側に高級住宅が並んでいた。駅前に小型のオープンカーが常駐していたことも、もの珍しかった。雲雀丘駅は請願駅、つまり地元が造った駅で、改札口もない小さな駅のくせに、瀟洒な待合室をもっていた。春になると満開の桃や桜が辺り一面を覆いつくすといった、まったくの田園風景である。

私の通っていた幼稚園は「家なき幼稚園」と名づけられ、橋詰せみ郎（一八七一～一九三四）という幼児教育に一家言をもった方が園長であった。実際、私が入園した頃は、文字通り園舎のない幼稚園で、雨が降ったらこの駅の待合室に逃げこんで遊ぶといったユニークな教育をしていた。

（『へんこつ　なんこつ――私の履歴書』）

四歳になった敬三が通ったこの「家なき幼稚園」こそ、大正デモクラシーの具体的な姿、シンボルとでもいうべき性格をそなえていたのである。つまり、明治以来の幼児教育における厳格なフレーベル崇拝主義と決別して、「子どもを、家と家屋から解き放ち、子どもの心性に自然の必要性を発見した」という新しい幼児教育観の展開そのものであったのである。

現在、ちくま学芸文庫の一冊として入手できるが、わが国における幼児教育の貴重な研究書『日本の幼稚園――幼児教育の歴史』（上笙一郎・山崎朋子、一九九四年）に、この「家なき幼稚園」がくわしく取り上げられている。同書は毎日出版文化賞を受けた労作である。

さきに書いたように、敬三が入園したのは大正十二年（一九二三）のことで、この年の一月には、弟の道夫が池田の家で誕生した。このあとしばらくして、一家は阪急池田から二駅先の雲雀丘に転居するのだが、敬三はたぶん、その前年の春に池田の室町に開園した、このユニークな幼児教育の方針をもった「池田家なき幼稚園」に入園したのではなかろうか。だから転居後に、同十二年十二月に開園する「雲雀丘家なき幼稚園」に移ったのであろう。というのも、この幼稚園は評判をよんで、全国的な教育雑誌『幼児教育』や『教育の世紀』に大きく取り上げられてから、大発展しているのだ。

開設者は、敬三も書いているとおり、橋詰せみ郎という個性的な名前をもつ園長であった。むろんこれは雅号である。本名は橋詰良一といった。もともと神戸師範学校卒の教育者だったが、大阪毎日新聞の記者（事業部長）、宝塚少女歌劇の脚本家（「歌がるた」「石童丸」の作者）などを経験し、大正十一年（一九二二）五月、デンマークのスコウバーネヘーヴェン（森の子どもたちの園）に触発されて、小林一三の分譲地、池田室町の呉服《くれは》神社境内で「池田・家なき幼稚園」を開設した。勤務先である大阪毎日新聞の本山彦一社長の賛同を得ていたという。

「家なき幼稚園の歌」（橋詰せみ郎作詞、山田耕筰作曲）というのがある。

一、天地のあいだが　おへやです
　山と川とが　お庭です
　みんな愉快に　遊びましょう
　大きな声で　うたいましょう

二、わたしのへやは　大きいな
　わたしが庭は　ひィろいな
　町の子どもは　気のどくな
　お籠のなかの　鳥のよう

この歌を、黄色い声の園児たちが、大きく口をあけて青空の下で歌うのである。もちろん、敬三も歌った。歌は四番まであったようだが、歌詞の二番は、小林一三が書いた沿線PRのパンフレット「如何なる土地を選ぶべきか」の美文調の冒頭の一行と、どこか共通する思潮が流れていた。つまり、一三の文案は、

「美しき水の都は昔の夢と消えて、空暗き煙の都に住む不幸なる我が大阪市民諸君よ！」

という激しく高い理想を謳う、まさに「美文調」の呼びかけにはじまり、さらに、

「出生率十人に対し死亡率十一人強に当る、大阪市民の衛生状態に注意する諸君は、慄然として都会生活の心細きを感じ給ふべし……」

と数字で迫るのだ。宣言とでもいうような内容だった。やさしく自然を謳歌するこの童謡の歌詞を書いているとき、橋詰せみ郎園長は、小林一三のこの名調子を、意識したのではなかろうか。

幼児期の思い出として、敬三が回想録にわざわざ幼稚園名を明記して特筆したほどの強烈な印象を、「家なき幼稚園」はうえつけたのであった。そして、敬三は相当のゴンタ（いたずらっ子）であったらしく、同じ頃に在園した女性たちから「敬三さんにはいじめられた」と後々まで冷やかされたらしい。ゴンタとは、いたずら坊主というほどの意味であろうか。広々とした野原で女の子たちを追いかけまわすゴンタこと敬三の姿がみえてくるようだ。

**友人にめぐまれた学校生活**

敬三は、小学校は池田の府立師範学校付属に通った。同級生には、父・信治郎旧知の高碕達之助の子息高碕芳郎がおり、一年上には衆議院議員でいくつかの大臣を歴任した原田憲が在学していた。毎学期末に通信簿がわたされていたようで、一年の一学期は見事に「乙」ばかりで、兄の吉太郎から、後年になってもこのことを持ち出されて悔しい思いをしたと、敬三は語っている。

成績は出来のよい方ではなく、また教室でもおとなしい方ではなく、しばしば廊下に立たされたと回想記で書いている。しかし、すこし時代がとぶが、社長就任後の一九六〇年代のある時期、週刊誌（当時刊行されていた『週刊サンケイ』）の求めに応じて、敬三は小学校時代の通信簿を公開したことがあ

家族での記念写真（右から２番目が敬三）

った。よくもこんなに古いものが保存されていたものかと驚いたが、たしかに本物の敬三の通信簿であった。決して悪い成績ではなく、それどころか「甲」がほとんどで素晴らしいものであった。

敬三には、独特の謙遜癖、あるいはもっといえば露悪的な言辞を弄する性格的な一面があったのではないかと、今にして思う。むろんたしかな自信があればこそ、ということなのだが、これは終生変わらなかったように思われる。このことについては、小学校時代の級友の証言がいろいろあって、敬三の幼少年時代を彷彿とさせるものがある。

たとえば、元毎日新聞代表取締役の高田敬三は、七歳の時からずっと生涯の友であったが、

「世の中エエカッコシイは多いけどあんたは天下一のワルイカッコシイですわ。」

とクラス会で話したと回想している。そしてさらに、

「あんたの通信簿は立札（甲）の行列、アヒルの行列は同じ敬三でも高田の方だった。」

とも同氏は書くのである。佐治敬三は、ともかく常にクラスで一、二を争う秀才だったことは間違いなかったという。そのうえゴンタでもあり負けず嫌いだったが、勉強がよくできて、ちょっと世話好

きで、スポーツも、本も好きというのだから人気者だった。おでこに黒子があるので、級友たちがつけた渾名が、なんと「聖人」だったという。これはやはり同級生の八尾公子が、

「この渾名は、まあ、お気に入りのようでした。」

と語っていることでもあり、敬三は子ども心にも、ややしっくりしないところはあったが、あまりムキになることもないと受け入れていたのであろう。友達づきあいでも鷹揚に構える一面を、早くも身につけていたことがわかる。

ただ、こうした敬三にも辛い体験があった。意外に思われるかもしれないが、小学校から中学校にかけて、少年時代の敬三は病弱だったのである。

「幼い頃の私は、いわゆる腺病質といわれた虚弱児であった。小学校では夏になると水泳訓練が行われる。学校を短縮授業とし、全校生が電車で芦屋の海岸まで出かけるならわしであったが、一度も同行したことがない。毎日毎日、雲雀丘駅頭で級友を送って、寂しく自宅に戻り、うつうつとした時を過ごすことになる。／中学に入ってからも、病弱の体質は改まることがなかった。夏になると相変わらずの発病で死線をさまよい、しばしば学校を欠席した。」

『私の履歴書』に書いたこの記述には、「死線をさまよい」というただならぬ表現もみられるが、とくに大げさではなく、これが事実であったようだ。敬三少年には、さらにいくつかの不幸がかさなり、中学では一年留年することになる。

## 浪速高等学校尋常科を志望

さて、こうした少年時代のことを含めて、敬三の生涯にわたるそれぞれの時期のことについて、先年刊行された『佐治敬三追想録』（二〇〇〇年）は、大変多くのことを証言してくれている。この追想録は、まさに敬三の生涯をたどるエピソードの宝庫であり、また人脈を明らかにする貴重な〝係累事典〟ともいえる内容をもっていた。

平成十二年（二〇〇〇）十一月に上梓された『佐治敬三追想録』の大きな特徴は、回想を述べている登場人物の領域のひろさと、華やかな国際色であった。

小学校のクラスメイトから、当時ワシントン・ポスト社主のキャサリン・グラハム女史の寄稿まで、というように時代がひろきにわたっているばかりではない。経済人の稲盛和夫から国際的なチェロ奏者ロストロポーヴィッチまで、さらに政治家や学者や国際的に活躍する建築家やデザイナーまで、実に一六〇人余りにのぼる多士済々の寄稿者が故人を偲んでいる。

B5判で六〇〇頁におよぶ大部の、格調を感じさせる装丁をほどこされた一冊である。佐治敬三には、さらに回想を述べてもらってもよい人物が、ほかにもまだまだいるように思えるのだが、収めきれなかったのであろう。

さて、昭和七年（一九三二）一月、敬三は創設後間もない七年制の浪速高等学校の尋常科を志望して、競争率五倍の難関を突破して合格した。母のクニは子ぼんのうではあったが、いわゆる教育ママではなかったという。それでも敬三に家庭教師をつけ受験に備えさせていた。

ところが、前年の春に敬三は自分から府立浪速高等学校尋常科に行きたいと言い出した。当の本人は、いたってのんきだったという。放課後も弟の道夫や級友たちと、父が設えてくれたテニスコートでテニスに興じ、家庭教師の勉強をすっぽかすこともしばしばであったようだ。テニスコートは道路を挟んで本宅の東側の鳥井家の敷地内にあって、兄弟とその仲間たちでいつも賑わっていた。

この時代、普通は中学五年、高校三年で大学へ進学するコースを志望することが一般的であったようだが、大正十五年創立の浪高は尋常科（中学に該当）四年、高等科三年の七年制だった。今でいう一貫校であるが、中学五年、高校三年のコースをとるよりも一年早く大学に進学することができるという特典もあった。敬三はそのことに気付いていたのである。

附属小学校のころから、つねに一位か二位だったという敬三にとっては、中学四修で高校入学も十分ありえたであろうが、こちらも最難関校であったとはいえ浪高の尋常科を志望したのは、七年間の一貫教育の自由さを選択したものと思われる。しかし、敬三はこんなことも書いているのである。

七年制高校というのは、卒業すれば帝国大学へ進むことになる。当人はそんなことはまったく意識していなかったのだから、のんきなものであった。当時、大阪の商家のつねとして、子供には高等教育は受けさせなかった。商業学校、せいぜいが高等商業であったから、兄も高等商業に学び、同校卒業の年に大学が設置されたが、あえて進まなかった。しかし父はむしろ、教育に少なからぬ関心を抱いていたようで、早い時期から、いわゆる学校出を採用していた。……私が知らず知らずに歩み始めていたのは、我が家としては初の大学進学の道であった。

この何気ない一文は、敬三の展開した経営思想の底流をながれる伏線となっているようである。実践的な教育訓練は大いに役に立つが、机上の学問は実践を補強する真理を極めるものだ。学校教育には大いに意味があって、知識欲、向学心は人間としての徳性である、という考え方だ。

それはむろん敬三ばかりでなく、商業学校中退で、ずっと現場主義を貫いてきた父・信治郎にとっても、同様の思いがあった。信治郎が学問やすぐれた研究者や学者を、いかに大事にしたかは、多くのエピソードがものがたっている。経験から得られる知恵やワザを重んじるとともに、アカデミズムがあたえてくれる豊かな知識と教育的成果を最大限に尊重して活用する姿勢、それはいつしか、サントリーという企業風土にながれるＤＮＡにもなっているようである。

### 突然の養子縁組と母の死

先もふれた東洋製罐の創業者高碕達之助の子息で、同社の社長、会長を務めた高碕芳郎は、中学の頃の思い出として、敬三をめぐる二つの大きな出来事を回想したこのような文章をのこしている。

たしか中学校入学の頃だったと思うが、鳥井姓からお母方の佐治へ姓を継がれたことをご本人が非常に気にしていたことを記憶している。その後しばらくして豆腐が原因で近所に腸チフスが発生した。鳥井家ではお母様、敬三さん、道夫さんの三人が感染、我が家では「冷や奴」好きの私が感染し皆二ヶ月以上入院した。両家の父親は、毎晩お茶屋通いで家では夕食をとらない。私の家では母と姉妹の分まで食べた私だけが感染した。幸い敬三さん、道夫さん、私は全快したが、お母様は亡くなられた。私には佐治さんのお母様が若い我々三人のために犠牲になられた様に思えてならない。

（『へんこつ　なんこつ――私の履歴書』）

旧友によって淡々と書かれたこの二つの出来事は、敬三にとって生涯を左右するほどの決定的な意味をもたらした。それも昭和七年から八年にかけて連続して起きたことだった。まず、佐治家との養子縁組についてである。敬三はこう書いている。

「たしか小学校六年を終えた春休みの頃、私は誠に重大な人生の転機に出逢うことになる。養子である。両親はそのことをとうの昔から承知していたのであろうが、私にとってはまさに青天の霹靂、今の今まで鳥井姓を名のり、両親のもとで何不自由なく過ごしていた自分が、明日から他人の姓に変わる。実際何がどうかわるのか知っていたわけではないが、ただ無性に悲しく、やり場のない思いに母の膝にすがった。三朝《みささ》温泉への旅は、この頃のことであったと思う。中学入学と同時に私の姓は鳥井から佐治に変わったが、生活は変わることはなかった。」（『へんこつ　なんこつ――私の履歴書』）

実際このとおりであり、これまでの同社の社史にも書かれてきたことを、本人みずから情感をこめて吐露している。敬三は、相変わらず使用人たちからは「中坊《ボ》ン、中坊ン」と呼ばれ、弟の道夫はである。

「小坊《ボ》ン、小坊ン」と呼ばれて、それまでと変わることなく、同じ勉強部屋で一緒に生活していたのである。

山口瞳は七十年史の「やってみなはれ　青雲の志について」のなかで、こう書いている。「佐治敬三に聞いた話によると、鳥井家の家族旅行の記憶は一度しかないという。三朝温泉へ行ったという。それも、どうやら、佐治家へ養子にやられるのを哀れに思ってのことだったらしい」とあっさりと触れていて、ここからは母クニも一緒だったという印象を受ける。いずれにしてもこの養子縁組は、信治郎、クニの強い意志が働いていたことは明らかである。

さて、高碕芳郎が少年時代の回想として書いている出来事のうちの二つめが、チフスの集団発生で、敬三が浪高尋常科二年の夏のことだった。鳥井家では、父・信治郎をのぞく一家四人が、高熱に襲われた。当時、チフスは致死病であった。西区の日生病院の隔離病院で、有効な治療法がないまま二カ月あまりの長い入院となっていたが、敬三の母・クニはもとから心臓が弱く心配されていた。猛暑の八月下旬になると、母の体力は急激に低下した。そして、最悪のときを迎えた。二十三日に母の容態が急変して、遂にかえらぬ人となったのである。このときのことを敬三はこう書いている。

「別離とは何とあっけないものか。母は四十七歳を一期として三人の息子を残して逝ってしまった。だから、私の記憶の中の母は、いつまでたっても年老いない。」

昭和七年、八年と、敬三は人生の激動のさなかにあった。あたかもみずから苦難のなかへ突進しているかのように感じたことだろう。さすがに大きなショックを抱えて、敬三少年はなかなか立ち上がれなかった。もともとの病弱な体質は改まらず、学校を病欠することも多くなった。三年生の夏にはとうとう体力がもたず、後半は全欠してしまい、ついに留年することになった。

翌年の昭和十年は一年間の長い病気欠席となった。まさかと思う事態であったが、敬三はこれをどうやら前向きに考えるように努め、後年、「いささか大仰にいえば、人生の自覚の芽生えとでもいうべき転機をむかえたのかもしれない」とふり返っている。敬三、十六歳であった。

## 虫の勇気

敬三は留年とはなったが、復学後しばらくすると、ようやく健康を取り戻し、勉強への意欲も段々と湧いてきた。尋常科の八十名は同じ学窓で七年間を過ごすので仲がよく、また仲間意識も強い。しかし、長期病欠したあとの復学後というのは、いささか不安定な心理状態をきたすものであろう。数日、病欠しただけでも、なんとなく違和感があるものだ。

とはいえ、敬三にとって何よりも幸いだったことは、この時期に心から敬愛できる佐谷正先生に教わったことであった。その年、敬三は十七歳になっていた。人生におけるもっとも多感でデリケートな時期であった。

こんなことがあった。

敬三が尋常科三年に復学して数日後の英語の授業時間だったが、佐谷先生の、

「わかるものはいないか。」

という問いに、敬三は思わず〝虫の勇気〟とでもいうのか、それこそ挙手していたのである。佐谷先生は、すぐにそれを認めて、

「おっ、休んどった佐治が手をあげとるやないか。ほかのもんは何をしとる！」
と一言いった。

敬三はよろこびで胸が高鳴った、と後年回想録にわざわざ書きとめている。気弱になっていたのだが、その先生の一言は大きな歓びであり、その言葉はひときわ印象深く記憶にのこっていた。

よい解答ができたかどうかは記憶にないというが、教師のこの一言が、学ぶことへの意欲となり、自信となり、大げさでなく、敬三にとって人生のまたとない啓示となったのである。この教師の適切な、あるいは偶然の一言は、はからずもこの生徒には魔法の言葉となった。佐谷先生は自分のことをわかってくれている、という共感となったのである。

こうした体験が身に沁みていたからであろうか、経営者になってからも、敬三が従業員に発する一言には、独特のものがあった。むろん強い叱責も少なくはなかったが、たいていは言葉をかけられたものが目を開かされ、自信を深め、前進する勇気と意欲を喚起される「一言」だと感じることが多かったように思われるのだ。

敬三の短い言葉や、メモの断片や、簡単な電話連絡での一言が、相手の人間の心を揺り動かさずにはおかないものだったとしても、企業のトップとしては別になんの不思議もなく、むしろ当然のことだろう。トップとはそういうものであるはずだからだ。

だが、敬三の場合は、それが意識した言葉ではなかったのである。また、敬三は多くの従業員を、「このトップのためなら」という気持ちにさせることのできた稀有な経営者であった。それは敬三の人間性がそうさせるのであり、彼自身が、言葉の力というものをよく知っていたからということであった。

人が勇気づけられ、人生の啓示を得るのは、必ずしも大きなきっかけによるものだけではない。本人に感じ取る力さえあれば、たった一言でいい。この時期、敬三は多感な青春のまっ盛りに、後年、「自らの転機」と書いたように、人生について多くのことを考え、いっそう読書にも集中するようになった。それにしても、敬三の尋常科時代の英語教師・佐谷正先生とは、なんとも見事な教育者であった。

## 4　浪高・仏教青年会——河合栄治郎・リベラリズムの思潮

### 病弱で内省的な性格

「振り返ってみると——」と敬三は尋常科時代（中学に相当）の留年について改めて書いている。再度、引用すると、「この病欠が、私の中に思いもかけない変化をもたらしたようである。それまでの酔生夢死、無目標の生活から、いささか大仰にいえば、人生の自覚の芽生えとでもいうべき転機を迎えたのかもしれない」と当時を回想しているのだ。そして、ここで改めて思わず佐谷先生への感謝へと筆が及んでいる。

その時期に、敬愛してやまない佐谷正先生に教えを受けることが出来たのは、何という幸いであったろうか。先生は弱者にことのほか目をかけられた。それは例えば悪童から、私のごとき肉体ならびに精神の弱者にまで。手に負えない出来の悪かった連中ほど、先生を慕うこと切なるものがあった。卒業しても先生がなくなられるまで先生を慕い続けたし、その後も夫人に対して親愛の情を抱き続けている。

（『へんこつ　なんこつ――私の履歴書』）

若いときから内省的な性格の強い敬三は、みずからを「肉体ならびに精神の弱者」と決めつけるように書くのである。これが青春時代の日記であるなら、まあ、そのような表現もあろうかと思われる。しかし、これは七十四歳になってペンを執った、いわば人生の達人の回想記なのである。

ここで、のちに敬三が多忙な経営者としての合間をぬって書き残した著書について書いておきたいのである。敬三は八十年の生涯で、エッセイ集を三冊と句集を三冊上梓している。最初の著書『洋酒天国――世界の酒の探訪記』（文藝春秋新社、一九六〇年）は四十一歳のとき、つまり昭和三十五年に書き下ろしたヨーロッパの都市や銘醸地をめぐる紀行文集であった。『週刊朝日』などにいくつもの書評がでて、何版も重ねてよく読まれた一冊である。当時、ベストセラーを続けていた坂口謹一郎『世界の酒』（岩波新書、一九五一年）に刺激されてヨーロッパの酒の旅に出たと本人は書いているが、単にヨーロッパの銘醸地の探訪に終わっていないところが、敬三ならではの才能と感性の、しからしむるところであろうと思われる。少なくとも、経営者が趣味的な関心で書いた旅のエッセイ集ではなかった。同書に「日光を飲む――静かな夕暮」というスイスのチューリッヒ湖畔での雑感を書いた一文がある。

チューリッヒ湖を見下ろす小高い山の上のホテルに旅装を解いてから、日曜日で予定もないまま付近を散歩することにした。久しぶりに踏む土の感触は、柔らかくて心地よい。落葉樹の林の木々は、一せいに新緑が萌え出したばかりで、幼児の掌をすかすように、光線が若葉をすかしている。そよ風が葉を揺がす音と、小鳥の囀りの他、何の音も聞えない。このような静けさは、何日ぶり、いや何年ぶりに味わったことだろう。動物園があるというので、そちらへ足を向けてみた。ここは日曜日の午後のこととて、子供連れのお客さんが多勢つめかけている。これを自然動物園というのか、柵といっても針金を二、三本ひきまわしただけのもの、人間でさえひとまたぎできそうである。その中を、フラミンゴなどの鳥、縞馬のような動物が、自由に歩きまわり、見物の子供達から餌をもらっている。

旅のひとときの体験をこのような文章に書くのである。とくにきわだった表現を凝らすでもなく、静かな夕暮れの散歩折の感慨を、意識のながれのままに文章に綴っている。たぶん、敬三も読んだことであろうスイスの詩人哲学者・アミエルの『日記』（河野与一訳、岩波文庫、一九七二年）のように内省的でさえある。こうした敬三の性格はどのようにして生まれたのだろうか……。

敬三は、公園のカフェであっさりしたビールを飲んでひと息ついたあとも、飽きずに往来を行き来する人々を眺めている。このエッセイは、このように続くのである。

多勢の子供を小さな車におしこんで、あるいはぞろぞろと連れ立って歩きながら、帰途につく人々が見える。やがて我が家で夕食の卓を囲むのであろう。われわれには家族との団欒は、まだまだ二カ月もさきのことだ。今頃両親の留守を、子供等はどのように暮しているのだろうか。忙しいスケジュールに追われている間は思い出さない、遠い故国のことを、こんな時には思い出す。林の小路を歩いて帰り、遙か遠方に雪の連山を望む見晴らしのよいベンチに腰を下し、とっぷりと暮れきってしまうまで、緑と、静寂の中に身をおいていた。隣のベンチにも、スイス人らしい中年の婦人が腰かけていたが、われわれが別れの声をかけたとき、「美しい夕暮れでしたね」と言ったところをみると、このあたりでもめったにない、静かな夕暮れだったのであろうか。

（佐治敬三「日光を飲む――静かな夕暮」『洋酒天国――世界の酒の探訪記』）

これは、敬三が社長に就任する二年前の昭和三十四年（一九五九）、ヨーロッパ国際広告会議に出席のため妻けい子をともなった、欧州旅行の折の紀行文なのだ。この旅は三カ月に及んだが、父・信治郎が息子に課したきたるべきトップ就任のための修業の一環だったはずだ。「われわれ」と書き、一緒に旅しているのは、むろん結婚して十年になるけい子夫人だった。このときはまだ〝専務夫妻〟であるが、日本には信忠と春恵を残してきていた。

先に書いたように、この本は銘醸地の探訪記と謳っている。当時、東大教授で醸造学の大家・坂口謹一郎が先にあげた『週刊朝日』の書評で、専門家による正確で詳しい銘酒探訪記と褒めている。たしかに銘醸地紀行として、当時は類書のない優れた好著と評判で、ベストセラーをつづけた。

**読書癖と浪高の高等科へ**

昭和十二年（一九三七）、浪速高等学校の尋常科を終えた敬三は、同校高等科の理科乙類に進学した。ドイツ語専修コースである。国語、漢文、歴史、作文が大の苦手だったからというが、文章もよく物し、成績はよかったはずで、これは言葉のうえだけのことかもしれない。尋常科で一年留年した後、三年に復学してからの敬三は、最初の一学期は体調が思わしくなかったが、その後、見違えるように元気になり、にわかに勉強に励みだした。「瘧《おこり》が落ちたというべきか」と敬三自身は書いている。

それというのも、留年した一年間は辛い毎日には違いなかったが、実は敬三の内面生活を豊かに拡げる大きな収穫期でもあった。母の死、病弱、それに名前だけではあったとはいえ、養子に出されたという孤立感。これがまさにこの時期の敬三の〝三重苦〟であった。不憫に思ったのであろうか、敬三が休んでいる間も、佐谷正先生が折に触れて見舞いに寄っているのである。

そして、さりげなく置いていく本のなかに、下村湖人の『次郎物語』があったといわれている。実はこの作品は、最初、雑誌『青年』（大日本連合青年団の機関誌）に昭和十一年に第一部を連載、単行本になったのは同十六年（一九四一）なのである。敬三が佐谷先生から差し入れをうけて読んだのは雑誌『青年』に掲載された作品だったことがわかる。単行本化されたころは、敬三が二十二歳だったことになる。だから昭和九年から十一年頃にかけての病欠の折や、留年中に敬三が読んでいたのは、この雑誌『青年』とともに、漱石の『坊ちゃん』と、漱石の教え子であった中勘助の『銀の匙』（岩波書店、一九二二年）などであったのであろう。雑誌『青年』をわざわざ取り上げたのは、下村湖人ときわめて深い関係があった発行元で、敬三が農本主義に関心をもったのも、この雑誌を読んでのこととわかるからだ。

なかでも敬三は『銀の匙』をよく読んだという。同作品は、当時の敬三の境遇にどこか通じる背景をもった少年が主人公で、敬三は食い入るように何度も読んだのだ。『次郎物語』や『路傍の石』（岩波書店、一九四一年）も読んでいたが、それは少なくとも十七歳以降だったのではなかろうか。ともに敬三好みの作品だ。むろん二つの作品の映画も観ている。

しかし、十五歳で留年を経験したことをきっかけにして、敬三の読書癖は一気に嵩じていくのだった。やがて、阿部次郎、倉田百三、河合栄治郎などを読破していくことになる。

先にも書いたように、尋常科の八十人は高等科へ進学し、通算七年間を共にした。浪高の高等科は、全学在校生を合わせても三〇〇人余の少人数だったという。そのうえ浪高創設当時の三浦菊太郎校長の方針として、関西の学習院をめざすという志向があったという。だから制服も縁取りした詰襟で、下駄履き登校は禁止という厳しさだった。

聞くところによると、旧制の府立東京高校なども浪高並みにスマートな校風だったというが、この両公立旧制高校は、はからずも松本高校や静岡高校のバンカラさは、当初はなかったようだ。それでも校長が代わると、浪高はだんだん他校並みになり、敬三も朴歯《ほおば》の下駄にあこがれて、旧制高校風のバンカラ・スタイルを身につけていったようだ。

## 河合栄治郎に心酔

敬三にとって兄の本箱というものは、いつも背伸びして見る高峰のような存在だったようだ。内容はわからなくとも、同じ家の中で毎日見ているので、本の背中の文字はほとんどおぼえてしまう。敬三の兄・吉太郎は、十一歳も年上であった。敬三が本に熱中しはじめた頃は、すでに神戸高等商業学校（現・神戸大学経済学部）を卒業して、父の片腕として寿屋の要職についていた。本とクラシック・レコードをたくさん持っていて、敬三は幼い頃から、自然にこの弟思いの兄の影響を受けていた。

少年の頃、一番感動を受けた中勘助の『銀の匙』は、兄の本箱から持ち出して読んだものか、佐竹先生が置いていかれたものかよくわからないが、子どもの頃の書物についての思い出は、いつも兄・吉太郎と佐竹先生がダブってしまうと語ったことがある。それだけ二人の影響を強く受けていたのだった。

阿部次郎の『三太郎の日記』（東雲堂、一九一三年）と倉田百三『愛と認識への出発』（岩波書店、一九二一年）は、浪高の高等科へ進学したころに読んだようだが、これは兄の本箱にあったものだ。理想主義的リベラリズムという点からみると、この『三太郎の日記』とも通底するところのある河合栄治郎の『学生に与う』（日本評論社、一九四〇年）が、昭和十五年六月に書店に並んだときには、敬三は真っ先に購入して読んだ。これこそが河合栄治郎だと感動した。しかも、河合栄治郎が東京・千住の酒類商の次男に生まれていることに、すっかり親近感をおぼえたのだった。

敬三は浪高の高等科に進学した前年の昭和十一年、河合栄治郎編になる学生叢書の第一冊目ともいうべき『学生と教養』(日本評論社、一九三六年)が書店で目にとまり、まずこれを読んでとりこになっていたのである。その後、この学生叢書は同十五年十一月までのほぼ五年間に十冊を重ね、当時のベストセラーだった。

今、私の手元に『学生と教養』と、第十輯ともいうべき『学生と芸術』がある。私も昭和三十年前後にこの二冊を兄の本箱から借り出して読んだ記憶がある。また、大学に入ってからも、学生の間で河合栄治郎が話題にのぼることがある時代だった。この第十輯の最終ページをみると学生叢書の一覧があって、そこでこの二冊の他のタイトルがわかる。いうまでもなくすべて『学生と〇〇』というスタイルで、『生活』『先哲』『社会』『読書』『学園』『科学』『歴史』『日本』……、これらのほとんどを敬三は読破していた。

『学生と教養』の序文の冒頭を、河合栄治郎はこう書き出している。

「青年殊に学生の気風が沈滞してゐるとは、今日一般に云はれる所である。なるほど数年前マルキシズムの華やかなりし当時に比べると、いろいろの点に於ても異なるものが見えることは事実である。自ら往くべき方向が定まらないことから来る不安、周囲に対して無力だと云ふ意識から来る投げやりな気持、人を嘲り又自らをも嘲る皮肉な虚無的な傾向、凡そ之等のものは決して健全な正常なものではない。」

『教養』篇では、安倍能成、倉田百三、谷川徹三、木村健康らが、『芸術』では、阿部次郎、小宮豊隆、武者小路実篤、阿部知二らが執筆している。これらをみると、大正教養主義の一つの結実とみなすことができるだろう。

時代の情勢は、次第に戦時色が強まり、学生叢書の第一輯が出た年には、二・二六事件が起こり、日独伊三国防共協定調印、日中戦争の火ぶたが切っておとされた。国家総動員法が施行されたのは、この翌年である。

学生叢書の第一輯の編著から十輯の編集を済ませるまでの五年間は、河合栄治郎にとっては闘いの日々であった。二・二六事件を批判して右翼団体から攻撃を受け、いわゆる河合栄治郎事件（著書『改訂社会政策原理』『ファシズム批判』『時局と自由主義』『第二学生生活』は内務省が発禁処分、警視庁より起訴）により弾圧を受け、さらに昭和十四年にはいわゆる平賀粛学により、土方成美教授とともに東大を休職させられた。

この時期、東京帝国大学経済学部は、この土方を中心とする国家主義派が、大内兵衛を中心とするマルクス主義経済学派および河合栄治郎らの自由主義派を駆逐しようと抗争し、混乱を招いていた。時の東大総長は、戦艦の設計で高名だった平賀譲であった。この混乱を平賀は、教授会の協議を経ることなく、土方と河合を辞職させることで終息をはかったのである。喧嘩両成敗となったのだった。はたせるかな大騒ぎとなり、新聞は「東大、空前の〈学粛〉を断行」などと書きたてた。

敬三が浪高の最終学年のときだったが、はらはらする思いで見守っていた。河合栄治郎の書くものは学生叢書のなかのエッセイ以外にも『社会思想史研究』などにも目をとおしていたが、やはり身近な関心を引き付けたのは、後に畢生の名著といわれた『学生に与う』だった。学生叢書の全十輯の編著作業を終えようとした年に、河合栄治郎は日本評論社の美作太郎と自宅書斎で企画を練った。そして箱根の仙石原の俵石閣に籠もり、この『学生に与う』を執筆し、二十六日間で九百二十枚（二百字詰原稿用紙）を脱稿したという。

ところで、浪高入学と河合栄治郎にかかわることで、こんなことがあった。敬三の浪高の二年先輩にあたる松原治（紀伊國屋書店社長・会長）が、日本経済新聞の連載「私の履歴書」で校風についてこんなことを書いている。松原は、敬三がＴＢＳブリタニカの出版社経営に乗り出したときに、先輩のよしみで大いに支援してくれ、社員の販売実習まで、紀伊國屋書店で何年も引き受けてくれたことがあった。松原は浪高時代をこう回想している。

「いろいろ考えた末、浪速高校文科甲類に進むことにした。／最初から文系に進もうと考えたわけではない。文学的才能はないと分かっていた。ただ当時、河合栄治郎先生の理想主義が人気を集めていて、英語が少しばかりできたので、漠然と文科に進もうと思ったのである。／浪速高校には名須川良という名教頭（後に校長）がおられた。東大英文科を出て、英文学では大家だったが、東大には残らず旧制五高や松山高校で教鞭をとられた。弘前高校の教頭をしていた時に浪速高校の初代校長、三浦菊太郎先生が三顧の礼をもって浪速高校に迎えた。当時すでに軍事教練が始まっており、師団司令部付の少将が査閲官として学校に来た。その少将が学生が登校する様子を見て批判した。『貴学の教育はなっていない。学生の服装はまちまちだし、先生に対して朝、敬礼するものもいればしないものもいる』／名須川先生は毅然とした態度で『あなた方は軍人だから星の数ひとつで敬礼するかもしれないが、学生は自主的だから、値しない教師に頭を下げないのは当たり前である』と反論したものだから大げんかになった。私たちはそのやりとりを聞いて、大いに感激した。」

ついでに書くと、松原治は東大法学部（中曽根康弘と同級）に進み、卒業して満鉄に入社、昭和十七年に応召して広島第五師団に入隊した。翌年には陸軍経理学校を首席で出て、陸軍主計中尉で終戦を迎える。が、とくに浪高時代は懐かしく、河合栄治郎や大内兵衛の著作など思想書を愛読したと書いているのだ。

文系、理系の違いはあれ、敬三とは共通体験派であった。さらに浪高時代には「ほど近い距離にある宝塚少女歌劇に通う友人もいた。当時はのんびりしたもので、途中で帰る人から切符を譲ってもらい、ただで入るのである」ということにも触れている。紀伊國屋書店に入社した松原は、やがて取締役として「紀伊國屋ホール」（昭和三十九年）を開設し、さらに「紀伊國屋演劇賞」（昭和四十一年）を創設し、同時に審査委員でもあったのだ。たぶん若き日に宝塚にも通った一人だったのであろう。

## 阪大理学部への進学と兄の死

さて敬三は、病弱だった尋常科のころにひきかえ、高等科の時代は健康にもめぐまれ、大いに読書をし、テニスに励み、旅行をし、学内の仏教青年会にも参加した。友人に誘われて俳句会にも出席したというから〝文武〟に活動的な一面をみせている。晩年になって上梓した第一句集『自然薯』のあとがきで、高校時代の句を披露している。

雪おける荷舟に夕餉灯の明かり　　　敬　三

五・七・五の言葉のリズムに興味をおぼえ俳句を作ったと書いている。文学趣味はこの頃から芽生えていた。テニスは学校の必須のクラブ活動で庭球部に入部して、一年後輩の菅原努（後の京都大学医学部教授）とダブルスを組んで対外試合に出るなど活躍した。菅原は苦学生だったが、敬三から経済的援助も受け、また、そのときに貰ったアレクシス・カレルの『人間この未知なるもの』を読んで、医学部志望を決めたとのちに語っている。

敬三は、河合栄治郎を読むとともに、なぜか加藤完治の農本主義に興味をもち、加藤に影響を与えたという筧克彦（当時、東大法学部教授）の『仏教哲理』などにも関心を寄せている。これは仏教青年会への参加と無関係ではないことはもちろんだが、敬三が河合栄治郎の著書を渉猟し、大正リベラリズムに強い関心をもったこととともかかわることでもあった。しかし、敬三は前掲の回想記でこう書いているのである。

「満州（現中国東北部）の経営のために、彼の地への開拓入植に多くの人々がかり出されていた時代である。後に加藤氏の主張は、植民地主義に格好の口実を与えたものとして非難された。自由主義にひかれながら一方でこんな主張に共鳴したのだから、ノーテンキもいいところである。それでも農業に自らをささげることに大義を感じていた。」

ちょうどこの時期と重なるが、昭和十二年夏、敬三は弟・道夫と新潟県の高田の岩の原葡萄園へ、見学と体験作業をかねて出かけている。この葡萄園は明治二十三年に川上善兵衛によって開設されたワイン醸造用葡萄専門の農園である。明治三十五年、時の皇太子（後の大正天皇）が行啓されている。

昭和九年、醸造学の碩学坂口謹一郎博士の斡旋で、父・信治郎が経営面で全面的な支援をはじめていた。ときに川上善兵衛は六十九歳、明治の頃、しばらく慶應義塾に学び、勝海舟や森鷗外とも親交があったこの老国士は、身体はかなり小柄だったが、ただならぬ眼光と風貌の主であった。その夏、兄弟は、ほぼ一カ月間、高田に滞在したが、冬は日本有数の豪雪地帯地で葡萄園を経営する善兵衛の志とその情熱に心動かされた。農業を勉強してみたいと本気で思ったのは、まさにそのときだった。このくだりは、あとの章で再度書きたい。

病気で休学していたときに佐谷先生から届けられた雑誌『青年』(大日本連合青年団の機関誌)に、下村湖人と旧制五校以来の友人だった東京帝大法学部教授で教育思想家として知られた田沢義鋪《よしはる》が、人格主義的な「修養論」を同誌に連載していたのである。これが、農村青年の教育、農業改革運動につながってゆくのである。つまり、下村湖人が赴任先の台北高校校長を辞めて昭和六年に上京して以来、この二人が再会すると、協同して青年教育の指導に専念するようになった(田沢、下村の活動舞台になったのが大日本連合青年団である。湖人は東京帝大英文科卒で、漱石の教え子でもあった)。

この田沢の経世思想と「修養団運動」が、同じく東京帝大農科卒の加藤完治の実践農業、つまりひいては満蒙開拓団につながるいわゆる農本主義であった。敬三は単に「ノーテンキ」というのではなかったのだ。

高等科二年になると、大学の進路を決めなければならない。その後、植物学にも関心が生まれ、東京帝大農科の浅見与七教授のもとで栽培植物学を学びたいと真剣に考えるようになった。しかし、そ

大阪帝大での敬三

の頃なぜか父・信治郎は、同じ阪急沿線の雲雀丘に住んでいた大阪帝国大学の有機化学の泰斗・小竹無二雄先生と親交をもっていた。だから阪大で有機化学を学ぶように強くすすめたのだ。敬三は、父が坂口謹一郎先生と親交をもち、なおかつ小竹無二雄先生とも昵懇にしていることに驚いたのだった。

もともとまじめな性格だった敬三は、志望を決めるうえで大いに悩んだ。この際、父の希望に従うべきか、自分が本当にやりたいと思う進路を選ぶべきか。まもなく、学校のクラブ活動で所属していた仏教青年会の活動の一環として、東京・芝の増上寺で開かれる修養団に参加した。それは大僧正椎《しい》尾《お》辨匡《べんきょう》師が主宰する修養団だった。敬三が出かけた増上寺の「修養団」も、田沢義鋪らが進める運動の流れとみてよいと思う。その時のことを敬三は率直にこう書いている。

「一夜、椎尾師の講話を聴く機会があって、その時の問答で私は率直にお尋ねした。〈進むべき道は自ら決めるべきであると思う。親父の元から離れて東京へ出たい。東大農学部農学科の浅見与七先生のところで、栽培植物学を勉強したい。しかし、父は私を手元に置き、将来ともに父の仕事をすることを熱望している。いずれがとるべき道であろうか。〉師は答えられた。〈君の進もうとする道も、それによって広く世の中の役に立ちたいという気持ちも決して悪くはない。しかし今君のなすべきことは、君に最も近い人を満足させることではないか。〉」

椎尾辨匡師の言葉を聞いて、敬三は、実は誰かがそんな解決策を示唆してくれるのを待っていた自分に気づいたと書いている。

昭和十五年（一九四〇）、敬三は皇紀二千六百年と書く。その年、形ばかりの口頭試問を受けて、二十一名の志願者が全員、大阪帝国大学理学部化学科へ合格した。

この年の九月二十三日、何と最愛の兄・吉太郎が心臓病の悪化で他界した。心筋梗塞であった。小林一三の次女春子を妻としていた吉太郎には、一男一女があった。後に三代目社長に就任する信一郎と邦枝であった。

跡取りを失った信治郎、敬愛する兄を失った敬三、二人の状況は一転するが、いよいよ太平洋戦争の戦いの火蓋が切っておとされ、世の中は混迷を深めていくのだった。

# 第三章　戦中・戦後、新たな出発――「希望」という名のチャレンジ

## 1　学徒出陣と阪大理学部小竹教室――一冊の『文藝春秋』

### 太平洋戦争の渦中へ

佐治敬三著『へんこつ　なんこつ――私の履歴書』の第一章には「学徒出陣」という一項目がある。クッキリと目に飛び込んでくる小見出しであるが、ゴシック活字で組まれていて、どこかはげしい時代の空気を浮かびあがらせている。

一九九五年頃かと思うが、雑誌『俳句朝日』で、敬三が、同じ大正生まれで、学徒出陣の経験がある同い年の俳人・森澄雄と対談したときに、冒頭のあいさつでこう話し始めている。

「私はきびしい実戦を体験していません。ところが先生は学徒出陣で、南方で本当にご苦労されましたね……」

敬三はそのことを澄雄の随筆で読んでいた。森澄雄は陸軍歩兵中尉として、とくに多くの戦死者を

出したボルネオ戦を体験して復員したことでも知られていた。当時、戦後五十年で、まだ学徒出陣が対談冒頭のあいさつになる時代だったのだ。

敬三の海軍における軍務は、およそ三年間にわたっていたが、青島で訓練をうけたほかは、実戦の体験はなかった。技術将校として燃料廠での内地勤務をつづけたのだ。

戦記文学の名作『野火』などで知られる小説家の大岡昇平は、大戦末期に激戦地ミンドロ島に、教育召集のあとの臨時招集で出陣したが、出征の期間は俘虜生活をいれても二年に満たなかったという。読者はもっと長期にわたる戦争体験だと思っているだろう。それを考えると、敬三の海軍入隊期間は短いとはいえなかった。

学徒出陣は、繰り上げ卒業を実施したり、とくに在学中の文系学生の徴兵猶予を停止して入隊させたりして、即刻、銃弾が飛び交う戦地に送り込むという、いかにも無謀な措置であった。

つまり、昭和十八年（一九四三）十月、理工系と教員養成学校を除き、大学、高等専門学校の学生・生徒の徴集延期が廃止されたのである。さらに、同十九年（一九四四）十月には、徴兵適齢が二十歳から十九歳に引き下げられ、多くの学生が「学徒出陣」に駆りだされ兵役に服すことになった。

敬三は理系学生であったが、それら法律の施行より一年早く昭和十七年（一九四二）九月、阪大を繰り上げ卒業すると、いやおうなく軍務が待っていた。ちなみに同い年の森澄雄は、同年九月に九州大学経済学部を繰り上げ卒業し、陸軍に徴用されている。すでに戦局がただならぬ事態を迎えていたのである。敬三はそのときの状況をこう書いている。

「学友の中には一兵卒としての兵役に服した者も少なくないが、幸いにも私は短期現役の技術科士官の道を歩むことが出来た。そのことに今もっていささかの後ろめたさをぬぐえない。」（『へんこつなんこつ――私の履歴書』）

と正直に吐露しているのだ。こうした気持ちが、先の森澄雄へのねぎらいの言葉として出たのだろう。しかしはたせるかな、同十七年九月以降、敗戦の日まで、敬三自身にとってもまさに過酷な激動の日々が訪れる。限られた資源、限られた時間という厳しい条件のなかで、戦果を気づかいながら実験と報告書づくりに明け暮れていた。言い古された言葉にしたがえば気息奄々《きそくえんえん》、いや獅子奮迅《ししふんじん》の毎日だったのである。

ここで、敬三の技術科士官時代をしばらくたどることにしたいが、その前に学徒動員がどのように進められたのか、当時をふり返り、時代の空気について資料をひもときながら、多少とも確認しておきたい。

『學徒動員必携　第一輯』が出たのが昭和十九年（一九四四）五月であった。しかしながら、すでに書いたように、この前年の秋に学徒出陣は実施されている。すなわち前年十月二十一日、文部省は明治神宮外苑競技場において「出陣学徒壮行会」を催しているのだ。これについては、多くのことが歴史として書かれ、今日にも通じるアクチュアルな出来事として体験者が語っている。多くの小説や映画やドキュメンタリー作品が残されている。

そのうえなお政府は、政策の遺漏なきことを期して、この「必携」を発行し、せっぱつまった戦況を打開するために、過酷な手段を徹底させようというねらいだった。これには「閣議決定・法令・諸通牒集」とうたってあるが、大学や専門学校などの事務担当者あてに配布するものと、凡例にも示されている。発行は「學徒動員本部總務部」だった。当然、文部省内の組織であろう。

つづいてその年の九月に、たたみかけるように第二輯が出た。さらに戦況がきびしくなってきたことを感じさせるもので、第一輯に掲載したものも「特ニ學徒動員実施上ノ基準トナル要綱ニ限リ前輯ニ輯録シタルモノヲモ再録セリ」と明記されている。

しかもなお効率よく、事項別に分類編集され、「基本法令」「実施要領」「教育的措置」「調査報告」「出動」などに分けてあった。さらに冒頭には、文部大臣子爵・岡部長景の「訓令」が掲載されているのである。

「畏クモ宣戦ノ大詔渙發セラレテ茲ニ二年有半御稜威ノ下能ク東亜ノ要域ヲ確保シ大東亜ノ亦日ニ進ミツツアリト雖モ……」

これが書きだしの部分であるが、この短い一文だけで、時代の空気が否応なく伝わってくる。

## 恩師小竹無二雄の涙

敬三の大阪帝国大学理学部での指導教授は、有機化学の泰斗・小竹無二雄であった。

同教授は明治二十六年（一八九三）、富山県の生まれ。旧制七高を経て東北帝大を卒業。若い頃、理化学研究所で研鑽を積んで、大阪帝大理学部教授となった。のちに日本化学会会長を務める碩学であり、敬三が生涯の師と仰いだ人生の達人であった。

化学者でありながら、書画を愛し、文筆を好んだ。そして戦火がきびしさを増してきたまさにその時期、同教授は雑誌『文藝春秋』（昭和十九年四月号）から随筆欄への執筆依頼をうけ、「柳圃《りゅうほ》の絵」という一文を寄稿した。（註　柳圃は福島姓、江戸後期・明治前期の文人画家で、とくに戦中戦後に親しまれたらしい。）

さて、小竹無二雄の随筆である。小竹は、研究室に掛かっていた、柳圃が桃林を描いた長閑《のどか》な一幅の絵のことから書きはじめていた。戦時下のきびしい情勢を知らぬげに、春光を浴びた平安な風景画。こんな絵の世界に、実験と学務に追われている小竹無二雄は、しばし研究も、自分すらも忘れ果てて、陶然としていたというのである。しかしいつも頭から去らないことがあった。雪の北満や、猛獣の遠吠えが聞こえるビルマに出征して辛酸を舐めている大学の仲間や、教え子の学生たちのことである。小竹無二雄の思いは、そんなとき、いやがうえにも昴《たかま》っていくのだった。気持ちをそのままに吐露してこう書いている。

ラバウルに、ニューギニアに、殆ど後方からの連絡もたえだえに、しかもジャングルの中に、月夜敵機と敵兵とに対峙して居る将兵や、その中には私の研究室を出た母一人子一人の清水、この男からは半歳程前に陣中の寸刻を割いて鉛筆書きの、あの優しい男が、かくも逞しく戦って居るのかと、涙なしには讀めなかった端書をよこした限りになって居るが、……

切れ目のない文章に、激しい気分のたかまりが感じられる。つい先頃まで研究室にいた学生の名前が、次々に出てくる。清水と小学校から大学まで一緒で、また、研究室まで「小竹教室」だったあの兒玉はどうしているか。小竹無二雄は、おそらく文章を書きながら泣いていたのであろう。こう続く。「北邊の氷の中に敵機の爆撃と敵艦の砲撃をぢっと堪えて母国を護りつゞけて居る千島防衛の防人達」

ここには、学生を学徒出陣で戦地に送り出した老教授の悲しみが滲み出ている。これが昭和十九年春の戦争に対する正直な「気分」であったとみてよいだろう。小竹は、彼らへ、肉親が書いた一片の絵か、さもなければ、ささやかな手作りの小さな人形でも送り届けてやれれば、たとえ一時でも彼らの心は安らぐであろうにと、願うのである。

敬三が目にしていたその号には、著名な俳人・臼田亜浪の「春大雪」と題した七句が掲載されていた。その一句を引用してみる。

建国祭閑雅《かんが》に老ゆる躬を誚《せ》めつ　　亜浪

小竹無二雄の随筆にもつながる長老俳人・亜浪のいかにもせつない一句である。これがこの時代の偽らざる空気だった。老いの身で、戦場で戦えない自分を責めているのであった。

## 2　ここも戦場だ——海軍技術将校としての三年間

### 青島での教育訓練

昭和十七年（一九四二）九月、海軍に入隊する前日の夜、敬三のところに来ていた父・信治郎が、東京・築地の宮川で、わが子の送別の宴を開いた。父子以外にも、多分親しい知人が何人か倍席していたと思われる。

長男・吉太郎を二年前に亡くしたばかりの信治郎は、どこまでも子煩悩であった。しかしくつろいだ身内同士の酒の席とはいえ、翌日は築地の海軍経理学校で、「海軍技術見習尉官」（この年に新たに設けられた）の任命式が行われることになっていた。まさに時局切迫の折、大学および高等工業学校の理工科を繰り上げ卒業したばかりの学徒一四〇〇名が、このとき、築地に結集していたのである。

父との気心をゆるした夕食の宴は楽しかった。酒の酔いもあって敬三は裸で築地の川風にあたっていたのであろう。残暑の晩、まことに気分はよかったが、翌日、風邪をひいてしまったことに気がついた。

任命式はなんとか無事に済ませたが、さらに翌日、敬三ら燃料廠に属する一五〇名が第一期青島組（正式には青島方面特別根拠地隊付）として、東京・品川を発ち、二十四時間かけて呉に着いた。さらにそれから、箱根丸に乗船した。この船は輸送船に改造された大型船で、海路青島（中国山東省チンタオ）に向かったのである。敬三は船倉での二日間の旅程ですっかり咽頭炎を悪化させ、高熱を出し、青島に着いた途端、即入院という最悪のスタートになってしまった。

入院中は手紙も書けなかった。敬三の様子がわからない父・信治郎は、すごく心配したという逸話が残っている。「ほかの入隊組の某君の家には、無事という葉書がとどいているのに、敬三からは何も届かん。どないしてはるのや」というわけであった。鳥井信治郎は多感な人であった。しかしともかく幸いにして、数日後には敬三はすっかり体調を恢復《かいふく》したのだった。

青島でのほぼ三カ月のきびしい訓練を終え、翌十八年（一九四三）一月十五日、中尉（横須賀鎮守府付）に任官した。燃料廠組は、それぞれの任地に向けて帰国したが、敬三は海軍の研究部門の心臓部である大船の第一海軍燃料廠（研究部副部員）に着任した。

ところで、神奈川県大船の第一海軍燃料廠は、戦前から「海軍のみならず、国として必要な燃料および潤滑油に関する」世界最大の研究機関として多くの実績をあげていたといわれる。戦後世代の多くは、このような基礎研究から実験を経て生産に至る総合的な「燃料」に関する機関が、戦前のわが国に存在していたことを、これまで深く認識する機会をもたないできた。しかし、その末期には松根油に頼らざるを得なかったという悲惨な現実をみたとはいえ、さかのぼれば明治十九年以来の歴史と伝統をもつ、これこそエネルギーの一大総合的研究機関であり、生産部門だったのだ。

敗戦後、陸軍燃料廠を含め、海軍の六つの燃料廠は雲散霧消《うんさんむしょう》した。仮に戦後これらの機関が健在で、平和利用に供されればどんなに有力な研究開発が行われたことであろう、と思わぬでもない。先の敗戦以来の国難ともいうべき、平成二十三年（二〇一一）春、3・11の東日本大震災にともなう東京電力福島第一原発の事故を経験しているわが国にとって、本来、自然エネルギー研究を含めた、救国の燃料・エネルギーの総合的研究機関となったかもしれないからである。

## 第一海軍燃料廠という機関

大船の第一海軍燃料廠は、佐治敬三が若き日の三年間を、研究と実験と、大戦末期には奥秩父の山野にでかけ原材料の採集に、松根油の製造に、心血を注いだ研究機関であった。

手元に格好の資料がある。片手ではもてないほどの大きさの『日本海軍燃料史　上下』（燃料懇話会編、原書房、一九七二年）である。

本書編纂の責任者は元海軍少佐渡辺伊三郎とあった。「燃料懇話会」の会長を務め、徳山にあった「第三徳島海軍燃料廠」の最後の廠長だった人物だ。一つ有力な資料にめぐり逢うと、その関連ですぐに別の未知の宝の山に到達することが多い。『徳山海軍燃料廠史』（徳山大学研究叢書7号、一九八九年）というめずらしい文献を参照することができたのである。

さて、第一海軍燃料廠は、その源流は明治十九年（一八八六）にさかのぼる。そして、海軍燃料廠が設立されたのが、大正十年（一九二一）のことであった。このとき、燃料に関する研究実験は、同廠の研究部が行うことになった。この研究部門が、大船の第一燃料廠の原型である。昭和になると、航空燃料の必要が急浮上した。

昭和十二年（一九三七）、大船に用地を買収して、まず実験部の建設に着手し、海軍燃料研究所が誕生した。これが第一海軍燃料廠の前身となった。『日本海軍燃料史』には、誇りをもってこう書かれている。

「かくして大船の同研究所は、海軍のみならず、国として必要なる燃料及び潤滑油に関する研究」を遺憾なく実施することを目途として強化整備され、世界最大の燃料研究機関として遺憾なくその目的を達成することが出来た。

（「一般」『日本海軍燃料史』）

佐治敬三は、研究部門である第一海軍燃料廠に配属されたが、大量の燃料供給確保のために、中心的に休むことなく操業していたのは、徳山の第三海軍燃料廠であった。

渡辺伊三郎元廠長は、すぐれた燃料技術者を確保するために、「主として化学系の学生を技術士官として採用し」、全国に増設した燃料廠に派遣し、研究開発と生産増強に備えたと書いている（前掲『徳山海軍燃料廠史』序文）。

## 佐治敬三技術大尉の研究課題

阪大の小竹無二雄教室時代、繰り上げ卒業がわかっていたため、敬三は卒業研究を、通常は三年次であったが、二年次の正月からはじめることになった、と書いている。卒業論文のテーマは、「人体必須アミノ酸であるトリプトファンの代謝中間体〈キヌレニン〉の構造の決定」という。むろん専門家でなければ何のことか、わからないだろう。

『へんこつ　なんこつ――私の履歴書』では、このくだりに、一ページ全部が費やされている。敬三にとって、本当にやりたかった有機化学の専攻分野の思い出として、やむにやまれぬ衝動があったのではなかろうか。

二十三歳で大学を繰り上げ卒業してから、二十六歳で敗戦をむかえるまでの三年間、敬三は海軍技術大尉として、この燃料廠で具体的にはどんな研究に従事していたのであろうか。

生前、経済畑のジャーナリストからインタビューを受けても、敬三がこの時期のことを詳細に語ったことはなく、同じ研究に従事した当事者以外にはほとんど知られていないのである。

さて、『日本海軍燃料史』上巻に、極秘研究をふくめ、第一海軍燃料廠でおこなわれた膨大な「研究実験成績速報」というデータが、リストアップされている。今回、私は主として昭和十七年〜十九年の項目に注目したが、佐治敬三の研究成果というべきものが、三件あがっていた。

いずれも㊙研究とあるが、ほかに極秘研究らしいものが一件ある。こうした研究・実験はまず一人で行うことはないのであろう。二名ないしは四名程度のグループである。同資料によると敬三は梅村研究室に所属していた。化学的な専門用語が頻出するが、忠実に引用しておきたい。

■秘一〇一　梅村正、高橋雅弘、広瀬哲夫、佐治敬三（昭19・6／燃509）

開放式アセトンブタノール醱酵／従来密閉式を常識とせるアセトンブタノール醱酵に代え開放式醱酵の小規模中間実験を行いたるに種菌良好なる場合は密閉式と同様実施可能なることを確認す。

■秘一〇七　梅村正、高橋雅弘、佐治敬三（昭19・10／・燃498）

醱酵法に関する研究（第二報）、ブタノール醱酵に於ける菌強化法（其の一）／ブタノール醱酵菌の胞子にX線、白熱灯、超音波を作用せしめたるに、超音波の場合は短時間作用せしむれば菌の醱酵力を強むるも、長時間に亘る場合は結果悪し。白熱灯の場合は作用時間の延長に伴う菌の醱酵力を減少せしめうる。X線の場合は波長の長短に依り影響を異にし、波長短き場合、菌に有効なる作用を及ぼせり。

同じページの「秘一一二」には、戦前から寿屋とは縁の深い、東京帝国大学農学部教授で、微生物工学の泰斗・坂口謹一郎博士の「醱酵法に関する研究（第三報）」が載っている。このことも、同燃料廠の研究水準の高さを窺わせるものと思われる。最近、お会いした際に、戦前に坂口博士の東大での門下生だった日本醸造協会顧問・秋山裕一博士（現・上越市坂口謹一郎博士顕彰委員会委員長）は、「この燃料廠の研究母体を担っておられたのが坂口謹一郎先生でした。だから先生の名前がそのように残っていても当然でしょう」と語っておられる。また、廠内の発表時期はこれらより早いが、「第三研究実験成績速報（秘）」とある項目の最初に、佐治敬三所属グループの成績が掲載されていた。

▨番号一　梅村正、高橋雅弘、広瀬哲夫、佐治敬三（昭19・1／燃519）

菌強化法に関する研究（第一報）、試験室における実験研究成績／ブタノール醱酵に使用する菌を強化のため、醱酵生産物たるアセトン、ブタノール、エタノールの各々に対する抵抗性を増大する如く馴致した結果、ブタノールに対する抵抗性を増大せしものが最も効果あり、確実な醱酵を営み醱酵時間を七十二時間要せしものを四十八時間に短縮し得た。

このような専門的な研究実験に敬三が集中的に従事できたのはこの年までで、昭和二十年になると戦局がにわかに逼迫し、燃料廠内の様子が変わってきた。その背景と経緯を、敬三は次のように書いている。

「南方からの石油の輸送も途絶えがちとなる。窮余の一策、松の根っ子から油を抽出しようということになり、我々青年将校は全国に散らばった。私は伴中尉、前田少尉を伴って埼玉県に赴任、終戦に至るまで秩父の山奥や熊谷近辺など、県内の松の根っ子のありそうなところに乾溜釜をおったてた。釜一杯に仕込んだ松の根っ子を下から加熱する。」(『へんこつ　なんこつ——私の履歴書』)

さらに、必死の思いで抽出した松根油が、どれほど航空燃料として役立ったかわからない、とも書いているが、これは後述する当時陸軍士官だった大澤俊夫氏の体験と共通しており、結果のみえぬ努力であったようだ。

## 第一陣の組だった弟・道夫

海軍燃料廠で多忙な研究生活を送りながら、敬三は実弟の道夫を気遣っていた。四歳下の鳥井道夫は、昭和十八年(一九四三)十月の学徒出陣第一陣として召集されたが、志願し、海軍予備学生として軍務に服していた。道夫は旧制浪高から京都帝大経済学部に進み、繰り上げ卒業後の出陣であった。二等水兵の新兵時代の訓練は、広島県大竹の海兵団だったが、しばらくして少尉任官後は横須賀の武山海兵団に移り、藤沢の電測学校に入学した。

後年、道夫は副社長時代であったが、若い社員とこんなことを話している。

「吉田満という人物、知っとるか?」

「あの『戦艦大和ノ最期』を書いた……」

「よう知っとるやないか。そうや、その吉田満や。読んだのか。ぼくは海軍の武山海兵団で一緒やった。彼とは大正十二年生まれの同い年や。彼は東大で、こっちは京大や。彼は秀才だったが、一緒にずいぶん無茶やったもんや。あの本は吉川英治にすすめられて書いたんやなあ……。」

そのとき、道夫は海軍電測学校について、やや懐古的な調子でこんなことを語った。

「科学技術の最先端をゆく日本の電測士官の最高の養成機関やった。ぼくはまあレーダー士官というとこやな。そこでも吉田君と一緒やった。彼はそのあと、あの名著にあるように戦艦大和の副電測士として乗船する。あの作品の冒頭第一行目に出てくるやろ!」

この二年ほどのちに、文藝春秋から『吉田満著作集上・下巻』(一九八六年)が刊行された。上製函入本の下巻にあった年譜をまず読んだ。道夫は「体験を反芻《はんすう》した」と語っている。

そして、『戦艦大和ノ最期』は以前、北洋社版の単行本が出ていたが、改めて上梓された新刊はよく読まれた。

碇泊
昭和十九年末ヨリワレ少尉、副電測士トシテ「大和」に勤務ス

二十年三月、「大和」は呉軍港二十六番浮標（ブイ）ニ繋留中　港湾ノ最モ外延ニ位置スル大浮標ナリ
来ルベキ出撃ニ備へ、艦内各部ノ修理ト「ロケット」砲、電探等増ノタメ、急遽「ドック」ニ入渠ノ豫定ナリ

これが名文との誉れ高い『戦艦大和ノ最期』の冒頭の一節である。漢文調の文語文だ。雑誌『創元』昭和二十一年十二月創刊号に掲載予定であった初出原稿は、総司令部の検閲により全文削除。一般には同二十七年刊行の単行本で読まれるようになったという。

ところで、兄・敬三も海軍であり、分野はまったく違ったものの、共通体験はあったのであろう。任地がともに神奈川県でごく近いという時期もあった。敬三は、その頃のことを『へんこつ　なんこつ』でも書いている。

ある日、弟・道夫の新任地がフィリピンのダバオと知って、

「もはや死に行くのと同然と覚悟していた。すでに戦況は極めて緊迫し、米軍の台湾上陸が気遣われた頃である。その弟の出発を小田原駅頭に送ったことは忘れない。当方も軍務に服する身、二度と再び生きては逢えまい。お互いがそんな思いでじっと見つめ合っている間に、無情の列車は静かに走り去っていったのである。」

と、兄・敬三はやや感傷的な文章を書き残している。

しかし、ダバオへの空路も海路もすでに断たれていた。それほど戦況は悪化していたのである。結局、道夫は、同十九年に海軍少尉になり、二十年には第五航空艦隊付き電測士官として、鹿児島県鹿屋基地に配属された。が、最後は芙蓉部隊のただ一人の電測将校として任務にあたったという。部隊長は美濃部正少佐、特攻に最後まで反対を唱え、この部隊からは特攻を出さなかったという。艦載機の襲撃を受けながらも、弟・道夫は無事終戦を迎えたと、この兄・敬三は書いているのである。

## 陸海軍、その確認

さて、ここまで資料にあたり、またいろいろわかったことを書いてきたけれど、旧知の大澤俊夫氏から、ご自身の著書『東京商科大学予科の精神と風土』（PHP研究所、二〇〇五年）の恵贈を受けたのを機会に、これまで疑問に思っていた戦中の陸海軍のことを確認させていただくことができた。大澤氏は陸軍士官学校に進み、大戦中は陸軍士官として兵役に就き、戦後、昭和二十一年に東京商科大学予科（現・一橋大学）に入学した。卒業後は住友銀行（現・三井住友銀行）勤務などののち、NECリース社長・会長を歴任しておられる。

戦前、府中に陸軍燃料廠があったという。海軍燃料廠との関係はどうだったのであろうか。そんな質問をしているうちに、陸軍との対比のなかで海軍の姿がややはっきりとみえてきたのである。大澤氏はこのように語っている。

「意外かもしれませんが、太平洋戦争は、ほとんど海が中心だった戦争と言ってもよいのですね。私は陸軍でしたが、あの戦争は海軍の戦争といってもよい位で、その分予算も大きかった。海軍燃料廠は大船と徳山が中核的な存在でね、大戦末期には第一から六まで、六カ所あったはずです。海軍は陸軍にくらべ、航空機の数も多く、いろいろすすんでいたのです。陸軍はたしかにプアだった。陸軍燃料廠は海軍の比較にならなかったでしょうね。私は陸士を出て、陸軍に入ったのですが、陸軍は、二等兵で入っても試験をうけて合格すれば下士官になれる。海軍は階級制度がはっきりしていて、将校になれる人は決まっていたのですね。もっとも海軍には〈短期現役制度〉があって、作家の阿川弘之さんがそうでしょう。合格すれば上にあがれた。」

陸軍燃料廠は、海軍のそれとは比較にならないくらいプアだったというのである。ここで阿川弘之氏の話がでたので、敬三の弟・道夫が、京都帝国大学経済学部から学徒動員令によって海軍に徴兵され、なんと二等水兵からスタートしたという疑問を、同氏に投げかけてみた。

「二等水兵だったのはごく短期間で一カ月くらいだったでしょう。学徒動員なら、すぐ、少尉になれる。志願して予備学生となり、二等水兵として入隊してもすぐ少尉になった。それが海軍で、陸軍と違うところです。陸軍は大学に配属将校がきていて、学生をチェックしている。態度が悪かったり、反戦思想をもっているような学生が召集されても、ずっと士官にはなれない。二等兵（兵隊）のままという者もいたのです。また、特務少尉というのがあって、指揮権がなく、教官などやっているものがいた。へんな話ですが、終戦で退職金を貰うのですが、位による差はむろんあるが、海軍と陸軍の差も大きかった。その点も海軍は有利でした。」

退職金があり、そして海軍と陸軍とでは格差もあったという意外な事実も知ることができた。

しかし、ここで語られている陸軍の大学への配属将校について、佐野眞一氏が、ダイエー創業者の中内功を書いた『カリスマ――中内功とダイエーの「戦後」』(日経BP、一九九八年)で興味ぶかいエピソードを紹介している。中内は昭和十八年一月に陸軍に徴用された。原隊は横須賀不入斗《いりやまず》の歩兵第七五連隊だったが、横須賀には行かず、広島の駅裏にある広島練兵場に集合させられ、いきなり外地に送られた。異例のきびしい措置であったというが、中内自身は「神戸高商時代、軍事教練に熱心ではなく、ゲタを履いて教練に出て配属将校にぶんなぐられた」と述懐したという。その真偽は定かではないが、たしかに大澤氏が述べているように、配属将校は内申書を付けており、それが入営時に配属先の部隊に送られたのだ。その評価は「士官適」「下士官適」「兵適」の三つの段階があって、中内は最下位の「兵適」であった。陸軍初年兵として入営し、敗戦時は軍曹でしかなかったという。本来なら最低でも少尉の階級をもつ士官になっているはずなのに、である。中内の屈辱感は大きかった。これが陸軍だという一面が語られているのだった。

### 神奈川県にいた敬三と道夫

さて、昭和十六年(一九四一)の十二月六日、神奈川県鵠沼の陶芸家・斎藤三郎宅を、敬三と道夫が訪ねているのである。この時期に二人が、よくもそろって鵠沼に出かけられたという気もするが、和綴じの冊子(芳名録)に、敬三と道夫がそろって揮毫した書が残っている。故斎藤三郎氏の子息で、現在上越市在住の陶芸家斎藤尚明氏のもとには、今もその冊子がある。昨年(二〇一〇)、上越市高田区寺町の同氏のアトリエ(窯)を訪問した際に、はからずも見せていただくことができた。

鵠沼訪問の時期は、太平洋戦争開戦の二日前、そんな折に、むろん長い時間ではないにせよ、二人はわざわざ訪問しているのである。どのような目的で鵠沼へ、二人して足を運んだのかはわからないが、父・信治郎以来の縁であったこの人間味ゆたかな陶芸の若き匠《たくみ》の話を聞かせてもらい心の糧とし、いのちの洗濯をしたかったのではなかろうか。二人は前年に長兄吉太郎を亡くしているのだった。

敬三と弟の道夫の揮毫はこのようなものだった。

深い深い至奥からほとばしる熱情を以て力一杯仕事をして死にたい、たとへ刀折れ矢つきても悔いない。高いものへの憧憬を死ぬ迄もちつゞけたい。　敬三

意氣　道夫

十六年十二月六日

敬三の書には、「死」ということばが二カ所も出てくるが、これは開戦前の空気の反映なのであろうか。それにしても青春期の浪漫精神とマジメさが滲みでている。道夫の簡潔な一語「意氣」からは、まさに意気軒昂な若さが迸っている。

敬三より六歳上の陶芸家・斎藤三郎は、十代のころから京都で修業を積み、のちに人間国宝となる富本健吉、近藤悠三らに学んだ個性ゆたかな人物であった。鳥井信治郎の雲雀丘の本宅の寿山窯で、信治郎のために白磁の器を焼いていた頃から、敬三、道夫兄弟とは親しい間柄であり、二人は三郎の

人柄に強い魅力を感じ、慕っていたのである。

斎藤三郎が、鵠沼から上越高田に転居したのは、終戦直後の昭和二十一年だったが、戦後も高田に疎開していた写真家の濱谷浩、作家の小田嶽夫、詩人の堀口大學らが三郎のアトリエに集まり、独特のサロンの雰囲気があったという。これも斎藤三郎の人柄ゆえであろう。

その後、敬三は大船の第一燃料廠へ、道夫は横須賀の武山海兵団で訓練を受けた後、藤沢に出来たばかりの電測学校に入学している。既述のとおりである。いずれにしても、この時期しばらくの間、兄弟は距離的にもそう遠くない地点で軍務に就いたのだった。

### 坂口謹一郎博士と平賀譲軍艦総長

戦況は日増しに逼迫をきわめていた。

昭和十九年（一九四四）の初秋のことである。そんな時期、敬三にとって生涯の大きな節目になる出来事があった。

その前に、すこし断っておきたい。既出の廣澤昌氏の著書ではこの年の秋の出来事が、やや詳しく書かれている。今、同書の記述を参考に、その経緯をたどっておきたいと思う。

それは二十五歳の敬三に降って湧いた縁談話だった。昭和十五年に跡取りの長男・吉太郎を亡くした父・信治郎の考えであり、強い期待でもあった。廣澤はこう書いている。

「信治郎は、敬三が鎌倉から大船の燃料廠に通っているあいだに結婚させようと考え、ふさわしい女性を探し始めた。すると、兵庫県西宮の辰馬家筋から耳よりな話が舞い込んできた。なんと、いまは亡き〈軍艦総長〉平賀譲氏の遺族が遺児の良縁を探しているのだという。（中略）軍艦総長の娘とは、譲の三女・好子であった。遺族は末っ子の好子の行く末を心配し、早めに良縁をと考えたようである。姉の道子が辰馬家に嫁いで神戸にいた関係から、話が鳥井信治郎に伝わったかたちだ。」（前掲書、五五頁）

ここですこし説明が必要であろう。

軍艦総長平賀譲（一八七八〜一九四三）は、まさに戦艦「長門」「陸奥」などの設計者としてつとに高名である。昭和十四年には東京帝国大学総長に就任した。海軍技術中将従三位男爵、工学博士であり、東京帝国大学工科大学造船科を卒業後、英国グリニッジ王立海軍大学造船学科に留学経験をもつ。一九三五年ころより戦艦「大和」の設計にも携わったという。

また、総長就任時代の経済学部派閥解消のための大胆な措置「平賀粛学」は、すでに書いた通り後世にも知られるところとなったが、自由主義派の河合栄治郎教授らと、国家主義派の土方茂美教授らの対立抗争を、両教授を休職させる事で終息させたのだった。

平賀譲は総長の二期目の任期半ばにして病に倒れ、昭和十八年二月、惜しまれて他界したのだった。父・信治郎は、平賀の死を聞いてまことに残念に思っていた。しかし、この話を進めたいと思い、かねてから昵懇の東大教授である坂口謹一郎博士に平賀家訪問の後見役を依頼したという。

ところで、昭和十九年の初秋のある日、父・信治郎が、敬三にこの見合いをすすめるために第一海軍燃料廠のある大船にあらわれたのである。それも坂口謹一郎博士を同伴していた。このとき、敬三は流行のジフテリアで隔離病棟にいた。敬三はこう書いている。

この大船の第一海軍燃料廠に勤務していた時のことである。ジフテリアが流行して同期の連中がことごとく入院、病状の重篤な者はいなかったが、とにかく大量の入院患者で病院はテンテコまいであった。

その時どこで聞きつけたか、父が大船までやって来た。当方は隔離病棟の一室、父は金網の外から大声でわめき手を振っている。いささか滑稽な姿と思うが、父は真剣であった。東大農学部教授の坂口謹一郎先生がどういうわけかこのときご一緒しておられ、父の姿に大変感動されたという。最近寄せられたお手紙にこうあった。

大船の　研究所の高窓に
のび上がりのび上がり　見せまし　御父君の
御まなざし　思い出で　深い感激

ちなみに先生は当年九十六歳、五十年昔のことをよくぞご記憶いただいた、とこちらこそ感激である。

（『へんこつ　なんこつ――私の履歴書』）

こんな経緯があったのである。そして、この縁談に坂口謹一郎が後見人のような役割をしてくれていることにおどろいた。西宮の辰馬家筋の話とはいえ、これはもしかしたら父・信治郎が、昭和五年頃から十年前後にかけて東大の駒場や本郷の坂口謹一郎研究室をよく訪ねていた折に、平賀譲博士とも面識をもっていたからに違いないと考えた。父はなにも言わなかった。その年、好子は二十歳だった。好子と見合いをし、敬三は決心した。そして同十九年の晩秋、鎌倉八幡宮でひそやかに婚姻の式が挙げられたのである。

## 3　復員、そして寿屋入社——敗戦の〝リアル〟に戦慄

### 終戦、初志を貫くために

今、昭和を回顧する機会は多いが、あの敗戦からすでに六十七年が経っているのである。そんな折、平成二十三年（二〇一一）、雑誌『中央公論』が六月号で「私が選ぶ『昭和の言葉』」という特集を組んだ。アンケートのかたちで寄稿者たちに依頼したのであろうが、一人に一ページが割り当てられていた。

浅田次郎、中曽根康弘、吉本隆明など二十九名が登場している大きな特集だった。東日本大震災の3・11を意識した企画だったのであろう。「昭和元禄」「上を向いて歩こう」「日本沈没」など、「私が選ぶ『昭和の言葉』」は、むろん選ぶ人それぞれであったけれど、中でも八名が、実に昭和二十年八月十五日の敗戦時、あの天皇の玉音放送（終戦詔書）から象徴的な言葉を選び出していた。

つまり「萬世ノ為ニ太平ヲ開カム」は中曽根康弘、「……堪え難きを堪え、忍び難きを忍び……」は山折哲雄、「朕ハ茲ニ国体ヲ護持シ得テ」は佐藤卓己、というようにである。すなわち昭和という時代は、この年の八月十五日を境に断絶したのか、いや連続しているのか、どちらであるにせよ、ここに決定的な命運の分かれ道があったと考えている人が多いことがわかる。

敬三も、しっかり八月十五日に触れているが、なぜか意外にさらりと書いているのである。

「終戦の詔勅は鎌倉の家で聞いた。数日前から広島、長崎に落とされた新型爆弾がいわゆる核爆弾らしいという情報がもたらされていたので、敗戦そのものにはさほど驚きはなかった。しかし、一方では海軍の一部に武装決起の噂もあり、無条件降伏の行方はなお予断を許さなかった。将校は全員捕虜となり、ニューギニアに送られるだろうという噂には信憑性がありそうに思われ、ひそかに覚悟を決めていた。」

このように淡々と日本経済新聞連載の中で書いたのは平成五年（一九九三）である。

その前年、中曽根康弘元総理が、俳句を交えた洒脱な「私の履歴書」を書いているのを、敬三は毎回たのしみに読んでいた。日本経済新聞からは敬三自身も、翌年の連載をすでに打診されており、それだけに関心があったのである。

中曽根は、大正七年（一九一八）群馬県に生まれ、敬三より一歳上であり、いわば同じ大正世代であった。東大法学部を卒業後、内務省に入り、昭和十六年には海軍主計中尉に任官し、終戦時は主計少佐だった。中曽根はこのときの「私の履歴書」をもとに、同年『政治と人生――中曽根康弘回顧録』（講談社、一九九二年）を上梓しているが、八月十五日をこう書いている。

「昭和二十年（一九四五）八月十五日、玉音放送は高松で聞いた。海軍省在勤の末期、本土決戦を前に事務系統も第一線に配置替えとなり、私は新設の高松海軍運輸部の部員となった。呉と土佐湾に展開する特攻を任務とする部隊との輸送、連絡が任務で、県立高女の教室に事務所を置いていた。

玉音放送は雑音が大きく、内容の判断はしにくかった。（中略）戦争が終わったことは分かった。涙があふれた。天皇陛下を痛ましく思った。電波の状況は悪くても、玉音には悲痛な響きがあった。

だが、一面、ホッとしたことも事実である。命は助かったし、今晩から灯火管制もなくていいのだな、とも思った。校庭で激しく鳴いている蟬の声だけが耳に迫っていた。」（前掲書、八四頁）

中曽根康弘の海軍生活は四年間、佐治敬三の三年より一年だけ長かったが、ともに終戦に内心ほっとし、また、この時期の体験が生涯にわたって大きな節目となったと書いている。敬三とも晩年親交があった同い年の俳人・森澄雄はボルネオで、やはり俳人・金子兜太はトラック島で、八月十五日を迎えた。森は陸軍歩兵中尉、金子は海軍主計中尉だった。それぞれ過酷な体験派だったが、すぐに荒廃した大地に踵をつけて歩みをはじめたのだった。敬三は、森澄雄から晩年の十年間ほど俳句の教えを受けていた。

### 焼跡からみた大阪城

昭和二十年九月、敬三は単身軍服姿で復員、大阪に戻った。

前年の秋に結婚した妻・好子は身籠っていたので、実家に預けての帰阪だった。列車は混雑をきわめ、とても身重の妻には堪えられるものではなかった。八月十五日の終戦の詔勅のラジオ放送は、鎌倉の家で妻と聞いたが、直後、ただちに燃料廠に駆けつけた。いろいろな噂が飛び交っていた。海軍の一部に武装決起ということも伝えられたが、実際にはそんな気配はなかった。占領は

焼野原の大阪（終戦直後）

段取りよくおこなわれるようだった。旧軍隊と占領軍のあいだにも、いざこざらしい事もなにもなかった。三月十日の巨大空襲で、東京は死者と行方不明者が十万人を超えるという大きな被害に遭い焼け野原だったが、大船の第一海軍燃料廠も、鎌倉の敬三の住まいも戦災を免れ何事もなかった。

しかし、大阪は大きな被害を出していた。同年三月十三日の大空襲では市内は焼尽と化し、港区にある寿屋大阪工場は、六月一日の大空襲で全焼していた。三月十三日の焼夷弾による大阪大空襲と六月五日の神戸大空襲では、一説によると合わせて一万五〇〇〇人を超す死者と行方不明者が出ている。この時期、幾度も重なる大空襲があった。しかし、山崎蒸留所は奇跡的に戦禍に遭わず、建物もモルトウイスキー原酒の貯蔵庫も無傷で残されたのであった。また、父・信治郎の住まい、雲雀丘の本宅は、幸い郊外であったので戦災を免れていたのである。

敬三はその日、築港の大阪工場跡地に立って、見事なまでに焼失しつくされ、瓦礫と化し、真っ平らになった大阪を茫然とながめていた。東方はるかに大坂城の天守閣が見える。こんな光景ははじめてだった。ここでどれだけ多くの人々が命を落としたことであろう。やりきれない思いで胸がつまった。無残であった。

これから日本はどうなるのだろう。すでに敗戦後の混乱がはじまっていた。

家や家族を失った人々、親を亡くした戦災孤児、男も女も着るものもなく、食べ物を求めて血眼になって動きまわっていた。そうこうしているうちに、九月二十七日に占領軍が和歌山に上陸して、完全武装のままで大阪市内に入ってきた。人々はどうなることかと怯えていた。東京でも横浜でも、同様のことが起こっていたのである。

大阪へやってきた占領軍は司令部を、あらかじめ決めていた新大阪ホテルにおいた。占領は粛々と進められており、幸い表面的には荒々しいことはなにも起こらなかった。

翌十月、敬三は父・信治郎の意向にしたがって寿屋に正式に入社した。昭和十五年に敬愛する兄・吉太郎を失ってから、敬三はひそかに「自分がやらねばならない」という覚悟が心のどこかにあったのだ。しかし、決心を固めるまでには大いに悩み、苦しんだ。

## 4　アカデミズムの実践──喪失感の回復へ

### 研究所と『ホームサイエンス』

詩人であり開高健の妻だった牧羊子は、本名を金城初子といった。大正十二年（一九二三）大阪に生まれたが、父・金城棟堅は沖縄出身だった。彼女は旧制奈良女子高等師範学校（現・奈良女子大学）物理学科卒の秀才だった。卒業後、初子はしばらく高校の物理の教師を務めていたが、声をかけられて大阪大学理学部の伏見康司教室の助手になっていた。

敬三は復員した直後から戦後しばらく、母校阪大の小竹無二雄教室に顔をだしていた。だから初子とも、教室のあった理学部校舎の地下で出会っていたのである。伏見は理論物理学、小竹は有機化学が専門であり、同じ理学部でともに世界的な研究業績をもつ碩学であった。じつは金城初子の父は、寿屋の大阪工場に勤務するベテランの飾り職人だった。間もなく、金城初子は敬三と不思議な邂逅をすることになるのである。

ところで敬三は復員後、研究生活を諦め寿屋に正式に入社したあとも、小竹教室には出入りしていたが、それには理由があった。小竹は、敬三が有機化学の研究と決別した心情を深く理解していた。そして、父・信治郎とも以前から付き合いがあったので、むしろ家業を継ぐ決心を後押ししていたが、この恩師は学究者肌の敬三の心の揺れを痛いほどわかっていたのである。

敬三はその秋、一身上の大きな出来事に遭遇した。十一月二十五日、妻の好子が雲雀丘の家で男の子を出産した。長男・信忠の誕生である。孫の誕生に信治郎は歓喜の声をあげ、涙を流さんばかりであった。敬三の高校や大学時代の仲間たちが早速お祝いにきて、一家は喜びにあふれていた。

しかし、状況は不幸にも俄かに暗転する。

好子の産後の肥立ちがきわめてよくなかった。最善の医療をほどこしても、どうにもならなかったのだ。翌十二月のはじめ、妻好子は、ついに二十一歳の若さで帰らぬ人となった。敬三はあまりのことに号泣した。戦時下、戦後と堪えに堪えてきた若い妻がかわいそうでならなかった。また、一家は乳飲み子を抱え、途方にくれたのである。それにしても昭和八年には母・クニが、十五年には兄・吉太郎が心臓発作で倒れ、今また妻の好子がわずか二十一歳にして逝ってしまった。何たることか。医療への不信が一気に高まった。

生まれたばかりの長男・信忠の養育は、吉太郎の亡きあと気丈に邦枝と信一郎を育てていた義姉の春子らに委ねるしかなかった。春子は阪急コンツェルンの創始者・小林一三の次女であったが、夫・吉太郎の亡きあともしっかり家を守って二人の遺児を育て、健気なところをみせていたのである。

昭和二十年の師走の寒い日の午後、阪大理学部の小竹教室を訪れて、敬三は小竹教授からあることの確約を貰ったのだった。その年の十月に父の会社に入社して以来、考えぬいてきたことではあったが、妻の死という不幸に遭遇し、さらに考えを煮詰めたのであった。

研究生活と決別し、今また妻を失ったからには、長男・信忠を立派に養育するとともに、なんとしても事業のなかでやれる可能な限りのことに挑戦したいと、年末の短期間に思案を重ね、構想を練っていたのである。それは恩師小竹先生の支援を得て、寿屋の資金で独立した研究所を設立することだった。

## サントリー文化の源流

昭和二十一年元旦、喪中ではあったが一家は雲雀丘の本宅にそろって、新年の挨拶だけはすませた。まだ、時代がキナ臭くなる前の昭和初期、敬三や道夫がまだ小学生だった頃、一家の正月の祝膳には、普段はいない父が床の間を背にして端然と座して新年を祝うことを慣例としていた。父の脇には兄・吉太郎が長男としてにこやかに座っていた。まことにたのしく、また賑やかであった。それもほんの一時期のことであったに過ぎない。

むろん敗戦の翌年の正月は、粛然とした気分などすこしもなく、冷然と引き締まった空気のなかで、各人が覚悟を確かめあっていた。そのとき突然、敬三が父・信治郎に向かって言ったのである。

「話があります。」

父はおどろきとともに、やや怪訝な表情をみせた。「なんやねん」という顔つきだった。敬三はこの数カ月をかけて考えてきた寿屋復興の構想を一気に語ったのである。敬三の言いたいことは、酒類メーカーとしてやっていくためには科学的基礎研究が大事で、それがなければ製品開発などでの応用という成果もありえないし、これからは製造会社としての発展もないということだった。この指摘は間違ってはいなかった。つまり敬三の要望は、寿屋に独立した食品化学研究所を設立しようという提案だったのである。

「まだ、おまえは大学の研究室の気分がぬけへんのか。だから、そんな阿呆なこと言うのやな。うちは商売屋やで！」

「これからは科学の時代になります。アメリカや欧州の国々は、企業も国民も、どこも科学という基礎をもってやっているんです。日本が戦争に負けたのもそこに理由があります。研究所を作って会社の屋台骨をしっかりさせたいのです。」

「いきなり研究所いうたかて人がおらへんやないか。人材をどないするんや。」

「その心配はいりません。小竹無二雄先生が協力を約束してくださいました。」

この一言で、信治郎の表情が変わった。もともと時代を読むことにかけては鋭い勘をもっている事業家だった。

「小竹無二雄先生が協力してくださるのか！」

という顔つきになった。

小竹教授は雲雀丘に住んでいて、以前から昵懇にしていた。そして信治郎が坂口謹一郎博士とともに、もっとも尊敬する大学者であった。だからこの父が、敬三を小竹先生のいる阪大理学部へと進学させたのだ。敬三も、ここが父を説得する急所だと考えていた。

仕方がない、阪大を辞して亡き兄の跡を継いだ敬三の希望も受けいれてやらねばなるまい、という方向に、父・信治郎の気持ちも動いて、研究所構想は一気に進むことになった。二十一年二月、寿屋は財団法人「食品化学研究所」を設立した。

敬三が確約をもらっていたとおり、小竹無二雄が理事長をひきうけてくれた。所長には敬三が就任したけれど、ことがあまりにも早く進んだために当面所在地とする場所がなかった。窮余の策として、研究所の所在地として、阪大理学部化学教室の一角を借りることになった。研究棟の地下一階であった。研究所員は小竹無二雄門下の俊英・広瀬義夫で、敬三の先輩であったが、有機合成では大きな業績をもつ研究者であった。ここにまもなく助手として金城初子（牧羊子）が加わることになり、雑誌『ホームサイエンス』を担当することになるが、最少単位の世帯でのスタートとなったのだった。

のちに発展して、サントリー生物有機化学研究所として、今日、数百名のドクターを擁し、世界的な数々の成果をあげる姿を目の当たりにしていると、その原初の時代が、いかにもささやかなかたちのスタートだったことにおどろかされる。しかし、この年、東京の日本橋では、白木屋ビルの三階の小部屋で、のちに世界のソニーとなる「東京通信工業」が、井深大と、敬三の大阪大学での二年後輩・盛田昭夫ら数人によって立ちあげられたのであった。

あとで詳しく述べるが『ホームサイエンス』は、しばらく前の社史、たとえば『サントリー九〇年史』にも、また敬三がみずから書いた『サントリーの70年Ⅰ』の回想記「この道ひとすじに」や『へんこつ　なんこつ――私の履歴書』などにも記録がないので、サントリー社内でも知る人ぞ知るという存在だった。しかし食品化学研究所発行の雑誌『ホームサイエンス』こそ、戦後のサントリーを語るうえで貴重な情報を提供してくれる第一級の資料であった。

唯一の例外として、開高健が『サントリーの70年Ⅰ』の「やってみなはれⅡ（戦後篇）」で、一ページ半ほど触れており、また、一番新しい社史『サントリー百年誌』では、関連項目に別記して解説し、年表にもしっかり記録がある。開高健が書いているのは、妻の牧羊子が食品化学研究所に勤めていたことがあり、同誌の編集者として携わっていたからに違いない。

敬三は、なぜ『ホームサイエンス』について、「語らず、書かず」を決めていたのか、その真意はわからないが、気がつくとある時期から、頻繁に訪れる新聞記者や雑誌の編集者のインタビューで、興が乗ると、この雑誌について語るようになっていた。

ここで書いておくと、『ホームサイエンス』誌は、敬三が前述の食品化学研究所の所長時代、昭和二十一年九月に創刊した月刊の家庭向け科学雑誌であった。開高健はくだんの「やってみなはれⅡ（戦後篇）」でこのように書いている。

……若い敬三と老いた信治郎は何かといえば衝突し、両名はときに派手なショウを展開して社員たちをよろこばせた。敬三はしばらくしてから家庭啓蒙雑誌の『ホームサイエンス』という雑誌を発行しはじめ、編集室を本社から少し離れた松岡ビルに設けた。これは科学的啓蒙を目的とした家庭向き雑誌で表紙は小磯良平の画で飾り、記事内容は高かったが、『猟奇』や『りべらる』の時代にはいささか高すぎた。そのため、赤字がつづいた。信治郎と敬三はしばしば昂奮して議論した。

「うちはウィスキー屋でっせ！」

「ウィスキーだけの時代やないです！」

「うちは出版社やおまへんで！」

「これはええ雑誌です！」

「あきまへん！」

「ええもんです！」

「あかんというたらあかんワイ！」

「知らんのはおとうさんだけや！」

「いうたな！」

「はあ！」

そういうことがあって、某日、社長室で何やら大声がしたかと思うと、ドアがあき、蒼い顔をした敬三がとびだしてくる。つづいて信治郎が、こら、敬三、待てぇ、待たんかッと叫んでとびだしてくる。聞かばこそ。敬三はいちもくさん、ころがるように階段をとんでいき、風とともに去りぬ。

それを観た編集室の女子社員がドアをしめ、

「ごっつう怒られたハルワ」

編集長格の磯川課長がぬるい祖茶をすすり、

「ええ親子やデ」

という。

長い引用となったのは、この情景と同じような様子を、当の牧羊子が晩年になってから語っているからだった。この引用に登場している女子社員は、金城初子すなわち牧羊子なのである。牧羊子は寿屋へは敬三の縁で入社しているが、『ホームサイエンス』の編集にかかわったはじめのころは、アルバイトか、契約社員だったと思われる。

牧羊子が寿屋研究所時代のことについてかなり長い時間、話してくれたのは、平成七年（一九九五）のことだった。娘の道子さんが亡くなった翌年のことで、牧羊子の語り口はいつになく静かだった。それは今ここに引用した開高健の文章そのままの空気を伝えていた。

そして牧羊子はその日、話の最後のところで「私、つい最近まで『ホームサイエンス』のバックナンバーを全部もっていたわよ。もういらないと思って処分したけど……」とショックな一言を語ったのだった。

# 第四章　創業者的「二代目」として――何か為すあらん

## 1　信治郎は徒手空拳で――「ススメ、ススメ!……」

### 潜んでいた骨太の「志」

前章と時間的にやや重なるところがある。けれどもそれは敗戦直後の敬三のこころの屈折や、父・信治郎との確執についてである。技術士官としての大船の第一海軍燃料廠に徴用中であった敬三は、敗戦の年の九月二十八日、その軍務を解かれて軍服姿のまま大阪に単身復員。帰阪後、ことごとく破壊しつくされた市内の焼野原を歩き、さらに無残に焼失した築港・大阪工場の焼跡に立ったときに受けた強い衝撃については、前章で書いたとおりである。

そんななかで敬三の様子は、一見するとうつけて「ごろっちゃ」としただらしない態度に映ったのだったが、内面では必死の思索がつづけられていた。しかし、そうした姿からは、いくつもの不幸に遭いながらも打ちひしがれることのない、ザラリとした骨太の意志が同時に垣間みえるのだ。それは敬三が生得の生真面目さとともに、「今、何をなすべきか」という内面の声に正面から立ち向かう、強靭な精神力を鍛えている姿なのであった。

復員してからわずかに数日後の十月一日、敬三は寿屋に正式入社したのである。以前、兄が忙しく立ち働いていた寿屋に出社してみると、改めてこみあげてくるものがあった。兄が今にも廊下の角から出てきそうだった。社内のオフィスにも工場にも、兄・吉太郎の姿はどこにもみえなかった。社内は全体が、敬三が出征する前にくらべて、ひとまわり小ぶりになっていた。そしていくらか暗く澱んだ空気が漂っていたが、社員の一人ひとりは、相変わらず大声で電話の注文の受けこたえに余念がなかった。

出征したまま、いまだ復員してこない社員も数多かったので、社内は歯抜けの櫛のようなところがあるのは仕方がなかった。しかしそれにしても、やはり静かすぎた。ものを作りだす活気と、商いをするもっと濃い空気を醸し出さなくてはいけないと思った。

入社の初日は、信治郎の片腕、作田耕三と、総務や会計や宣伝の何人もが拍手で迎えてくれた。作田は昭和三年の入社以来、信治郎から大いに力量を買われていた。亡き吉太郎とは神戸高商の同窓だった。後年、社史を書くための取材で作田と親しく話し込んだ開高健は、マルクス主義信奉者であったというこの信治郎の片腕にたいそう興味をもち、いろいろ質問をしている。当時、作田は共産党の大物である徳田球一などとも親交があったといわれていた。

敬三は復員後、この日はじめて会社に顔を出したのである。だからほとんどが久しぶりに会う社員たちばかりだった。

「若、お帰りなさい！」

といってみんなが近寄ってきた。

「若」とは、信治郎が自分を「社長とよぶナ、大将とよべ！」といって、従業員たちにいつも「大将、大将」とよばせていたので、「若大将」ということのようだ、と敬三は理解した。さすがにもう「中坊《ボ》ン」とよぶものはいなかった。

しかし、翌年の正月までは、気持ちの整理ができぬところへ、予期せぬ不幸が一身を見舞い、窮地に立たされる。すでに前章で書いたが、翌月十一月二十五日の長男・信忠の誕生という喜びもつかの間、十二月十一日、産後の肥立ちがわるかった妻・好子が、薬石効なく二十一歳の若さで帰らぬ人となるという大きな不幸が襲った。

国破れ妻死んで我庭の蛍かな　　　　檀　一雄

敗戦後まもなく、一子太郎を残して妻・律子に死なれた作家檀一雄の一句である。小説『リツ子・その死』の原稿の片隅にメモとして残されていたというが、この俳句の季語である「蛍かな」を「寒椿」とでもおきかえれば、これは敬三の心境そのものであったろう。

自ら決断したこととはいえ、阪大の小竹無二雄教室を去ったことも、やはり気持ちが沈む理由となっていた。しかし自分には信忠という嫡子《ちゃくし》がいる。さらに目の前には大きな事業があるではないか。これはかけがえがない。義姉の春子に頼ることになったとはいえ、長男・信忠を自分の腕で立派な人間に育てなければならない。一歩前に進むこと。「志あるものは事竟《つい》に成る」というではないか、そんな声が聞こえてきた。

### 徒手空拳の挑戦

ボトリング（瓶詰工程）の主力だった築港の大阪工場は灰燼に帰してしまったが、天は寿屋を見捨ててはいなかったようだ。会社が立ち直りのきっかけを摑んだのは、幸い空襲を免れたウイスキー原酒の蒸留所である山崎工場が無傷でのこされたことであった。敬三はできるだけ時間をつくり、早朝から山崎に足をはこんだ。昔ながらの佇まいをみせて朝霧のなかに建つエージングセラー（原酒貯蔵庫）を眺めて前途に望みを託した。曙光がみえるのである。いいウイスキーを必ず造ってみせるぞ、と密かに誓ったのだ。

寿屋にとってこれは、まさに奇跡的な幸運だったといってよい。ここから立ち上がったのである。ウイスキー原酒はアルコール度数が高い。その頃でも何万と貯蔵されていた原酒の樽に、もし、空襲で焼夷弾が一発でも落ちたら、当然、工場全体が火の海となったことであろう。ひとたまりもないはずであった。工場では大きな横穴を掘り、樽を移動して空襲に備えていたが、本来、そんなことは気休めにすぎなかった。じっさいにこの地に空爆があったら壊滅状態になることは必然だった。敬三は、父信治郎とともに、この僥倖をいくら神に感謝してもし過ぎることはないと思った。

船場の血のながれる商人魂を実践に活かして、徒手空拳でやってきたこの父もまた、終戦となるや、いち早くはっきりと明日への目標を見据えていた。その立ち上がりの早さは敬三の目にも驚異的であった。はたせるかな、ほとんど月日をおくことなく山崎工場のウイスキー原酒がいくらでも必要になる、これこそ目に見える〝僥倖《ぎょうこう》〟が訪れるのである。

それは敬三が社員としてはじめて出社した十月一日のことだった。

寿屋大阪工場（終戦直後）

この日、父・信治郎は、早くもー人でGHQ（連合国軍総司令部）の将校と会っていたのである。進駐軍が和歌山に上陸して、武装服のまま大阪に入ってきたのは九月二十七日のことだった。僅かに戦災を免れた新大阪ホテルに本隊が駐屯し、司令部がおかれたのだ。

また、それより数日前の九月二十四日には別の連合国軍の一隊が宝塚へ進駐し、それまで日本の海軍航空隊が使用していた宝塚新温泉諸施設を、新たにその部隊が接収したという情報があった。宝塚の諸施設を統率する小林一三は、ずっと政界、財界の要職にあったが、このときも幣原内閣の国務大臣と兼務で復興院総裁に就任する直前で、繁忙をきわめていた。小林一三を当てにすることはムリだったが、信治郎は独自に素早く情況をつかんでいた。

この「大将」こと信治郎は、関係筋から連合軍関係の情報をあつめると、意を決して、直接、新大阪ホテルにサントリーウイスキーをもって出かけていき、司令官と直談判して納入交渉を行ったのである。こと信治郎はこの時期には従業員に対して、「わしを社長とよぶな、大将とよべ」といっていたが、それは、「社長というのは三井や住友のトップのことだ、わが社はまだそんな大それた会社やない!」というわけだった。つまり信治郎にとっては、「社長」は「大将」よりも偉いのだ。かくして、この大将は、当時の国民学校の教科書にあった「ススメ、ススメ、ヘイタイ、ススメ」を地でいく、草の根作戦を自ら敢行したのだった。

さて、大将の旺盛な〝ススメ、ススメ精神〟には、作田耕三をはじめ社員全員がおどろいた。まさか、と目を剝《む》いた。むろん、それを知った敬三も、大ショックだった。相手はきのうの敵であった。敬三は後日『へんこつ　なんこつ――私の履歴書』のなかで、やや捨て鉢な気分ともとれる屈折感のある飄逸な調子をこめて、父と米軍司令官とのこんな架空会見のやりとりをでっちあげている。

「これがわてのウイスキーだす。ひとつ飲んでみとくんなはれ。よかったら軍のためにこれからも造らしてもらいまっさかい、買うてもらえまへんやろか。」

「オーイエス。ベリーグッドウイスキー。オーケーオーケー。」

笑い話ではない。じつはこれこそまさに必要にして十分な、商取引の基本を踏まえた交渉であった。

そして敬三はこうつづけるのである。

「ともかくも父は米軍相手の正常な商取引によるウイスキーの売り込みに成功したのである。」

そして、このことを知った直後、敬三は信治郎が終戦の数十日後に、単に売り込み熱心のあまりというだけで、米軍司令部へ〝突撃〟ともみえる無謀な行動をとったのではないと思った。

すなわち帝国海軍の御用達だったサントリーウイスキーを〝敵〟が知り、「これはスコッチに匹敵する」と品質を評価すれば、肝心かなめの山崎工場のすべての原酒を連合軍に接収されるおそれは十分にあったのだ。

信治郎は、それを防いだのだった。接収されてしまっては、商売どころではない。商取引に持ち込むことによって契約が成立していればこそ、はじめて接収を未然に防ぐことができる巧妙な攻めであると同時に、守りの戦術であったことに、はたと気付いたのであった。あっぱれな知恵ある大将、いや社長であった。

### 商いは「攻めの精神」

まもなく、連合軍の将校との交渉や接待は敬三の仕事となった。

かくして敬三は、新大阪ホテルにも何度も出かけて行って、某司令官とも親しくなった。しかし、複雑な気持ちだった。つい数カ月前まで、敬三もこの相手と生死を分ける戦をしていたのである。自省癖の強い敬三は眠れぬ夜がつづいた。信治郎は「これでええんや、これが商売や！」といって、工場の現場や本社の従業員を叱咤激励していた。

その頃のふさぎ込んでいた敬三を、のちに開高健が本人から取材して、『やってみなはれ　サントリーの70年Ⅰ』でやや開高らしい脚色をほどこして書いている。これを敬三は面白いと思ったのであろうか、『へんこつ　なんこつ――私の履歴書』で、すこし客観的なところに自分をおいて、その一文を引用した。

この頃の佐治敬三行状記は『やってみなはれ　みとくんなはれ』と題した弊社の七〇年史の開高健の文章に詳しい。「復員してからは秀才らしからぬ姿勢で、家でごろっちゃらとしていた。おやじがつぎからつぎにつれこむ米軍将校の接待はしていたものの、おうおうとして楽しまぬところがあり、宴果てると、すぐさま部屋にこもって、ごろっちゃらとひっくりかえる。畳にひっくりかえったまま、畳の目をプチプチとむしった。そういう日常を繰りかえしていた」とある。

敬三自身が引用しているのだから、開高健が書いているとおり、心に秘めたものがあったとはいえ、釈然としない日常の繰り返しであったのだろう。「ごろっちゃらとひっくりかえ」っている態度は、なにかに取りつかれ、深く考えている姿勢ともとれる。

ちょうどこのころは「入社」して間もない時期で、敬三は阪急沿線の雲雀丘の自宅から、大阪市内の堂島にある寿屋本社へ電車通勤しはじめていた。接待は本社で行うこともあったが、雲雀丘の信治郎の本宅へ招く方が将校たちはよろこんだ。本宅には、すでに書いたようにスペイン風の西洋館があったので、それが格好の〝迎賓館〟となったのである。

しかし、米軍将校とのやりとりは、いつしか敬三の担当業務のようになっていた。

本社でも、雲雀丘の〝迎賓館〟でも、将校や下士官連中の相手は敬三の仕事だった。慣れない英語を使うのに疲れ、気を遣う「社交」は、自分には「地獄の責め苦」だったと語っている。しかし、はじめは「トイレの水音までが英語に聞こえる」というノイローゼ状態に陥っていたが、英語に慣れてくると面白くなり、こうしたやりとりに人間的な一面がみえてきて、英語にも「社交」にも自信のようなものが生まれてくる。かりにも相手のほとんどは米軍将校なのだ。やはり、将校とのやりとりは、ＧＩ（下士官・兵卒）相手とは違って話題がひろがり、ときに教養が滲みだす場面もあった。これもひとつの人間学だと思った。

やっとの思いで、この時期をなんとか乗り越えたようだった。しかし、こうしたウイスキーの進駐軍への直納は、ときの大蔵省にとっては税収に繋がらなかったという。帝国海軍への搬入のときと同様に無税だったからだ。官僚のなかには、寿屋のウイスキー原酒を同業他社にいくらかでもまわし、税収を得ようと画策するものがあらわれるということさえあった。

将校用に納入されたサントリーウイスキーは、帝国海軍の御用達と同様の「角瓶」だった。ラベルが残っているので、英語の表記がわかる。むろん、なかなかスマートなデザインで、黄色の地にレタリングは墨を基本に赤がすこし使われている。文案は英語がよくできる信治郎の秘書担当児玉基治、デザインは宣伝部意匠課が工夫した。

Rare Old Whisky

Specially Blended for American Forces
Suntory Whisky Distiller

わざわざ「アメリカ軍用スペシャルブレンド」と明記してある。このウイスキーの納品は、将校用であったが、進駐軍の間でひろく評判をよんで、一般兵士用、ＧＩ用に別の製品を納入せよという要求が出てきた。それが「ブルーリボン」という銘柄で、ＰＸで売られたものが、市中の闇市に出回ることにもなった。

## ガルブレイスと鳥井信治郎

わが国でも高名なアメリカの経済学者Ｊ・Ｋ・ガルブレイスは、二〇〇四年一月一日から三十一日まで、日本経済新聞に「私の履歴書」を連載した。そのとき九十歳をかなり超える高齢であったが、柔らかい筆運びで多くの読者をひきつけた。その第十四回は「終戦直後の日本」と題されていた。こんな記述がある。

> ドイツでの実地調査と報告書の提出を終えた戦略爆撃調査団は、今度は日本に対する空爆の効果や影響を調べることになった。私はこれにも参加した。生まれて初めての日本訪問である。終戦直後の一九四五年秋のことであった。
>
> ホノルル経由での長くて苦痛な空の旅を終え、トラックの荷台に乗って東京に着いた時は夕刻になっていた。その日泊ったのは帝国ホテルである。

疲れてベッドにもぐり込んですぐのこと。ノックの音がした。ベッドから起きあがってドアを開けると、小柄な日本人の男が立っている。手にはウイスキーの瓶。ラベルには英語で「本物のサントリーウイスキー」とある。さらに「日本訪問中の占領軍のみなさんのために、特別に瓶詰めしたものです」と続いていた。

悲惨な戦争が終わってからまだちょっとしかたっていない。それなのに早くも商売気を出して、「訪問客」に品物を売り込もうとする男がいる。

ここで引用はやめるが、このときガルブレイスは「この国の経済復興は早い」と直感した、と書いている。敗戦直後の復興ままならぬときにこの商売熱心さ。感心しているのだ。彼がこのウイスキーを飲んだかどうかはわからないが、少なくとも瓶を手にとって、しっかりラベルを読んでいる。しかしこの小柄な日本人が誰かは、この文章からはすぐにはわからない。

このときの状況からすると、これは調査団のメンバーの部屋に、ホテルの許可を得た信治郎が届けたものと推測ができよう。信治郎が新大阪ホテルに出かけたときと時期が同じなのだ。そしてこの小柄な日本人が攻めの精神で、体当たりでぶつかっていることが、ガルブレイスの一文から伝わってくる。

しかし、晩年のガルブレイスは、こう書くのもいささか深読みのきらいがないこともないと思われるが、大変なサントリー党だった。敬三ともボストンや東京で何度も会っていた。だから終戦直後のこのエピソードは、ある想像がはたらいた、最晩年のガルブレイスの創作だったかもしれないのである。なにせ巧みな小説も書き、かつてジャーナリストだったこともある多才な経済学者なのだ。

ちなみにこの世界的なエコノミストのわが国での大ベストセラー『不確実性の時代』は、当時サントリーグループだった出版社「TBSブリタニカ」から刊行された翻訳書である。同社の会長は佐治敬三だった。高度に知的な書籍にはめずらしく、同書は世界的なベストセラーで、わが国でも八十万部を超える売れ行きを示したのだ。テレビ番組にもなった。高価で分厚いハードカヴァーの経済書が、じつによく売れた。

また以前、ボストンにあった「レストラン・サントリー」は、ガルブレイス教授とハーバード大学のエズラ・ヴォーゲル教授の二人からすすめられて出店したという。ヴォーゲルもまた大ベストセラー『ジャパン・アズ・ナンバーワン』(TBSブリタニカ刊)でひろく知られている。二人は「ぜひ本格的な日本料理の店を……」と敬三を勧誘したのだった。開店後は二人とも熱心なボストン店の常連だったというし、サントリーのシンパだった。このレストランは役割を終えて何年か前に閉店した。

終戦直後、帝国ホテルにあらわれた小柄な日本人が信治郎であったかどうか、その真偽は今も定かではないが、信治郎は戦前から帝国ホテルには仕事柄頻繁にでかけており、総支配人や酒場主任とは昵懇だった。ガルブレイス博士を訪ねても何の不思議もなかった。

## 信治郎流の点火装置

話は前後するが、ホテルをめぐってはさらにこんなことがあった。

昭和四十年十二月、満を持してサントリーブランデー「インペリアル」が新発売された。超高級ブランデーである。信治郎はすでに三年半ほど前の同三十七年二月に没している。敬三は、父が没した前年の三十六年五月、社長に就任していた。

もともと明治三十二年、ワインでスタートした「洋酒の寿屋」は、戦前の昭和十一年から本格的に大規模な醸造用ブドウ栽培のワイナリーを経営していた。山梨県北巨摩郡の登美地区の南斜面を切り開いた敷地面積一五〇ヘクタールの大農場である。このくだりはあとの章でくわしく書きたいが、ウイスキーとは別の独立した生産拠点であるブランデー蒸留所を、このワイナリーの一角にもっていた。むろん、蒸留器はフランス製。大規模なもので見上げるようなコニャック式のポットスチルであった。だからこのワイナリーが生みだしたサントリーの「デリカワイン」や、「シャトーリオン」というテーブルワインとともに、「ヘルメスブランデー」や「サントリーブランデーVSOP」が、すでに愛飲家から大いに人気を得ていたのである。

期待の大きな新製品が発売される前には、営業本部長が召集する生産、営業、宣伝、そして広報部門を加えた会議が開かれた。今仮りに再現してみると、こんな場面が展開されていたのである。――

「このような少量生産の高級品は、帝国ホテルなどの高級ホテルで飲まれるか、デパートでの贈答用の需要に絞られるな」

こう発言したのは常務のY洋酒営業本部長だった。すかさず、業界でもよく名前を知られているS宣

伝部長が、

「まず、各界の名士の方々に試飲していただかないけませんな。」

「そうや、そこや。今日の会議の目的やがな！」

営業本部長はそう応じた。宣伝部長が目配せをすると、おもむろに宣伝業務課長が資料を配りはじめた。

「まずデパート中心に流通、高級都市ホテルのトップ、関係団体の名士、わが社と昵懇の政財界人、そして小説家や評論家を含む親しくしていただいている文化人……、今回は全国で百名ほどに絞りました。営業、広報から候補を上げて貰い、宣伝のリストを加えて絞り込みました。」

と、H課長は手短に補足した。

「これでええわ。」

と、本部長は、ひととおりリストに目を通し、いかにも満足気であった。

一見、シンプルな戦略である。しかし、これが代々この会社に伝わってきた信治郎流マーケティングの点火装置、つまりこれといった新製品で市場に打って出るときに、まずおこなう基本作戦であった。最重要な顧客の評価を謙虚に聞かせていただき、品質向上に生かすこと。こんな姿勢がいつのまにか、この会社の目に見えないカルチャーとなって、企業文化の地下水にじわじわと浸み込んでいたのである。

### ホテルニューグランド

訪問リストのなかに、わが国の都市ホテル屈指の名門、横浜の「ホテルニューグランド」の野村光正総支配人の名前があった。同ホテルの社長である。多少の土地勘があった筆者は、サントリーの横浜支店長と「ホテルニューグランド」の野村総支配人を訪問することになった。総支配人が会ってくれるというのであった。すこし私ごとになるがご寛恕いただきたい。

野村氏は横浜を代表する財界人野村洋三翁（同ホテルの前会長兼社長）の四女・冨美子さんの女婿で、麻布中学、慶応義塾大学を卒業された有能なホテルマンであった。筆者が卒業した県立横浜緑が丘高校・三徳会（ＰＴＡ）の会長だったのが、野村総支配人の岳父にあたるその洋三翁だった。三徳会とは、論語の「知・仁・勇、三徳一誠」にちなんだ命名である。また野村総支配人のご子息弘光氏が、私とはその高校の同窓だったのである。

普通ならホテルの副支配人に託して済ませる仕事だったかもしれない。このときは異例の機会にめぐまれたのである。総支配人と会えたのである。

ニューグランドホテルは、「ホテルニューグランド」が正式名称である。関東大震災で崩壊した旧グランドホテルの後をうけて、昭和四年、横浜財界の原富太郎（号は三渓）や野村洋三などが一丸となって建設したホテルであった。横浜市民は単にニューグランドと親しみをこめて呼ぶことが多い。同ホテルは、横浜港に面した海岸公園としても有名な「山下公園」の真向かいという絶好の場所にあった。終戦直後から昭和三十四年までの長期間、この公園はアメリカ軍に接収されており、鉄条網が張り巡らされていて公園内には入れなかった。

そして同様にホテルニューグランドも、昭和二十七年までは接収同様の状態であった。米軍将校クラブなどがおかれていたのである。昭和二十年八月三十日、厚木海軍飛行場に降りたったマッカーサー元帥が、横浜に直行してこのホテルに宿泊し、四日間滞在したことでも有名だった。

野村光正総支配人を訪問した頃は、まだ新館は建っていなかった。クラシックでどこか重厚な雰囲気のある本館（現在の呼び名）のカフェに案内された。

「ここへは御社の鳥井信治郎さんがよくみえましたよ。」

挨拶がすむと、総支配人は冒頭から驚くようなことを発言したのだった。

「えっ、先年死去した私どもの会長のことですね。」

と、思わず念を押していた。

「そうです。新しい製品をもってよく来られたと、このホテルの会長だった父・洋三も言っていましたし、私も昭和三十年前後に、お会いしてお話を伺っていますよ。その熱心さには頭が下りました。」

「社内報に書かせていただきたいようなお話ですね。」

支店長がそんなことを云った。

「いやサントリーウイスキーの『インペリアル』が出たときは、佐治敬三社長がわざわざおみえくださった。横浜に来られたとかで、サントリービールの新製品売り込みの挨拶もあるので、といって寄ってくださった。その時もプレミアム・スコッチと比べて品質はどうか、と佐治さんから聞かれました。バーにご案内しましてね、率直にサントリーウイスキーもここまできましたか……、と申し上げたのですがね。」

こんなことを伺ったが、当のブランデーの品定めは、後日、あらためて聞かせていただくことになったのだった。

鳥井信治郎は一流ホテルの総支配人に会い、新製品を試飲してもらっては、その評価を熱心に訊いた。そしてそれをウイスキーづくりに生かした。帝国ホテルでも、同様に総支配人やチーフバーテンダーに訊いていたのである。むろん、神戸のオリエンタルホテルや大阪のロイヤルホテル、京都の都ホテルなどにも、繰り返しでかけて行っては、総支配人や、さらに頻繁に、酒場課長やバーテンダーのエキスパートたちと会っていたのである。しかし野村総支配人の話のように、具体的に確かめられたのははじめてだった。これが信治郎、敬三の商いの基本の一つだった。

昨年、光正氏の令息弘光氏の話を伺う機会があったが、

「父・光正が亡くなったときには、佐治敬三会長ご自身から、心のこもった直筆のお手紙をいただきましてね。ありがたかったですね。つくづく人間味のある経営者だと思いました。」

ということだった。ここでまたこんな連想がはたらく。

おそらく、昭和十二年に満を持して「角瓶」を新発売したときも、鳥井信治郎はその誕生したばかりのサントリーウイスキーをもって、当時の横浜のニューグランドホテルを訪問したことであろう。

会ったのは初代社長の井坂孝か、やはり野村洋三会長であったであろうか。野村洋三は東京専門学校のちの早稲田大学の出身で、鋭い時代感覚の持ち主だった。その時代はまだ、小説家の大仏次郎がこのホテルの三階の三一八号室に長期滞在しており、『霧笛』などの名作を次々に書いていた頃で、文化人との交流にも熱心だった（註　のちに大仏次郎はサントリー美術館の運営委員を務めた。これは後述する。そしてまた昭和二十七年、米軍の使用が解除されると、ホテルニューグランドは野村洋三会長によって立派に再開されるが、同会長は戦前からのホテル文化への貢献で、翌二十八年、第二回「横浜文化賞」を授与されている）。

さて野村光正総支配人のこの〝証言〟を聞いてあらためて考えてみると、終戦後まもなく、信治郎が帝国ホテルに滞在中のガルブレイス教授に、特別製サントリーウイスキーを手渡したとしても、なんの不思議もないことのように思われる。

だから先のガルブレイス先生の披露したエピソードは、まさに信治郎へのオマージュ〈賛辞〉だったとみてもよいのであろう。大経済学者ガルブレイス博士は、そのくらいの「芸」を隠しもった苦労人であったのだから。

## 2　『ホームサイエンス』の原風景——知られざる〝傑作〟

### マイクロフィルムで保存

その頃、敬三は精神的な大きな打撃から、立ち直りつつあった。

昭和二十一年（一九四六）の正月だった。父・信治郎から財団法人・食品化学研究所設立の許可を得て以来、一気に走り出していた。財団設立の認可は順調にはこんだ。目的ははっきりしており、阪大の小竹無二雄先生に理事長に就任して貰ったことが奏功したことはすでに書いた。

同年二月六日に文部大臣から財団設立の認可が出た。敬三は正式に、理事で同研究所所長という立場となった。信治郎もむろん理事に就任している。二人がそれぞれ相応の寄付もした。

ここで時間をすこし戻したい。サントリーは昭和五十五年（一九八〇）三月二十五日、全社の幹部をあつめた総合会議で、第二次五カ年計画を発表した。そのなかの柱が「生活文化企業宣言」であった。

敬三は社長就任以来、事あるごとに「生活文化」の必要性を発言し、社長になって最初に着手した事業が、後述する昭和三十六年（一九八一）に開館した、生活のなかの美を標榜する「サントリー美術館」だった。

「生活文化企業」という企業目標を公表してから、敬三は、当時、企業担当の記者クラブとの懇談会でこんな話をしたのである。

「終戦直後に、私は『ホームサイエンス』という生活科学の啓蒙誌を編集発行していたことがあります。それは生活のなかに科学的知識をすこしでも取り入れて豊かな暮らしをめざそうというメッセージや提案を発信しようという雑誌でした。戦後の混乱期で、短期間で終刊しましたが、創刊の時期はたぶんのちに創刊された花森安治氏の『暮しの手帖』より二年ほど早かったのではないでしょうか。」

一九八〇年頃から、個々のジャーナリストから取材を受けると、このような体験を踏まえて生活文化に触れ、雑誌『ホームサイエンス』の内容を語っている。これは社長就任以来、みずから着手して実行してきた経営活動の中間的な総括を、「生活文化企業」を標榜することで明確にしたものであろう。社内では雑誌『ホームサイエンス』を探せ、ということになったのだった。

『ホームサイエンス』（創刊号）

ところがなかなか見つからなかった。編集にあたっていた当の牧羊子は、すでに処分したあとだったのだ。それでも西宮市立図書館に創刊号があることがわかり、また、国立国会図書館経由でアメリカのプランゲ文庫からコピーを送ってもらい、全貌を把握することができたのである。

ところで今、プランゲ文庫に収められた雑誌資料は、『ホームサイエンス』も含めて、すべてマイクロフィルム化したデータベースが、必要なときにいつでも見られるようになっている。アメリカのメリーランド大学から返還を受け、国立国会図書館をはじめ早稲田大学図書館などがその一端をにない、数年をかけて整理、データベース化してきたのだった。

## プランゲ文庫にみる研究所の陣容

アメリカのメリーランド大学の「プランゲ文庫」とは、もとは占領時代（一九四五〜一九四九年まで）にGHQの検閲対象になった日本の新聞・雑誌を保存した膨大な「コレクション」のことである。ゴードン・ウイリアム・プランゲ博士により、占領下の日本で検閲された出版物が収集されていたのだ。検閲した新聞・雑誌の類を、一括してそっくり本国に持ち帰り、メリーランド大学の図書館が保管したというのだから、占領政策の一環とはいえ大きなプロジェクトであった。

ところで思いがけないことに、「プランゲ文庫」のデータベースには、食品化学研究所が財団法人として設立されたときの陣容を伝える資料が存在していたのである。

おそらく昭和二十一年一月中旬頃に書かれたものであろう。手書きで用箋に清書されているが、GHQに検閲のために提出した雑誌本体のなかに、なぜこの研究財団の設立にかかわる書類があったのかはわからない。それにこれが公式の提出書類であったのか、下書きが不用意に紛れ込んでしまったものかもわからない。しかし、すでに六十数年前の文書であり、事実上、公開された史料なのであった。まず、この手書き資料について、順を追ってたどってみたい。

▼財団設立の「目的」――

食品化学ニ関スル研究ヲ為シ正シキ食観念ノ指導普及ニ依リ国民栄養ノ向上ニ寄与スルヲ以テ目的トス。

▼事業

研究員、研究嘱託員ヲ置ク。関係資料ノ蒐集、研究資料ノ提供、講習会、講演会、展覧会ノ開催、映画の製作、印刷物ノ発行、講師派遣。

▼研究ノタメ現使用延坪　三十坪

▼研究題目

一、微生物ニヨルビタミンB1ノ分成　廣瀬善雄

二、魚類肝油中ビタミンAノ濃縮ニ関スル研究　川口信一

三、微生物ニヨルペニシリンの合成　寺島　豊

▼理事

鳥井信治郎（明治十二年一月三十日生）

経歴　略

寄付金　弐拾萬円也

▼理事・所長

理学士　佐治敬三（大正八年十一月一日生）

学歴、経歴　略

寄付金　参拾参万円

▼理事長

理学博士　小竹無二雄（明治二十七年十一月三十日生、大阪大学教授）

学歴、経歴　略（賞　昭和十九年、蟇毒ノ化学的研究ニヨリ学士院賞受領）

他の理事は省略するが、ほかにこのデータベースからは、三人の事務系所員の履歴書まで読むことができた。

### 牧羊子の存在感

さて牧羊子（金城初子）の履歴書が、プランゲ文庫のデータベースから出てきたことはやはり意外だった。というよりむしろありがたかった。

つまり、開高健夫人である牧さんは、昭和二十二年六月から同二十八年秋まで敬三の片腕として寿屋社員として働いており、戦後のサントリーの発展史においても重要な人物の一人なのである。しかし、なぜかこれまで正確な経歴がわからなかった。

著書は詩集をはじめ何冊もあるが、経歴は簡単にしかでていないし、長年のお付き合いがあっても、やはり学歴や経歴は訊きにくいものだ。フランスの象徴主義の詩人マラルメに由来するというペンネームの牧羊子が、あたかも本名のように通用していた人だった。

その履歴書には必要な事だけが簡潔に書かれていた。

本籍と現住所は、ともに大阪市、港区と住吉区であるが、詳しくは省略する。

本名は金城初子、大正十二年四月二十九日生。学歴職歴はきちんと書かれている。牧羊子についてはすでにいろいろ書いてきたが、改めておもな部分を抜粋しておく。

一、昭和　十六年三月　大阪府立市岡高等女学校卒業
一、同　　　年四月　奈良女子高等師範学校入学
一、昭和　十九年九月　同校　卒業
一、同　　　年十月　大阪府立市岡高等女学校教諭ニ任ゼラレル
一、昭和二十一年五月　大阪帝国大学理学部聴講生トシテ聴講ヲ許可サル
一、昭和二十一年十月　大阪帝国大学理学部聴講傍技術実習ノタメ大阪市大淀区本庄東通り五丁目
　　　　　　　　　　三　日本グリット製作所技術部員ニ採用サル
一、昭和二十二年六月　株式会社　寿屋入社
一、昭和二十二年十月　寿屋休職ノ上食品化学研究所ニ勤務『ホームサイエンス』編集事務担当

牧羊子は、別法人である研究所に寿屋から出向となっている。そしてここではじめて『ホームサイエンス』の誌名が出てくるのである。寿屋への正式入社は昭和二十二年とあるが、同誌が創刊された前年秋からアルバイト的に参加していたはずだ。

さて、この履歴書には奈良女子高等師範学校での専攻学科が明記されていないが、物理学科だとされている。だから阪大の物理学教授伏見康治教室の聴講生となり、有給の助手となった。彼女は奈良女高師を卒業したあと、母校の女学校で約一年半のあいだ理科の教員をやり、それから阪大に移ったのだ。阪大助手をやりながら、日本グリット社の技術部員を兼務するが、薄給に悲鳴をあげていた。

ついにその八カ月後、築港の大阪工場に勤務していた初子の父・金城棟検が、研究所の所長であった敬三に懇願して、寿屋の研究所に転職させたのだった。当初は本社の研究室にいたようだ。そのときのことを敬三は、開高健を追悼する文章のなかで、このように書いている。

金城氏が拙宅を訪れられたのは、そうした戦後がまだ終わっていない頃のことであったと思う。「実は」と切り出されたのはお嬢さんの初子さんのことであった。初子さんは棟検氏にとって眼に入れてもいたくない、すばらしく出来のよい一人娘。名門校であった旧制奈良女高師出身の秀才で、卒業後、大阪大学の物理学科、伏見教授のもとで助手をつとめていた。棟検氏の依頼は「大学の助手といえばきこえはええけど、オマンマが食べられまへん。寿屋でやとてもらえんやろか」というのである。今から思うと寿屋も万事大らかだったのであろう。初子さんは間もなく、阪大助手の席をけって、寿屋の研究室につとめることとなった。

（佐治敬三「開高健君へ」『サントリー・クォータリー』第三五号）

もし、金城初子がこのとき寿屋に入社していなければ、その後、開高健が寿屋宣伝部のコピーライターとして登場したかどうかはわからない。

戦後、寿屋入社の後も、敬三が小竹無二雄教室にときどき出入りし、また、短期間ではあったとはいえ、財団（＝同研究所）が、阪大理学部を所在地にしていたから、金城初子とは顔見知りになっていたに違いない。当時小竹教室にいた廣瀬善雄も同研究所に入所する前から『ホームサイエンス』の編集を手伝っており、後に所長になった。

## 『ホームサイエンス』の風景

ここで『ホームサイエンス』の内容をみておきたい。

平成九年（一九九七）八月、先に触れたとおりメリーランド大学の「プランゲ文庫」から一部分コピーを入手し、さらに創刊号を西宮市立図書館で発見したときに、『ホームサイエンス』誌は一部のメディアに取り上げられた。なかでも日本経済新聞は、同年八月十三日付朝刊一面の「春秋」欄で取り上げ、このような一文が載った。

終戦直後に発刊、関係者が探していた幻の月刊婦人家庭雑誌「ホームサイエンス」が米メリーランド大学のプランゲ文庫に保管されていることがわかった。各号に占領軍が検閲したペン書きのあとがあるが、内容は「知的で問題なし」の総合評価。

▼Ｂ５判で四、五十ページ、表紙を小磯良平の婦人像が飾り、紙の配給時代にしては立派なものだ。「民主主義、文化国家を目指して歩みを進め、ほの明るさを感じる。新日本の婦人の日々の糧になるように」と編集後記（一九四七年新年号）にある。阿部知二の新しい女性を主人公とした小説が売り物だったらしい。

▼教養記事の寄稿者に林芙美子、中谷宇吉郎らの名も見える。興味深いのは世相、実生活を伝える記事だ。「強引な貯蓄で三千円たまる！」という地方公務員の涙ぐましい家計報告もある。みな生

活は苦しかったが、工夫をこらしへこたれなかった。刃物の手入れ、牛乳の腐敗防止、時計の長寿法から、太陽熱の利用、ジャガイモ栽培法、鶏の飼い方などが載っている。

▼発行元は大阪の財団法人食品化学研究所で、責任者は佐治敬三氏（現サントリー会長）四人の編集者のひとり牧羊子さん（詩人）は「女性解放のためにと編集者は意気軒こうでした」と半世紀前を振り返る。インフレが進み、定価十円のこの雑誌も短期間に二十五円になって消えた。生活の科学、の路線はその後、花森安治氏による「暮しの手帖」に引き継がれた。

このコラムは周知の通り匿名欄であるが、ペンを執ったのは、当時、論説副主幹だった現在武蔵野大学名誉教授の高村壽一氏だったとあとで知った。というのは、このコラムを執筆するしばらく前、同氏は日経産業新聞に連載のため、二週間ほど敬三に密着取材をしていたのである。ときに食事まで敬三と一緒にしたくらい密度の濃い取材だった。

**編集長・佐治敬三の胸の内**

また、『ホームサイエンス』をめぐってはこんなことがあった。

平成十年一月のはじめ、敬三は新年早々に『週刊朝日』の取材を受けた。来社したのは同誌の元編集長、川村二郎編集委員（当時）だった。

ちょうどそのころ、プランゲ文庫のことが朝日新聞夕刊でも紹介され、識者の注目をあつめていたように思う。すこし先回りして書くと、平成十三年五月には早稲田大学会津八一博物館で『メリーランド大学所蔵プランゲ文庫「占領下の子ども文化」展』が開催された。終戦直後の幻の児童文学雑誌などをあつめた、同文庫アシスタント・キューレーターだった村上寿世氏のコレクションの展示が中心で、占領下（一九四五〜一九四九年）の児童向け雑誌と書籍の企画展だった。この分野にご関心のある美智子皇后が、会場を訪れて時間をかけてご覧になり、話題になった。

川村氏のインタビューを受けて二週間後、『週刊朝日』一月三十日号に「佐治敬三元編集長が半世紀ぶりに〈わが女性誌〉と再会」という見出しの記事が掲載された。川村記者のメリハリのある記事で、敬三もうれしそうだった。

「敗戦の翌年、志の高い女性誌が生まれた。〝編集長〟は当時二十七歳の佐治敬三さん（七八）、現サントリー会長である。雑誌はわずか八号で消え、日本には創刊号しか残っていなかったが、占領軍の手で米国の大学の図書館に保管されていた。佐治さんのこの笑顔は、半世紀も待った全巻のコピーがようやく手に入ったからである。」

これが同誌の見開き記事のイントロダクションの文章である（しかしこのときは、まだ、全巻のコピーも手に入っていなかったようだ）。

敬三が死去する前年に行われた、いわば貴重なメディアとの時間をかけた会見の記事だった。川村氏は、すでに高齢に達していた佐治敬三への取材なので、むしろ雑談をふくめて、自然に中心的な話題に近づいていくような、ゆとりをもった調子でインタビューをおこなった。また、どうしても必要な関連取材を、牧羊子にもということになり、別室に移っての電話取材となった。これが、今、生きた証言として残っている。むろん牧さんのコメントも、当時の心境と状況をリアルに伝えていて興味ぶかいものがある（川村氏はこの時、牧羊子に電話をし、面談もしている）。

『週刊朝日』のインタビュー「家庭婦人に科学を啓蒙する雑誌を創刊したわけは？」川村編集委員の質問に敬三はこう答える。

「僕の受けた教育が役に立つようなこと、大きくいえば、世の中に為す有らんとするところが、志としてあったのでしょうな。」

また、牧羊子は同じ日に受けた電話取材で当時の心境を聞かれて、

「私は、戦争に負けるまでの日本が変な精神論に引きずられていた間、いやなものをさんざん見てきたでしょ。それが壊されて、これからは科学だ、自分たちの時代だと思ったのよ。」

さらに「なぜ、読者層を女性に絞ったのか」。これに佐治敬三が答える。

「この雑誌、家庭と科学、ある種の合金やな。……うちのおやじは、オナゴはかわいそうなもんや、大事にせないかんと、いつも言うてました。そのせいか、僕はフェミニストやったんですわ。」

さらに牧羊子が、さらりと過激な一語を発している。

「男なんか教育する気はないよ。男だって育てるのは女なんだから、女さえしっかりしていれば、人材は育つわけでしょ。みんな敬三さんを御曹司だなんて思わずに、空腹も忘れて、それこそ志をぶつけ合いましたよ。青くさかったかもわからないけど、いまの若い人はそういう議論をすることがあるのかねえ。」

川村記者は質問の矛先をかえて敬三に問うた。「お父上の鳥井信治郎、当時の社長は、そのころど

んな顔しておられましたか。」

「おやじは機嫌のいいことはありませんでしたが、僕らが世の中のためになることをやっとるいう顔をしていたんでしょうな。黙って泳がしてくれました。」

それから豪華な執筆陣や登場人物の顔ぶれにおどろかされたこと、さらに敬三は、織田作之助や林芙美子や阿部知二などにこの時期に会っていた。これは貴重だ。原稿の執筆や座談会への出席を、どのようにして口説いたのか。川村の質問に敬三はこう答えた。

「絵や文章については、僕はもともとナンパやからね。それに、初対面でも、こちらの志や熱意をきちんと受け止めてくださる方が、おったんですなあ。もうひとつ、まともなウイスキーはあの時分、今では考えられんくらいの貴重品ですやろ。これと交換でたいていの物は手に入ったし、原稿料もだいたいウイスキーですわ。『すべて本《もと》は本にあり』というそうですが、あの雑誌のもとは、ウイスキーですな！」

「占領軍の民間検閲局のコメントの評価に『ほかの雑誌にくらべ、きわめて知的』との評価があったのですね」と川村記者は水を向ける。

「こういうコメントがつくようではまじめすぎて、おもろなかったんでしょうなあ。結局『ホームサイエンス』の貴重なる遺産といえば、開高健やないかな。牧羊子さんが『私、結婚しましてん』と言って紹介したのが開高やからね。」

最後に、「九〇年代の日本について」と、大きな質問が出た。敬三は真顔だった。

「商売でもなんでも、いまこそ必要とされるのは志やないかと思いますけど、そういう人がみえませんなあ。どこかにおると思うんやけど……」（ため息をつく）

つづけて、

「……たとえば、青くさいかもわからんけど、世のため人のため、自分は全存在をかけてもこれをやる。身を落とすことを忌み嫌う気持ちをもってる。そういう人間がおらぬはずはないから、探しだすのは僕らの務めなのかもわかりませんな。」

長いインタビューが、ここで終わった。

敬三は語らなかったけれど、インフレによるコスト上昇で、定価も、創刊号は五円でスタートしたが、十円、二十円、二十五円となり、結果、返本の山を築いた。前年まで国務大臣兼戦災復興院総裁の任にあった兄嫁の父・小林一三に、あるとき、事業というものについて諭されて、はっと気づく。こんなに売れないのは、いま、この雑誌が世の中に必要とされていないのかもしれない、このままではいけない、と。捲土重来《けんどちょうらい》を期す。

ここで敬三は決心して終刊とし、昭和二十三年三月末、編集部を畳んだのだった。創刊号を出してから、一年五カ月が過ぎていた。偶然だろうが、半年後の九月にかなり近い編集傾向をもった『暮しの手帖』が花森安治と大橋鎮子によって東京で創刊されたのである。

さて翌日から、敬三の執務机が父・信治郎の脇におかれるようになった。

小林一三は敬三の意を重んじて、最終号にあたる通巻第八号まで『新女性読本』を連載した（敬三はインタビューのときには『新女大学』といっていたが、これは福澤諭吉の著書『女大学評論・新女大学』からの連想ででてしまったのだろう)。またときには、一三は自分と村岡花子との特別対談を入れたりして、忙しさを顧みずに、同誌のために読まれる工夫をしたのだった。元来、小林一三には文学的な素養があり、こうしたことが嫌ではなかった。阿部知二も小説『海辺の女』を第二号から第八号まで連載し、完結した。のちに阿部知二の愛読者たちの間では、この作家が文芸誌以外に小説を書いたのは異例のことだ、と語り草になったという。挿絵は毎号、小磯良平が描いていた。

編集後記にはこうあった。

「阿部先生快心の作として皆さまから絶賛を賜りました『海辺の女』も、本号をもって完結いたしました。永らく御愛読を賜りましたことを厚く御礼申し上げます。」

突然の決定だったのであろうか、雑誌終刊のあいさつは一言もなかった。

## 3 帝大理系卒の若き経営者——小林一三と〈商い〉の精神

### 大いなる助走期間

ではなぜ、敬三は本業にきちんと向き合うまでに、このような一見長すぎる助走期間が必要だったのであろうか。また、敬三は、食品化学研究所の設立と『ホームサイエンス』創刊をなぜ、敗戦後の混乱期に、敢えて狙いを定めたかのように実行にうつしたのであろうか。

幾多の屈折をへて、ようやく本業に正面から向き合う姿勢をみせはじめた敬三の歳月をたどる前に、この基本的な疑問について、考察しておきたいのである。

この疑問の所在は、敬三が寿屋への入社後、すぐには経営に直接参画できなかったにしても、なぜ本来の社業に専念するのではなくて、父親の反対を押し切ってまで、二つまでも困難をともなうプロジェクトに、遮二無二《しゃにむに》取り組んだのか、ということである。

つまりなぜ食品化学研究所を設立し、科学啓蒙誌『ホームサイエンス』の発刊を強引に推し進めたのかということになるが、これもすでにみてきたとおり、また本人が言っているとおり、ほんとうに「〈世の中に為す有らん〉ということ」と、もう一つは「父への反抗心」だったのであろう。

そういうことならば、この疑問はとうに解決済みである。ここで再考の必要はないのであるが、ともあれ今から顧みると、ここに敬三の経営者としての原点が存在しており、その後の事業展開の核となっているものが、みえるのである。

敬三は、繰り返すようだが、内気で多感な、内省的ともいえる性格であった。浪速高校尋常科のころは、とくに病弱であったことが、そんな性格に拍車をかけたのであろう。だが、生来、敬三は人間の生き方を考え、いつも「なぜ？」から離れることができない性格だった。それが少年時代から熱心な読書に向わせたのであろう。精神的な悩みは大きく、あれかこれかと考えあぐねることもしばしばだった。

当時の親友で、のちに京都大学医学部教授となった菅原努は、敬三から将来の進路を決めるきっかけとなるような一冊の書物をすすめられたことを追想記として書いている。

「浪高時代佐治さんがある時、私に『この本面白いから貸してやるから読んでみな』と貸してくれたのはアレキシス・カレルの『人間この未知なるもの』でした。この本に感動して医学進学を迷っていた私は決心を固めたのでした。」

菅原は、再刊された同書をもとめ、生涯座右の書としていたと綴っているが、この挿話からは、若き日の敬三の読書傾向がよくみえてくる。しかし、そうした読書傾向は、多少大げさにいえば、なにか〝思想的〟な信念をもたなくてはならないという、強い自覚と、ある種の志につながるものだ。

後年、自らも「あの頃は、青くさかったと思う」と言っているように、敬三は、ある時期まで、長すぎる青春を引きずって生きていたということができる。それを大正生まれのきわだった特徴だと指摘する人もいるが、敬三にはそうした形跡がかなり顕著にみられ、自身も認めていたのである。

つまり若き日の敬三が大きな影響を受けた、いわゆる「大正リベラリズム」の余熱を、敬三自身心の内にしっかり抱え込んでいたから、ということである。だから言い方を変えると、それは昭和初期から疾風怒濤の十年代へかけて、人々を過激に揺さぶった時代を真摯に生きたことの証しでもあろう。じわじわと跋扈《ばっこ》したファシズムと、流行児のような顔をしたマルクス主義のはざまをかいくぐり、戦後社会に生き残った大正リベラリズムの落とし子であったということもできる。

あるとき、敬三は社内の小さな会合でこんなことを語ったことがある。

僕は大学の進路を決めるときに、本当に農村改革か、さもなければ植物栽培研究と取り組みたいとおもっていたのやな。大正リベラリズムに根っ子をもった田沢義鋪や下村湖人や加藤完治の思想に、素直に共感した。東京の芝・増上寺での「修養団」にも参加したこともある。その考えは一つの理想だと……。基本的には河合栄治郎のつよい影響があったんやね。

これは昭和四十年頃のことで、敬三が社長に就任して四、五年目のことだった。このようなことを自分から書いたり、インタビューで問わず語りに話したりするようになるずっと前のことだった。小谷重夫という役員がいて、東京のオフィスで、「社長と語る会」という社員とのミーティングを続けたことがあったが、そのときの話だった。

その頃、この会社ではなぜか、「社長と語る会」のほかにも、長期経営計画についての若手から中堅社員の読書会や研究会などが、企画部門の課長、係長を中心に、有志をあつめて頻繁に開かれていた。

### 「修養団」と人間形成

戦後、敬三が経営に参画しはじめた頃のことである。教養小説の作家としてよく知られていた下村湖人について、敬三は「私の履歴書」のなかで、特出すべきことを書いている。それはこれまでみてきたように敬三が浪高尋常科以来、単に『次郎物語』の一愛読者に甘んじていた訳ではなかったということであった。

それは昭和二十六年（一九五一）、ようやく民放ラジオが開局し、寿屋がラジオ東京（東京放送）の門馬直美担当のクラシック番組『百万人の音楽』を提供していた頃のくだりで、下村湖人についてこう書かれているのである。

寿屋の番組で異彩を放ったのは、「次郎物語」であった。下村湖人氏の原作を読んで感銘を受けていた私は、この物語を朗読でと考えて、プロデューサーの和田精氏に提案した。幸いにしてというか、素人の私の案が受け入れられた。この番組は決して派手ではなかったが、ぶどうの会の山本安英さんの語りによって底堅い支持を得てずいぶん続き、作者の下村氏にもお喜びいただいたものであった。

(『へんこつ　なんこつ――私の履歴書』)

ごく簡潔に書かれた一文で、どこの民放ラジオ局から放送されたのか、また正確にはいつからだったのか、さらにまたその朗読番組がどんなタイトルではじまったのか、この回想録には書かれていない。しかし、ここに登場する「プロデューサーの和田精氏」というのは、当時、小谷正一(井上靖『闘牛』のモデルといわれた腕扱《うでこ》きプロデューサー)の招きで、新大阪放送、つまり今の毎日放送で番組ディレクターをやっていた和田精だったから、このラジオ局から放送された番組であったことはわかる。一九七六年(昭和五十一)に国土社から刊行された『下村湖人全集』最終第十巻の年譜でもそのことは確かめられる。

敬三が申し入れたラジオ版『次郎物語』は、多少の準備期間をおいて、昭和二十八年(一九五三)

六月、新大阪放送から、『ラジオ小説・次郎物語』として、脚本北村寿夫、演出和田精、語り手山本安英で放送がはじまったのである。このことをスペースの限られた日本経済新聞の「私の履歴書」にわざわざ書き残したということは、敬三の記憶力の良さばかりでなく、いかに思い入れが強かったか、ということであろう。

ちなみに和田精は、人気イラストレーターで文筆家でもある和田誠氏の父である。明治二十六年生まれ、東京高師附属中学から現在の東京工大を出て演劇畑で活躍していた異色の演出家であった。しかも敬三よりも三十歳も年上の大ベテランだったのだ。

むろん敬三は、このとき和田精に引きあわされて、下村湖人にも会っている。湖人はすでに六十九歳であったが、このとき『次郎物語』のラジオ放送を大変よろこんでくれたと敬三は書いている。

下村湖人は明治十七年（一八八四）佐賀県に生まれ、旧制五高から東京帝大英文科を卒業。東大では夏目漱石の講義を聴いて感動し、雑誌『帝国文学』に小説や詩歌を発表していたとも書いている。湖人が五高に入学した明治三十六年は、すでに漱石は五高を退職して、英国に留学し、三年の期間を終えて帰国した年だった。そしてすぐに東京帝大文科大学講師に赴任する。だから時間的な関係でみると、漱石が朝日新聞社に移る前年に、湖人は漱石の講義を受けて、リベラルな一面を影響されたのであろう。

ここで時間が前後する。前の章とも関係するが、下村湖人は、敬三が旧制高校時代に参加した「修養団」活動とも深い関係があったのである。すでにみてきたとおり、『次郎物語』が、昭和十一年一月から連載された雑誌『青年』は、日本青年館から発行された「大日本連合青年団機関誌」だった。

五高、東京帝大と同窓で親友だった田沢義鋪と下村湖人は、一身同体ともいっていい結束の強い活動をつづけていた時期があった。つまり田沢は、東大法学部を卒業したのち、内務省をへて青年団運動の指導者となったのだ。いわば理想主義的なリベラリストであったのである。この時代の青年団運動の思潮は、帝国主義というよりも、国民主義的な「青年の修養」に重きがおかれ、広く普及していたのである。

とはいえ、青年団運動と一口にいっても、今すぐにはピンとこないであろう。が、大正十年、内務・文部両省関係法人として「日本青年館」(東京都新宿区に現存)が建てられたように、国や郷土を担う若者の自主的な修養・奉仕団体として、国をあげての大きな運動であったのだ。今も全国各地にある青年会議所のルーツとも大いにかかわりがある(敬三はのちに大阪青年会議所理事長を務めている)。

田沢は、日本青年館の理事長と大日本連合青年団理事長を兼務していた時期もあるが、同時に、彼の盟友の下村湖人を後者の嘱託にむかえ、合わせて同青年団講習所の所長への就任を頼んだのであった。湖人は旧制台北高校の校長を辞任して、この畏友の頼みに応えたのである。

そんなことから、『次郎物語』は大日本連合青年団の機関誌『青年』に連載されたのだった。この運動には全国の多くの中等教員が参加しており、したがって雑誌『青年』もひろく教育者に読まれていた。

昭和十年から十一年にかけて、敬三が病気留年して自宅に籠っていたときに、少し前にふれたが、佐谷正先生が差し入れてくれた本や雑誌のなかに、この雑誌『青年』があったのだ。敬三はこの雑誌で下村湖人を知り、『次郎物語』や『魂は歩む』などをはじめて読んだのだった。

「青年団」といい、「修養団」というと、いささか全体主義的な印象をもって捉えられかねないと思う。事実、太平洋戦争が迫ると、軍部ファシズムに利用されたが、基本的には国民主義であり、理想主義的なリベラリズム思想が背景に流れていたのである。

明治三十九年に発足した「修養団」には、当初、渋沢栄一が顧問として就任し、渋沢邸で春の懇親大会が開かれたりもしている。その頃は新渡戸稲造、大隈重信、下田歌子らが後援者として名をつらねており、幸田露伴、丘浅次郎らは、機関誌『向上』に原稿料なしで執筆していたというから、時代を動かす一大運動であった。このあたりの事実関係は、武田清子氏の研究『日本リベラリズムの稜線』（岩波書店、一九八七年）が詳しいので、同書に譲りたいと思う。

当時、敬三にとって、人の生き方にかかわることがらは、決して他人には語ることのない、いや語れない内面の大問題だったに違いない。「語られざる哲学」があったのだろう。思い返してみると、意を決して増上寺の「修養団」に参加したことも、復員後、研究生活から決別して家業に従事する決心をしたことも、敬三には目の前の不条理な壁、心を圧迫し、なお大きく立ちはだかっているものを乗り越える闘いであったのだろう。

## 河合栄治郎と阿部次郎

明治末年にようやくはっきりした形をともなって芽生えたリベラリズムの流れは、時代の思潮ともいうべき顕著なうねりとなった。大正時代を豊かな培養土とし、昭和初期から十年代にかけて、連綿とした流れとなったのである。そしてさらに、ファシズムの台頭やマルクス主義運動の激流のはざまで闘ったのが、河合栄治郎ら自由主義者たちだった。

下村湖人の人間形成論に感化を受けた敬三は、やがて阿部次郎や河合栄治郎を読むようになった。阿部の『三太郎の日記』を読んだ。倉田百三の『出家とその弟子』を読んだ。さらに『次郎物語』という小説を再読して、人生問題を真剣に考えはじめていた。すでに養子に出され、元の実家の鳥井姓から離れ、そのうえ、実母の死に直面し、病弱で学校を留年するという屈折の多い日々を、ひとり読書にふけり、思索の時間を過ごしたのだ。そんな読書癖、内省癖は、一見明朗闊達にみえる敬三の、終生消えることのない隠された一面だったといえるだろう。

ところで敬三がもっとも強い影響を受けたという河合栄治郎は、明治二十四年、東京の下町に生まれている。河合は先に書いた「平賀粛学」で東大を追われ、さらに官憲に監視されるような逆境のなかで、昭和十五年（一九四〇）六月、『学生に与う』（日本評論社）を上梓したが、これが好調な売れ行きを示したのだった。学生だけでなく、教育者も働く青年男女も、人間の生き方について思索する多くの人々の愛読書となった。逆境のヒューマニストが書いた大ベストセラーだったのだ。

河合栄治郎は、事実、二年後にはいっさいの文筆活動を禁止され、被告席に座る運命にあった。敬三は、同書から受けた感動を、後年、次のくだりを引用しながら若い従業員との〝勉強会〟で、しずかに話すこともあったのだ。いかにも最晩年に「美感遊創」という人生観を唱えた敬三らしい。

人格とは眞・善・美を調和し統一した主体であるから、之が最高の価値、理想である。（中略）人格が我々の目的であって、あらゆる他のものは手段であり、之を物件（Sache）と云う。従って富も地位も我々の身体も亦、物件であって決して目的ではない。

（『学生に与う』）

このくだりはもっとも河合栄治郎らしい明快な指摘だといわれているが、このような表現や論議に慣れていない若年社員たちにはやはりむずかしかった。むろん「眞・善・美」が至高の価値であることはわかる。それにしても、こうした議論が若者をとらえた時代でもあったのだ。さらに河合は、このようなことを指摘している。

つまり、「現実の自我」が「理想の自我」、すなわち、「人格」であろうと務めることが「教養（culture, Bildung）」ということだという。むろん英語の culture とは耕作することを意味しており、このことが「現実の自我を耕作して人格たらしめること……人格にまで形成・構成すること」だという。

大正教養主義の代表格、阿部次郎の先にあげた『三太郎の日記』は、敬三が早くから読んだ一冊だった。阿部は河合よりも八歳年上の漱石門下の美学者で、学生中心に愛読する者が多かった。河合と同様にリベラリストであるがゆえに、論壇の左右両翼から攻撃を受けたが、敬三はその思索的な文章と、教養主義を謳歌するその理想の高さを、貴重なものと感じていた。しかしあるとき、敬三は『三太郎の日記』のこんな文章に出逢って、ずっと悩みを引きずっていたのである。大学の進学コースを決めなければならなかった昭和十二年の夏、十八歳の頃であったと思われる。

生きる為の職業は魂の生活と一致するものを選ぶことを第一とする。然らざれば全然魂と関係のないことを選んで、職業の量を極小に制限することが賢い方法である。魂を弄び、魂を汚し、魂を売り、魂を堕落させる職業は最も恐ろしい。

俺は牧師となることを恐れ、教育家となることを恐れ、通俗小説家となることを恐れる。

（『阿部次郎・和辻哲郎集』日本近代文学大系　第三十五巻、角川書店、一二八頁）

若き敬三が、繰り返し読みふけったリベラリストが、この阿部次郎であり、河合栄治郎だった。戦後、評論家大宅壮一は阿部次郎を痛烈に批判した。河合栄治郎もしばらく忘れられた存在だったが、近年、粕谷一希、松井慎一郎、遠藤欣之助らによって、「闘う自由主義者」という一面が再評価されている。

### 〈社業〉に目覚める

復員後の数年、敬三は家業の道に専念することを潔《いさぎよ》しとする気分になれなかった。阿部の『三太郎の日記』の一文が呪文のように脳裏にわだかまっていたのであろう。

「生きるための職業は、魂の生活と一致するものを選ぶことを第一とする」という阿部次郎の言葉は強烈だった。耳について離れなかった。雲雀丘の家で、「ごろっちゃら」していたのは、妻を失い、研究生活から離れた悩みと反動、さらに少なからず父への反抗があったことは事実だった。そしてついには父と直談判して研究所をたちあげ、『ホームサイエンス』を発刊したのは、「魂の生活と一致する」ものを、敬三なりに第一に重んじた結果であった。

これは強い信念であり、確信であったといってよい。しかし返本の山を築いた雑誌『ホームサイエンス』は、尊敬する小林一三の親身の忠告で、一朝にして目が覚め、休刊としたのだった。

「うちの若は、帝大卒や。」

「海軍大尉で、技術将校だったんでっせ。」

ほとんど研究所にこもっていて、父親に叱られてばかりいたときには、「若」をあまり身近に感じていなかった従業員たちも、大阪帝大卒で、しかも海軍の技術大尉として三年も経験を積んできた「大将の片腕」を誇りに感じはじめていた。そして、それが嵩じると、だんだん敬う気持ちが出てきたのだった。

牧羊子は、

「敬三さんを御曹司などと思わないで一緒にがむしゃらに働いた。」

と語っているが、牧羊子も、敬三の経験や学識や教養が中途半端なものではないことを十分に知っていたのである。

暮しの科学を内容とする雑誌を作っていたころは、それこそ「大将」から怒鳴られたり、社内を追いかけられて逃げまどったり、親不孝息子を地で行っていたようで、およそ帝大卒という片鱗はみられなかった。しかし、もうその頃は妻を亡くしたというショックや、拗ねた気持ちからも立ち直って仕事とまっすぐに向きあい、目の色が変わってきたとだれにもわかった。

社業に専念しはじめた「若」は、存在感が一段と増してきた。社員たちは、もう「若」とは言わなかった。昭和二十二年一月から工務部長として指揮をとってきた九州の大分工場が竣工して、にわかに責任が重くなった。

その一方で、父・信治郎は、若くしてやもめになった敬三を気にかけていた。むろん信治郎自身も、妻を失ったあと、やもめ暮らしを長期にわたってつづけていたのだ。しかし敬三は、いずれ跡を継がせなければならない将来ある身だ。大番頭、作田耕三は大将の気持ちを十二分に承知していた。

創業の地の東区住吉町の社屋を戦災で失ってからは、一時、寿屋は堂島中町に本社をうつしていたが、この時期には一時的に、近くの住友火災海上大阪支店ビルを借りていた。作田は担当業務を通じて同火災海上損保の佐々木治郎と昵懇だった。よく茶飲み話をする間柄だった。

ある日、その佐々木から、

「御社の若大将に、大平元会長のお嬢さんをと思いましてな。」

と、話しかけられた。このときの話は、元住友銀行の頭取でもあった大平賢作の三女・けい子との縁談のことであった。

佐々木は、住友火災海上で、大平会長の秘書を長年務めていた。けい子とも何度か会っており、帝塚山学院女学部を出て、東京・津田塾大学の英文科を卒業したこの才媛を気遣っていたのである。作田の話に信治郎は飛びついた。敬三も前向きな姿勢を示し、まずは大阪で会うことになった。けい子は敬三より四歳下で、当時は実家のある新潟小出町（現在の魚沼市）の両親のもとで暮らしていたという。話はとんとん拍子に進んで、敬三も小出町の大平家を訪問して、けい子の父・大平賢作に会って正式に結婚を申し込んだのだった。

昭和二十四年（一九四九）三月十七日、宝塚ホテルで挙式がおこなわれた。仲人は村田省蔵大阪商船社長だった。関西経済界の大物である。佐々木と作田が取り持った縁は、つつがなく結実し、父・信治郎と同じように、敬三の将来を心にかけていた作田は、わがことのように喜んだ。

敬三はこの年の十一月十一日、専務取締役に就任した。三十歳になっていた。父・信治郎の喜びは大きかったが、作田耕三は肩の荷がおりたような気持ちを味わっていた。そして身近な部下を捕まえては、こんな話をするのだった。

「うちの敬三専務はなァ、中学一年のときに養子に出されたのや。それは知ってるやろ。三人の兄弟は同じ家に住んでたから、なんでもないことと他人には見えるやろうけど、それは違う。かえって辛いことがある。鳥井敬三だったのが、夜が明けたら佐治敬三になっていたんや。親や兄弟はいい、しかし、使用人や会社の従業員や関係先の人の見る目ェが、その日から変わったんやね。あたりまえや、家を出て、養子先の人間になってしもたということやからな。だから敬三専務はすごく苦労した。人知れずにな。逆境が今の専務を作ったと私は思うとる。それをしっかり頭に入れておいて欲しい。こんな話はよそでは云わんがね。」

開高健が『サントリーの70年Ⅰ』で書いているとおり、作田耕三は若い頃から磨きあげられた弁証法的解釈の人間観の持ち主だったが、この読みはまさに当たっており、真実を語っていたのである。

## 4　人間の絆――黄金期の再来と『洋酒天国』の時代へ

### 動き出した若き専務

ことを成し遂げるうえでもっとも大切で不可欠なのは、やはり目的地へ導く最短コースの発見であろう。それも戦後の混乱とどさくさのなかで、企業経営を行うとなれば、なおさらであった。

敬三は大いに迷いを重ねてきたが、それでも自分がとくに遠回りしてきたという遅疑逡巡《ちぎしゅんじゅん》はなかった。それどころか、心の中に「理想をもつことこそは人生の基礎」という確信のようなものが生まれはじめていた。小竹無二雄先生からいつも言われていた「日々に新たなり」を実践しなくてはと、「フレッシュ・トゥモロー」を信条とした。

昭和二十四年七月、弟の道夫が、他社での〝修業〟を終えて寿屋に入社した。道夫は終戦直後、鹿児島の鹿屋から復員すると、すぐに東洋紡に就職したのである。敬三にとっては、これは心強かった。

戦後すぐの二十一年、父に提案して再発売したトリスウイスキーを、この年から本格的に販売を拡大する方針をかためた。そして戦後はじめて新聞に広告を出す決定をした。矢継ぎ早の経営判断をくだしたのである。

その記念すべき広告は、昭和二十四年十月九日付の新聞紙面を飾ったが、むろん道夫も参画して進められた。寿屋は昔から古い新聞や雑誌の掲載広告を大事に保存していたが、この時の広告はなぜか見当たらず、社史などにも掲出がない。二カ月後に出した同二十五年元旦の新聞広告の方は『トリス広告二十五年史』に二つ掲載されている。それぞれにはこんなコピーが踊っていた。

酔いごこち一番　トリスウヰスキー
ウヰスキーは今年も　トリス　やすい！　うまい！

開高健のコピーとはくらぶべくもない。素朴でいいのだが、やはりどこか平板である。しかし、戦後間もなく、トリスのキャッチフレーズは「うまい！　やすい！」に決めていたことがわかる。さらにそのあとの新聞広告ではこんな説明をつけている。

なぜ
うまい　原料酒が違います。ブレンド（調合）が違います。サントリーの技術をそのまま生かしています。
やすい　見栄や体裁より中味が第一です。丸瓶を使っているのもそのためです。

この時期、廣告部（住吉の本社二階にはこう表示されていたが、のち宣伝部となる）には文案家が一人、画家（イラストレーター兼デザイナー）が一人だったというから、誰が手掛けたかは確定できようが、むろん信治郎や敬三の息がかかった文案であり、イラストであることは間違いない。イラストは谷川英夫の作であろう。

これらの広告はたしかに素朴ではあるが、商品の急所を衝いており、とくに「うまい、やすい！」の文案は、作田耕三の発案であるという伝説がのこっている。広告の定石を押さえた水準を超えた出来栄えという評価がある。

同二十五年（一九五〇）二月二十六日、敬三、けい子の間に長女春恵が誕生した。二人にようやく春がめぐってきた。そして、この時期に満を持して「サントリーウイスキーオールド」を新発売したのである。「オールド」は、昭和四十年代に全社大躍進の中心になる虎の子的ウイスキーとなった。むろん需要に応じてすぐに、すべて賄えるほどの生産量は確保できなかったが、評判は上々だった。長くつづいていた物価統制令が同二十四年五月に解除されており、酒類は自由販売の時代になっていた。いわゆる「マル公」が撤廃され、トリスウイスキーの販売促進にも勢いがついてきたのだった。いよいよトリスの時代がきたと思った。「洋酒の寿屋」という呼称を使うようになったのも、同二十五年からだった。

ちょうどこの時期にトリスの新聞広告を掲載したことがきっかけになったのであろうか、父・信治郎は大正時代の半ばから昭和七、八年にかけて活発に展開した宣伝活動の話をしきりにするようになった。敬三にもその時代の記憶がおぼろげにはあった。

小学生の頃、なにか用事のある母に連れられて、夕方、船場は住吉の店に行くと、二階の一角だけがどこか違う感じがしたのをおぼえている。当時は本社のことをまだ「店」と呼んでいた。興味半分、恐る恐るあがっていくと、みんなが構ってくれて、とてもたのしかったのだ。絵を描いている人もいれば、レコードの音楽を聴きながら原稿を書いている人もいた。

## 片岡敏郎時代のこと

大正八年、敬三が生まれた年に、片岡敏郎（一八八二〜一九四五）は信治郎にスカウトされる形で、寿屋に入社してきた。前年の七年入社という一説もある。片岡はすでに森永製菓で幾多の実績を残し、世間ではすぐれた文案家であると同時にアイデアマンとしても有名だった。信治郎は、移籍の条件として、廣告部長へ就任させたとする説もあるが、いやや、大将は自分が廣告部長を兼務していたから、片岡には次長の席を用意したと書いている本もある（十河巌『宣伝の秘密――サントリー宣伝物語』）。むろん間もなく、片岡は実質的な宣伝活動の責任者となった。

片岡については、雑誌『広告批評』などで知られた天野祐吉氏が社長を務めた「マドラ出版」から『片岡敏郎スモカ広告全集』が刊行されており、片岡が広告文案家として書いた「スモカ歯磨」（寿屋が製造販売していたヒット商品）のほぼ全業績が紹介されている。今日のコピーライターやアートディレクターの間でもよく知られた存在であろう。

ここで片岡敏郎を登場させたのは、この時期を境に、片岡の力によって寿屋のマーケティング活動

左から３人目が片岡敏郎，５人目が井上木它

がいちじるしく活発化したからだ。ウイスキー事業に資本投入の必要性もあって、経営は多角化をめざすようになっていた。そして社風というものがよりくっきりみえるようになった。いわば画期的な一時代を出現させたのである。後年、サントリー宣伝部の第一次黄金時代といわれるのである。

敬三は父の話から、ある閃きを感じとっていた。何といっても事業経営は人を得ることである。片岡敏郎の才能と力量に目をつけ、大胆な引き抜きで彼を入社させた信治郎の経営者としての眼力は、並みの才能ではないと思った。本来、経営者に必要不可欠な能力であるはずであった。

時代風俗を巧みにとらえ、広告表現に生かしていく片岡敏郎のプロとしての腕はみごとなものであった。大正末から昭和初期にかけての時代思潮ともいえる、独特のモダニズムの雰囲気をわかりやすい表現で展開し、人々に訴えたことが、寿屋のブランド構築につながったのである。

片岡は天才的な表現者であったのだろうと、敬三は考えた。

ところで片岡敏郎とは、いかなる人物だったのか。現在も広告業界の人々にはよく知られた名前だ。

明治十五年、静岡に生まれ、「海軍兵学校の前身開成校をへて静岡中学を卒業した」と、前掲の十河巌は書いているが、旧制開成中学校卒業後、海軍兵学校をめざしたがかなわず、静岡中学を卒業という説もある。

いずれにしても片岡は、静岡中学を卒業し、小説家を志して泉鏡花に師事したというが、創作では芽が出なかった。そこで明治三十九年、当時のシャム（現在のタイ）日本駐在公使館に勤務したのである。片岡の文学趣味や俳句の素質は、祖父が俳句をたしなんだ人で、さらに父も歌人だったからだというが、この血筋が大いに役立ったようだ。才気渙発な片岡は、シャム公使ピアナリンにその勤務ぶりを気に入られ、同四十二年、公使が帰国することになったときに、公使についてシャムに渡ったという。期間は約三年間、海外生活中は仏教など大いに学んだようだ。したがって、日本電報通信社（現・電通）に入社したのは大正二年のことで、翌年には森永製菓の広告部長として招かれて後世にのこる活躍をした。

## 「やはり、人が原点や」

片岡敏郎が森永製菓に移ったのは、大正三年だった。

当時の横綱・太刀山の手形を大きく使った新聞の一ページ広告に「天下無双森永ミルクキャラメル」と文案をおき、大評判になった。次々にヒット作を打ち出していたが、広告マンは一製品を長くやっていてはダメだ。「アドマン・三年」ということを、片岡は口癖のように言っていたようで、寿屋へ移ることを希望していたという。

寿屋廣告部には、すでに数年前に大阪時事新聞社の広告図案家であった井上木它《いのうえぼくだ》が、信治郎のたっての願いで契約社員としてではあったが移籍していた。木它は製品のラベルのデザインを一手に引き受け、新聞広告のレイアウトや雑誌広告の制作にタッチしていた。

その頃、大阪の俳壇には、正岡子規の系統を汲む俳人青木月斗《あおきげっと》が、著名な俳句結社誌『同人』を発行していた。この雑誌の表紙のために彩管を揮《ふる》っていたのが、井上木它だった。俳画家としても木它は一流だったが、後年、昭和十二年発売の「サントリーウイスキー角瓶」のパッケージ・デザイン、つまり瓶型を手がけた人物として社史に名を残している。

さて、そんな木它のいる寿屋廣告部に、祖父や父から俳句や短歌の素養を受け継いだ片岡敏郎が飛び込んできたのである。意気投合したことはいうまでもない。片岡敏郎が廣告部長待遇で正社員として入社したときに、信治郎は木它を契約社員から正社員として入社させている。広告界では「敏郎・木它の両雄並び立つ」と、大いに評判になったのだった。ここに寿屋の廣告部黄金時代がはじまったのである。住吉の寿屋本社二階が廣告部の部屋であった。本社といってもバラック建てに近いもの、と十河巌は書いているが、写真で見るかぎり雰囲気は大正時代風である。今、レトロ感覚で見るとそう悪くはない。大将の信治郎から、片岡は好きなところに作業デスクをおいてよろしいと許可がでて、片岡好みの宣伝広告部門の空間ができあがったという。

だから、ときに木它に会いに、俳句の宗匠青木月斗が配下の俳人をつれて寿屋廣告部にやってくる。木它に合わせるように、敏郎も月斗を中心にした輪（俳句では運座という）に入りこむ。自然にサロンらしい雰囲気が生まれたようだ。俳句は「座」や「和」を大事にするが、クリエーターたちも、古今東西、サロンにたむろして、自らは想を練っていることが多い。寿屋廣告部は、文案家（今でいうコピーライター）、画家（デザイナー）、俳人たちがあつまる創作サロンとして知られるようになった。大阪には江戸時代から文化サロンがいくつか存在するが、まさに結果的にそんな伝統を踏まえたものだったといってよいだろう。

## 山崎隆夫、そして開高・山口・柳原……

敬三は、戦前の廣告部の黄金時代の宣伝活動について父・信治郎から聞くとき、いつも製造業の経営に必要なのは、まずすぐれた人材、そして高品質の製品を生みだす生産設備とすぐれた技術とセンスとアイデアであることを痛感してきた。ようするに、経営にはハードとソフトがともに必要だということだった。

戦後すぐに、トリスウイスキーを再発売し、広告活動を再開しはじめたときには、最少の人数でしのいでいた。当時、寿屋の社員のなかには、太平洋戦争で応召したまま復員していない者が少なからずいたのである。

それにしても戦後の宣伝部を、かつて大正の中期から昭和七、八年の頃のような活発な組織に再建するには、何としてもすぐれた人材が必要だと、敬三は肝に銘じていた。生産部門はもちろん自分の専門分野だが、とくに宣伝活動を統括できる人物、今でいうアートディレクターが必要だった。

昭和二十五年六月、にわかに起こった朝鮮動乱による特需景気で、敗戦で沈滞していた世の中が動きはじめたのだ。左翼活動や労働運動も活発さを増し、いわば潜在的な暴力革命の可能性さえ議論されていたのだったが、その一方では、中流階級が確実に増加してきたのだった。じわじわと近代化の方向がみえ、社会の経済的な安定を、朝鮮戦争による特需がテコ入れしているとみられていた。石原慎太郎、開高健、そして大江健三郎の登場までにはまだ数年を要したが、安岡章太郎、吉行淳之介、庄野潤三、遠藤周作といった「第三の新人」といわれる新傾向の作品を書く作家たちが台頭し、野間宏や堀田善衛や武田泰淳など戦後派作家を凌駕しはじめていた。時代の潮目がはっきりみえてきたのである。

ウイスキーやワインであろうと、清酒やビールであろうと、酒類の製造販売にかかわる企業は、従来から時代の空気の変化にはきわめて敏感であった。飲酒風俗、飲酒文化という言葉があるくらい、飲酒傾向は時代の流れとは深いかかわりをもっている。だから、文芸作品や、洋画、邦画を問わず映画や演劇の動きには、いずれおとらず酒類業界は敏感であった。

昭和二十四年の秋に、寿屋が戦後はじめての新聞広告を出してから、敬三はこのことに気づいていたのである。酒類というものは、一口に食品飲料の仲間に入れられるけれど、主食や肉・魚・野菜など副食物とは違って嗜好品と呼ばれている。つまり、感覚商品なのである。香水や化粧品や服飾と似たところがある。——

戦後宣伝部の再建にまず必要としたのはすぐれたアートディレクターであった。山崎隆夫（後の宣伝部長）との出会いは亡き兄の引き合わせかと思われた。当時三和銀行にあってその宣伝を推進していた彼は、奇しくも旧制神戸高商の出身、兄の同級生として親交があった。画才に恵まれ、音楽をよくするいささかのディレッタントであった彼は高商を七年かかって卒業していた。彼と出会ったのは朝日新聞主催の広告賞審査の席上であった。この人をおいてはサントリーの広告を託する人はいないと思い込んだ私は、強引に誘いの手を差しのべた。

サントリーの宣伝を支えた面々
（前列左から開高健・矢口純，後列左から山崎陸夫・坂根進・柳原良平・山口瞳）

『へんこつ　なんこつ――私の履歴書』の宣伝部再建のくだりである。この時期はすでに昭和二十八年になっていたであろう。前年二十七年（一九五二）、朝日新聞社が、わが国の広告宣伝の発展に寄与するために「朝日広告賞」を設けた。鳥井信治郎が選考委員の一人に選ばれたが、信治郎は専務取締役の敬三を出席させることにしたという。敬三はすでに業界でも名を知られる存在になっていた。

三和銀行の業務部次長として同行の宣伝を担当していた山崎隆夫が、そこに出席していた。敬三は審査会の折に何度か山崎と同席しているうちに、彼の発言がいつもポイントを衝いていることに気がつき、この人物に注目した。候補作品についての指摘が鋭くて、どの審査委員よりも光っていたのである。敬三は山崎を寿屋にスカウトするためにあらゆる手を尽くそうと考えた。

『ホームサイエンス』を編集した経験はここでも大いに役立った。つまり敬三は、ものごとを進めるためのエディターシップを心得ていたのである。アイディアを実現させるために、それまでの経験や人脈などいろいろ思考のネットワークを働かせる、いってみれば〈編集技術〉のことである。「編集」とは、要するに目的遂行のための段取りや手順、ときにはその人的な組み合わせを考えることが大事なことだった。また、すべてのアイディアは独創的な組み合わせだといわれているが、敬三は、ここで人脈をまず頭においていた。

それには三和銀行の渡辺忠雄頭取を口説くことが第一と考えて、調査をはじめた。すると、なんと同頭取の次男英二が、敬三とは阪大の同窓で、しかも理学部化学科の小竹無二雄一門であることがわかったのだった。この幸運を喜んだ。小竹先生に間に入ってもらうことになった。頭取にもすぐ面会することができ、話は意外にも「トントン拍子にまとまった」と敬三は書いている。

さらにこのとき頭取を、お礼のために雲雀丘の「自宅での夕食にお招きした」ともあり、小竹無二雄教授にも同席してもらったが、人脈を拡げる敬三の才覚は父親譲りの冴えをみせていた。むろん、父・信治郎のよろこびようは格別だった。

開高健との邂逅もこの時期であった。すでに敬三と開高健の出会いについては多くの事が書かれており、敬三自身も『へんこつ　なんこつ――私の履歴書』などで繰り返し書いている。

のちに開高健夫人となる牧羊子（本名＝金城初子）は、前述のように研究所勤務をつづけていたが、昭和二十五年夏に、開高健、谷沢永一らの同人雑誌『えんぴつ』に入会した。ひらめくものがあり、翌年には二人は同棲、さらに二十七年に長女道子が誕生する。開高健は学生で、無職同然だったため生活が逼迫、牧羊子は敬三に次のように頼んできたと『へんこつ　なんこつ――私の履歴書』で敬三は明かしている。こんなやりとりだったという。

「ミルク代が足りまへんねん。何とかなりまへんやろか」。誠に身につまされる話であった。「ほんならあんたの旦那に宣伝文を書いてもろて、もってこさしなはれ」。日ならずして痩身白皙、目玉だけギロギロと輝かした青年開高健が私の前に現れた。

開高健は娘道子の出生届と同時に、牧羊子との婚姻届を出していた。牧羊子がとどけてきた同人誌

『えんぴつ』を読んだ敬三が、開高健は「何かをもっている」と読んでいたのだった。

開高健はしばらくの間、敬三のいう〈宣伝文〉などを書いては寿屋に原稿をもってきた。敬三は原稿用紙（四百字詰）一枚につき五〇〇円を出し、初回は六枚あったというから、開高は三〇〇〇円を受け取ったのだ。開高健はのちに自筆年譜に、この時の三〇〇〇円が、生まれてはじめて受け取った原稿料だったと書いた。開高健が正式入社したのは、昭和二十九年二月だった。いろいろ引き継ぎもあって、山崎隆夫が寿屋宣伝部長として転職したのが、開高より数カ月遅く四月になってからだった。

柳原良平は京都美大の学生だった頃から、父の関係もあってアルバイトとして三和銀行の山崎のもとで広告デザインの仕事をしていた。山崎の寿屋への転職は寝耳に水であったが、一緒に移籍したいと願っていた。それを聞いた敬三の計らいで、渡辺頭取も納得し、しばらくは銀行の仕事も兼務するというめずらしい条件で寿屋宣伝部入りが決まった。

まもなく坂根進が東京の出版社をやめて移ってきた。柳原良平の美大での後輩・酒井睦雄が新入社員として入ってきた。昭和二十九年、寿屋宣伝部は戦後十年にして、この年、ようやく陣容を整えつつあったのである。まもなくＰＲ誌『洋酒天国』が創刊され、エスプリの効いた広告コピーやＴＶコマーシャルが登場する、宣伝部の第二期黄金時代に突入するのであった。

# 第五章　理系の経営者——経験・論理・閃き、様々なる意匠

## 1　近代化を育んだワイン——大正モダニズムと寿屋

### 「危機」と隣り合わせの経営

佐治敬三の、いかにも佐治敬三らしい経営者としての手腕や成果をみる前に、戦時中の海軍技術将校時代と、戦後の長い助走期間の意味を見逃していては画竜点睛を欠くことになるけれども、しかし実際は、さらにそれ以前のほぼ十年間にこそ、敬三の人間形成の方向性と人生に対する態度を具体的にみることができる。つまりそれは昭和五、六年から同十五、六年にかけての、およそ十余年という期間であり、いわゆる昭和恐慌期から太平洋戦争の前夜へかけての激動の時代でもあった。

この時期は敬三の十一歳から二十一歳にあたる。いわば青春期である。

一般に人の成長過程のなかでも、人格を形成し将来を決める重要な時期であることは知られている

が、とりわけ敬三にあっては、幾重にも複雑な要素がかさなった屈折の多い歳月だった。

そのうえに父・信治郎にとっても、この時代は経営者としての天王山だったのである。時代の逆風のなかで事業の行くべき方向を見定めなければならず、資金的にも抜き差しならぬ危急存亡の危機に遭遇していた。明治三十二年の創業以来、世の中の有為転変を乗り越えてきたが、大正の中期以降はさらに、人々が「砂漠に水を撒くようだ」とも悪口を言ったらしいウイスキーという難事業への挑戦を推し進めていたのだった。先の見えない大きな試練と正面から取り組み、この大将は果敢にも全身全霊で闘っていた。

昭和五年、敬三は十一歳になっていた。池田師範附属小学校五年、そろそろ思春期を迎えるという時期であり、物事の判断ができる年齢に差しかかっていた。

そしてまもなく敬三は、青春期独特の激しくゆれ動く時期をむかえるのだが、ちょうどその頃、父・信治郎はみずからの事業の危機を回避するために、獅子奮迅の闘いの渦中にあり、自宅に帰ることすらままならなかったのである。

毎年のように襲ってくる厳しい艱苦《かんく》だった。あたかも荒波に揉まれる一枚の木の葉のような自分を、敬三が感じたとしても無理からぬことだった。その経緯については、すでに触れたが、ここで注目すべきはこうした不運続きの危機のなかで、父・信治郎が超人的な経営手腕を発揮していたことである。若き日の敬三は、少なからずその姿を、じっさいに見ていたのだった。

ウイスキー事業への巨大な投資を補うために、可能性のある関連事業をあらたに展開し、それなりの成果をあげてはいた。だが、事業拡大のチャンスと思って昭和三年に買収した日英醸造のビール事業の目算がたたぬことをさとると、信治郎は投資してきたビール工場を売却して、大胆にもワインとウイスキーへ「本業回帰」を断行した。

ヒット商品スモカ歯磨のような利益をあげている関連事業まで売却し、そこで得た資金で広大なワイナリーを買収し、新たな設備投資をおこなって企業体質を強化した。今でいう「選択と集中」へ、経営の舵をきったのだった。詳しくは後述する。

若き日に徒手空拳でスタートした信治郎の独立不羈《どくりつふき》の精神が、このときの危機を乗り切る原動力となった。そんな父の闘う姿は、敬三の人間形成に大きな影響を与えているのである。

これまで多くは語られていないが、父・信治郎の悪戦苦闘ぶりや強靱な粘り腰でつき進む姿勢は、過敏で神経の鋭い敬三にとって無言の教えとなった。言葉を交わすことなくおこなわれた一子相伝であったといえるかもしれない。敬三は後年、こう語っている。

「父は仕事のことは語らず、また教えようともしなかったが、挑戦する経営者として、その姿を隠すことなく見せてくれていたのだと思う。」

この述懐は淡々としているが、実は多くの意味を示唆していたのである。

## 「アカダマ」とスカラーシップ

寿屋の社歌は、戦後間もなく制定されている。毎年二月一日の創立記念日や、新年に全社員があつまる賀詞交歓などの行事では、必ず歌われている。二十一世紀になってからもずっと、それは変わらない。社歌の歌詞は、大阪の本社に勤務していた森際三良作詞と伝わっているが、一番から六番まであって、寿屋の歴史が見事に盛り込まれている。むろん歌詞の一番は「赤玉」で、二番が「サントリー」だった。

一、赤玉は、雄々しき名もよ
　黎明の　地軸とどろと
ゆすりつつ　さし昇る陽ぞ
　我が社よ　愛する我が社
昇天の　社運輝やか

二、サントリー　その名は燦と
　海越えて　世界に響く
研鑽と　辛苦の宝
　我が社よ　愛する我が社
たゆみなき　努力と共に

古風なひびきを伝える詞が並ぶ。しかし、ここにワインという一語は出てこない。同様に、二番の「サントリー」を詠み込んだ歌詞のなかにもウイスキーという一語は出てこない。二番の引用をみてほしい。

やはり、ここも工夫のあとがみえるのだ。

ともかく「赤玉ポートワイン」が寿屋の原点であり、戦後に至るまで経営の柱を支えていた象徴《シンボル》であることが、この表現からもわかるであろう。「赤玉」は今も飲まれ、誕生してから一〇五年もたった甘味葡萄酒としては、実によく売れているのである。ただ国際化時代を迎えて、商品名の変更をおこなっているのだ。つまり一九七三年、「ポートワイン」という商標が、ポルトガル北西部のオポルト港から積み出される同国産ワインを意味しているということもあって、原産地を重視するこの時代にふさわしくないという判断から「赤玉スイートワイン」と変えたのである。同じ明治に誕生し明治天皇に献上されたという木村屋の餡パンと並べて、日本人の嗜好をかんがえて考案されたヒット商品と指摘する研究者もいる。

平成十九年（二〇〇七）は、「赤玉」発売からちょうど百周年に当たり、明治・大正・昭和・平成の四世代にわたって愛飲されてきた超長寿商品「赤玉」にまつわる思い出を、ひろく消費者から募集した。また、限定生産で、「赤玉スイートワイン　ＰＲＥＭＩＵＭ」を記念発売、さらに一時代の人気商品だった「赤玉パンチ」を復刻して、「赤玉パンチ　Ｓｐａｒｋｒｉｎｇ」を再発売したのである。

さて、「赤玉」は単に会社経営の目玉となった長寿商品というだけでなく、寿屋という企業の発展の歴史そのものだった。いいかえれば経営の土台を担い、付加価値を生み出す販売戦略上の旗艦空母とでもいうべき位置づけの商品だったのだが、もうひとつ文化史的な視点からその意味を読んでおく必要があろう。つまりそれは、もともとワインという商品が、わが国にあっては「洋風化」という、あるいは「近代化」という独特の文化をつたえる象徴的な装置であったということなのだ。八〇年代の浅田彰風ニューアカデミズムのことばでいいかえると「記号化された商品」ということになるだろう。

明治という時代は、西欧近代をいろいろの「形」でとり込んでいた。大きな流れでみれば富国強兵こそが近代だった。また明治の文明から浮かびあがる人物に視点を絞るだけで、見えてくるものがある。つまり福澤諭吉をはじめ、坪内逍遙、森鷗外、夏目漱石、あるいは木下杢太郎《きのしたもくたろう》、斎藤茂吉などという人々が、西欧の「近代」に決定的な影響を受けたことは歴史の示すところである。

そんな時代背景のなかで、信治郎が遠い西欧近代へのあこがれを、自分自身が創成した「赤玉ポートワイン」に託したとしてもふしぎではない。西欧化、近代化の魅力は、若い頃から小西儀助商店が輸入する〝文化〟で十分に味わっていたからだ。

その意味で「赤玉ポートワイン」は新しい商品であった。供給する側も、消費する側も、ともに未経験で、未知のことがたくさんあったのである。

そのうえワインは、酒類という人々の嗜好に訴える商品である。初期にあっては社内に醸造技術や販売戦術の十分な蓄積があったとはいえず、社外の専門家とのネットワークをもつことが必要不可欠であった。そこに創業の頃から、多岐にわたる人脈づくりにつながっていく潜在的な要求《ニーズ》があったのだった。

完璧主義ともいえる性癖のあった信治郎は、ワインづくりについて疑問に思うことがあれば、必ずその道の専門家に尋ね、納得するまで解決のみちを探ったのである。それは黎明期にあってばかりでなく、事業の躍進を期さなければならなかった昭和初期にも顕著なかたちであらわれた。信治郎が持ち前の行動力にものをいわせ、坂口謹一郎博士を東大駒場（のち本郷）の農芸化学研究室に訪問したのもこの時期であったのだ。

信治郎は若い頃から、学者や専門家など先達の話を好んで聞きたがる傾向があり、耳学問の大家だったという。また学者や学問を人一倍たいせつに考え、敬っていた。だから信治郎は、生涯を通じて、大学や研究者への資金的な支援活動を絶やしたことがなかったのである。

たとえば大正の末期、スカラーシップを発揮して、匿名で旧制四高から東大理学部に進学した中谷宇吉郎ら学生を支援しつづけたことは、知る人ぞ知る信治郎の隠れた〝美談〟として、ときに語られることがある。じっさいは、中谷宇吉郎博士がこのことを随筆に書いてしまったのだった。それで信治郎が本来〝陰徳〟として行っていたスカラーシップが公表されてしまうのであるが、すこし紙幅をさいてこのことに触れておきたいと思う。

**中谷宇吉郎博士のこと**

雪の結晶の研究で世界的に著名な中谷宇吉郎は、恩師寺田寅彦の指導を受け、文筆も師の寅彦ゆずりで、科学随筆など多くの作品をのこしている。のちにまとめられた『中谷宇吉郎随筆集』（朝日新聞社）には「鳥井さんのことなど」というエッセイが掲載されているのである。昭和二十九年に書かれた文章とあるが、初出不詳というのが残念だ。

中谷宇吉郎は大正十四年に東大理学部を卒業後、理化学研究所に入所して研究に励むが、のちに北海道大学教授として雪の研究に従事している。随筆のタイトルにある「鳥井さん」とは、むろん鳥井信治郎のことである。大正十一、二年頃のことを回想しているのである。

私の家では、父が早く亡くなって、母が一人で、田舎で呉服屋をしていた。それで私と後に考古学をやった弟とを教育するのは、なかなかたいへんであった。溝淵先生（旧制第四高等学校校長）にも、そういう話をしたかどうかは忘れたが、或る日、先生から、大学へ行ってからの学費について、相談があった。／関西の実業家で、全く匿名で、学費を出したいという人があるが、それを貰わないか、という話なのである。毎年各高等学校の校長に依頼して、各校から一名宛、そういう学生の推薦を頼まれるのだそうである。金額は月額五十円で、三年間、返済の義務はもちろんなく、その実業家の名前は、本人にも知らさない、というのである。それでは返済のしようもないわけである。

さらに中谷は書いているが、当時の五十円といえば、二万円（昭和二十年代後半の物価に当てはめて）くらいに相当したようだ。上等の下宿にいて相当本も買い、ときには映画を観たりコーヒーを飲んだりしても、五十円あれば十分という時代だったのである。「あまりに結構な話で、少し気味悪いくらいであったが、悪びれずに、有難く頂戴することにした」のである。

大学二年の年、関東大震災で中谷も被害に遭うが、一旦、郷里の加賀に帰る途中、大阪に寄った。奨学金の送り主とは知らなかったが、偶然にも鳥井信治郎という名前がわかったので、わざわざ雲雀丘を訪ねたのである。その方つまり鳥井という人に匿名の実業家の名前を聞いてお礼が言いたかったという。信治郎は在宅しており、中谷は目の前に「匿名の実業家」がいることを知ってびっくりしたと書いている。丁寧に来意を述べると、信治郎は「そういう心配は全然要らない。大震災の影響はあったが、君たちの学費などは問題ではない。それよりも、気を落とさないでしっかり勉強なさい」と励まされて感動した、とある。

信治郎が、中谷らに匿名で奨学金を差し出していたことは、暗黙のうちに社内では知られていたが、中谷が書いているような経緯はほとんどのものが知らなかったのだ。

敬三は、この朝日新聞社から刊行された『中谷宇吉郎随筆集』を読んで、いかにもうちの親父らしい話だと思った。敬三が小学校にあがるすこし前のことだったのだが、それもこの一文を読むと、「毎年各高等学校の校長に依頼して、各校から一名宛」学生の推挙をしてもらい、奨学金を出していたことがわかる。

そしてそれが壮年期の父の心の張りだったのだとも思った。全国のすべての旧制高校ではなかったにせよ、かなりの数にのぼっていただろう。むろんその記録はないし、奨学金を受けた方も「匿名の実業家」としか知らなかったはずだから、中谷宇吉郎が自分から行動し、また自分から随筆に書かなければ、この「鳥井スカラーシップ」はだれにもわからなかったはずのものであった。

信治郎はこれまで、ほとんど表にでないこうした隠れた〝社会貢献〟をいろいろやっており、数え上げるときりがない。こうした信治郎の志は、みごとなくらい敬三や道夫に、そして信一郎や、現社長である佐治信忠にも伝えられており、社是にははっきりとは表明されてはいないが、企業のＤＮＡとなっているのである（ちなみに同社の社内報『まど』によると、３・11の東日本大震災の義捐金として、同社は水産高校生への育英資金を含め合計六十三億円を拠出した。つまり、平成二十三年には四十三億円、平成二十四年には二十億円追加して、それであわせて六十三億円になるという。「漁業復興のための漁船取得支援」「未来を担う子どもたちの支援」「文化・芸術・スポーツを通した支援」を三つの柱としている）。

後述するが、「生活文化企業」という敬三独自の企業理念も、文化財団や芸術財団の多岐にわたる学問や芸術支援活動も、原点はこの信治郎のスカラーシップに遡ることができよう。敬三のパトロネージュを旦那芸の一種という表現をした記者がいたが、そのようなものではなかったに違いない。

後年、地球物理学者の竹内均博士がこんなことを話している。終戦後、間もなくの頃だったというが、竹内がまだ東大理学部で若き研究者だった頃、彼は本郷にやってきた信治郎に出会い、同門の大先輩中谷宇吉郎のことを、教室の片隅で長時間にわたって話したことがあったという。「あの頃、鳥井さんの学問好き、学者好きにはほとほと感心しました。佐治敬三さんの学術支援の源流はそこにあるのだと思います。大学の先輩教授からもそういう話を聞いたことがあります」と、科学誌『ニュートン』の名編集長でもあった竹内均は、そのとき感慨をこめて話したのだった。

## 株式会社「寿屋」の誕生

ふり返ってみると、明治末年から大正時代にかけて、「赤玉ポートワイン」の販売戦略は、広告も含め、商品そのものも西欧の産物だったばかりでなく、近代的なマーケティング手法を手探りで取り入れ、なかなか理にかなった方法がとられていたことがわかる。要点をすこし箇条書きにしてみよう。

①ブランド力を高め効能を強調するために、業界最大手の「祭原」をはじめ一流特約店と契約し、知名度の高い医師や権威ある医学博士の推薦をもらって新聞広告に使用した。（この時代はワイン

の健康上の効用を謳うことは許されていた。しかし当時、「たかがワインの広告に新聞を使うとは大げさな！」と笑う同業者もあったという。）

②販売促進のための活発なイベント戦略と景品――アカダマの函に開函通知書としゃれた小物（万年筆、手帖、灰皿……）を入れておき、酒販店員が開けるのを愉しみにするようにはからった。また「赤玉楽劇団」が各地をまわって、芝居を公演し、「赤玉ポートワイン」の知名度をあげた。ヒロイン松島恵美子を人気女優に仕立てた。今でいうブランドキャラクターの創出である。

③試飲大作戦を、販売店ばかりでなく京都や大阪の花街でも展開。赤い玉の簪《かんざし》などもつくったが、それを芸妓が話題にしてくれた。

④巧妙な広告、ポスターなどのクリエイティブの導入。大正八年には、広告界ですぐれた実績をもつ片岡敏郎をスカウトし、軽妙で訴求効果の高い広告の誕生となった。また、女優の松島恵美子をモデルに、半裸《セミヌード》の「赤玉ポートワイン」美人ポスターを作り、話題になったのが大正十一年。このポスターはドイツで開催された国際コンクールで賞を射止めた。

箇条書きにしてしまうと簡単な販売手段のようにみえるが、こうした活動の底に流れるいわば「商いの才覚」とでもいうものが、のちに敬三が旗を振るようになったとき、サントリーの経営戦略の源流として、戦術的な「打ち手」となったのである。

かくして「赤玉ポートワイン」の売れ行きは好調で、大正十年（一九二一）十二月、信治郎は一商店から脱皮して「株式会社寿屋」（資本金＝百万円）を設立、あわせて東京出張所を有楽町一丁目に開設した。製造・販売ともに順調に推移している時期に、大正十二年（一九二三）九月一日の関東大震災が起きた。

信治郎は、この大震災で被災した取引先酒販店の救援や、被害地の人々へ援助物資をもって駆け付けるとともに、ようやく落ち着きを取り戻した時期をみはからって、関東におけるアカダマの販売量を一気に増やし、ライバルの蜂印香竄葡萄酒《はちじるしこうざん》と業界シェアを激しく争い、そのシェアを伸ばしたのだった。

この時代は、ウイスキーのために多大の資金を注入しつつ、収益を一層増やすために積極的な商品の拡張戦略を推し進めていた。アカダマの売り上げに期するところが大きかったが、ウイスキーにつぎ込むために収益をあげるには、十分ではなかったからだ。大正十四年（一九二五）に煙草飲みの歯磨「スモカ」を発売、片岡敏郎の絶妙な広告コピーを得て、売り上げを伸ばした。昭和三年には、「トリスソース」、同五年には「トリスカレー」「トリス胡椒」を発売、翌年には「トリス紅茶」とさらに濃縮りんごジュース「コーリン」を出している。昭和五年の「オラガビール」の発売も、ウイスキー事業を確実に育成させるための事業のひとつとして打った手段だった。

そしてようやく昭和四年（一九二九）、経済的な激動の時期ではあったが、寿屋は満を持してサントリーウイスキー「白札」を新発売したのであった。結果は時期尚早で、狙っていた成果はあげられず苦戦がつづいたけれど、それも覚悟のうえであった。

ウイスキー発売にあたっては、片岡敏郎が健筆をふるって書いた、

「醒めよ人！　すでに舶来盲信の時代は去れり
酔はずや人！　我に国産至高の美酒サントリーウヰスキーはあり！」

という格調高い広告コピーも、一朝一夕には消費者に理解されなかった。

折から時代をおそった不況とも重なり、新発売のウイスキーには手痛い逆風となった。資金を確保するために、ついに昭和七年（一九三二）には好調の「スモカ歯磨」を藤野勝太郎に製造販売権を譲渡しなければならなかった。苦戦続きの「オラガビール」は、昭和九年（一九三四）二月、東京麦酒に譲り、その直後さらに同社を大日本麦酒が吸収した。業界は戦国時代だったが、ちなみにこの決断で、信治郎は「オラガビール」横浜工場を売り渡し、金三百六十万円を得たと伝えられている。

この時期が大きな岐路であった。信治郎は本業以外の事業をすべて切り離し、これまで屋台骨を支えてきたワイン事業と、これからの基幹事業と確信していたウイスキー部門に思いきって絞り込み、事業の再編成をおこなったのだった。

信治郎は同九年六月、坂口謹一郎博士のすすめで、ただちに川上善兵衛の「岩の原葡萄園」再興に巨額の資金を投入し、さらにその二年後には、日本葡萄酒から広大な登美農場を買収して「寿屋山梨農場」を開設し、ワイン事業の拡大に着手している。

昭和九年、敬三は十五歳だった。前述のとおり、前年に四十六歳の実母・クニが腸チフスで急死しており、一家は多難な時期であった。そんな折、敬三は父に仕事上のことでも大きな動きが起きていることを感じていた。

ときを同じくして、契約任期を延長することなく、広告の名手片岡敏郎が信治郎のもとを去って行った。敬三にも何かと目をかけてくれた才能豊かな人で、敬三は後々までも強い印象をもちつづけた人物だった。

すこし付けくわえると、片岡敏郎はその後、藤野家が創業した「寿毛加社《すもか》」の取締役として入社、広告コピーばかりでなく販売促進の面でも活躍するが、同十五年には退職した。ついでながら同社の社名は、片岡の入れ知恵で藤野が付けたが、「寿屋に毛の生えた程度の会社」という意味で「寿毛加《すもか》社」としたという。当て字であるがどこかおかしい。

またこれは新説だと思われるが、この直後に片岡は、三重県の尾鷲に脊髄カリエスを病む妻敦子を連れて転地療養のために居を移し、やがて自分も結核を病むこととなり、同二十年に金沢市で没したと伝えられる。享年六十五（このくだりは田中水四門氏の近著『現代広告事象論』（明石書店）を参照させていただいた）。

### 坂口謹一郎と川上善兵衛

昭和十二年（一九三七）四月、敬三は浪速高等学校理科乙類へ進学した。

七月下旬、父信治郎は敬三に対して、弟道夫をともなって上越高田の岩の原葡萄園へ農作業に行くように命じたのだった。岩の原葡萄園は会社組織になってから三年目で、経営状態は目にみえてよくなっていた。その前年の秋には坂口謹一郎博士の助言で、信治郎は「寿屋山梨農場」を開設しており、川上善兵衛の養嗣子である英夫が農場長をまかされていた。

敬三と道夫は、その夏ほぼ一カ月にわたって岩の原葡萄園に滞在した。今も岩の原葡萄園の史料コーナーのガラスケースのなかに、敬三の川上善兵衛に宛てた筆でしたためられた礼状が保管されている（これは昭和十六年八月の日付なので敬三と道夫は何度か訪れていることになる）。道夫も一筆添えているが、二人にはまことに貴重な夏の体験になったようだ。

敬三は、はじめて会った川上善兵衛の、小柄だが闘志のかたまりのような迫力におどろいた。ワイナリー経営に対する情熱を感じさせるだけでなく、醸造用葡萄の品種改良と育種栽培にそそぐ並はずれた努力には感銘すらおぼえたのである。父・信治郎も高田にしばらく滞在したが、その間、教授に昇進した東大の坂口謹一郎博士夫妻が、しばらくぶりの帰郷でその夏を同地で一週間ほどすごしたのだった。敬三も道夫も、父から話に聞いていた天下の碩学・坂口博士にもはじめて会うことになった。

大学の進路を考えはじめていた敬三には、坂口博士も川上善兵衛も、実に眩しい存在だった。すべての話が刺激的だった。とくに坂口博士の話からは、東大農学部の学風が目にみえてくるようだった。そのときはじめて植物栽培学の浅見与七先生のことも聞いたのである。

帰阪する途次、「寿屋山梨農場」に寄って、葡萄園の改良にたずさわっていた川上英夫農場長に会い、さらに大きな刺激を受けた。英夫は北海道大学農学部出身の学識ゆたかな葡萄栽培と醸造に通じた技師であった。

苦節十年というが、信治郎は強い本業意識をもちながらワインとウイスキーの事業に集中することに経営の舵を切ったが、同時に、東京で人脈を築くことの意味を十分に承知していた。この点でも天性の勘をもっていたというべきであろう。

ビール事業を継続させることはできなかったけれど、信治郎は昭和三年、日英醸造の横浜ビール工場を大蔵省の斡旋で譲渡を受けたことを契機に、にわかに人脈を拡げていたのである。広告業界や毎日新聞の本田親男をはじめ新聞・雑誌界の実力者たち、大阪財界では東洋製罐の高碕達之助など、さらに東京帝国大学の助教授に任官したばかりの坂口謹一郎（昭和七年に農学博士、昭和十四年に教授）をはじめ、何人かの醸造の世界の学者とも知りあうことになった。

昭和六年五月に大阪帝国大学理学部が創設され、翌年小竹無二雄が教授として赴任した。この時期に信治郎は、何かのきっかけで小竹無二雄とも面識をもったのだった。偶然であったかもしれないが、のちに敬三は驚いている。たまたま小竹博士の住まいは阪急沿線の雲雀丘だった。ともあれ苦杯を舐めたビール事業から得られた貴重な波及効果とでもいうべき果実であった。

ところで鳥井信治郎がはじめて坂口研究室にあらわれたときのことを、坂口謹一郎は日本経済新聞に連載した「私の履歴書」（一九七二年五月）でこう書いている。（東大農学部は昭和十年まで駒場にあった。この年、本郷にあった第一高等学校とキャンパスの敷地交換をした。）

……私が助教授になって間もないころだから、昭和六、七年のことだったと思うが、ある日、寿屋（サントリー）社長の鳥井信治郎さんが来訪した。話の内容は、赤玉ポートワインの原料として毎年外国から百五十万円のぶどう酒を輸入しているが、これは国のためによろしくないことだから、よい国産品ができるように指導してもらいたい、ということだった。私は研究に忙しかったし、大学の職員であるから総長からの命令でもなければ引き受けられない、といって帰ってもらった。数日して高橋先生（謹一郎の恩師、傎造教授）からめんどうをみてやってくれという話があった。鳥井さんは会社の公文で総長に願いでたらしいのであった。

（坂口謹一郎「私の履歴書」『愛酒楽酔』講談社文芸文庫、一九九二年、二四一頁）

坂口謹一郎は「私の履歴書」執筆以前の昭和五十一年（一九七六）、上越市立博物館主催の「川上善兵衛展」で記念講演をおこなったが、そのときにもこのエピソードを披露している。そこでは「鳥井信治郎翁が研究室にやってこられた」ということをまず話して、さらに「押しの強い鳥井社長は早速、小野塚さんのところに出かけられて、とうとう私がお引き受けせざるを得ないことになりました」と語っている。

つまり小野塚さんとは時の第十一代東大総長小野塚喜平次のことだ。いずれにしても信治郎は、坂口博士の「総長から命令でもあれば」という言葉を信じて、あるいはシメタ！と思って、公式文書で請願したか、または直接面会するかして、小野塚総長の許可をもらい、農学部の重鎮高橋傎造教授経由で、坂口謹一郎助教授からぶどう栽培とワイン醸造についての直接指導を受けられるようになったのだった。

引用部分の文脈からも、信治郎は文書で願い出たことがわかるが、とにかく〈一心岩をも通す〉という諺があるが、信治郎の一念と押しの強さは凄いと思わざるを得ない。そしてまもなく、坂口謹一郎は、岩の原葡萄園の川上善兵衛を鳥井信治郎に引き合わせることになるのだった。

その後、上京の都度、信治郎はまず、当時東大農学部があった駒場の坂口研究室に顔を出し、留守の場合は、あらかじめ了解を貰っていたので、同博士の自宅をしばしば訪問するようになった。

「〝ごめーん、鳥井だす。おられますかな！〟と、休日の午後などに鳥井さんはよくやってこられてね、うちの玄関で大きな声で名乗られたもんです」と、高齢になってからも坂口謹一郎は懐かしげに語っていた。博士の口調からはいかにも信治郎の大物ぶりが伝わってくるようでおかしかった。晩年も坂口は、ずっとサントリーの顧問をつづけていた。

## 「開かれた」坂口博士の研究室

こんなエピソードもあった。やはり昭和六、七年頃であろうか、坂口研究室によくやってくる人物で、魚醬の開発を血眼になってやっているという地方の実業家風の中年紳士がいた。このことも坂口の話で知ったことだが、この奇特な人物がやはり信治郎同様、ときどき東大農学部の坂口研究室にあらわれることがあったという。

数年後、作家の横光利一が、当の人物をモデルに、文学史にのこる名作『紋章』（昭和九）を書いているが、坂口がその作品のなかで主要人物の一人として登場しているという話だった。横光の『紋章』といえば傑作という評判の高い作品である。そのモデルとなった人物は、一種の発明狂の奇人として描かれているが、たしかに坂口博士も変名で「善良な博士」として登場しているのである（「悪玉の博士」も登場しているのだ）。信治郎も、横光のこの小説『紋章』を通読したはずだという。そして自分が書かれていないことを知って、「やれやれ、無事だったわい」と胸をなでおろすという一幕があった、という。

赤玉ポートワインが、明治・大正・昭和初期を通じて寿屋発展の大きな原動力であったことは動かすことのできない事実である。ということは、信治郎から敬三へ続く、ワイン・ウイスキー・ビールなど酒類の総合メーカーという「夢」の実現にあたっては、坂口博士こそが最重要の「キーマン」であったということになろう。寿屋の発展は、信治郎の事業家としての手腕のうえに、さらに、坂口の適切な技術的な助言なくしては考えられなかったともいえるからだ。

坂口謹一郎は、明治三十年（一八九七）、現在の新潟県上越市高田に生まれ、平成六年（一九九四）に九十七歳で没している。幼少年期は家庭的に恵まれなかったが、旧制一高から東大農芸化学科を卒業し、母校の教授に就任するとともに、理化学研究所主任研究員、応用微生物研究所初代所長などを歴任して、醱酵学、醸造学の領域で世界的な業績をのこした。最晩年には文化勲章を受章している。坂口謹一郎は〝酒博士〟として知られるようになったばかりでなく、歌人としてもすぐれた作品をのこしている（代表的な歌集に『古酒新酒』『愛酒楽酔』がある）。

坂口謹一郎の妻・カウは、博士とは同郷で一高以来の友人である中国文学者、京大と東大教授を務めた倉石武四郎博士の妹だった。この倉石家が、のちに日本の「醸造用ぶどうの父」ともいわれる川上善兵衛と姻戚関係にあった。

一方、善兵衛は明治元年（一八六八）生まれ、昭和十九年（一九四四）に七十六歳で没しているが、正岡子規、夏目漱石などとはまさに同時代人である。小柄な人だったというが、進取の気性に富み、少年時代から勤勉で、はじめ漢学を習っていたが、十四歳で上京して慶應義塾に入り福澤諭吉の教えを受けている。その間、勝海舟の門をたたき、森鷗外らと親交をもち、帰郷するや、豪雪地帯である作物のとれない上越高田で葡萄栽培とワイン醸造を試みる決心をする。鷗外日記にも登場している。

岩の原葡萄園が開園し、ワイン醸造に着手したのが明治二十四年（一八九一）だった。善兵衛は日本の風土にあった醸造用ぶどう品種（通称川上品種）の育種・栽培に成功し、高品質のワイン（テーブルワイン）を世に出したが、大地主であった父祖の地を売却して資金を投入しても、経営が成り立たなかった。

そんななかで善兵衛は、ぶどう栽培とワイン醸造のバイブルと後にいわれる『葡萄全書』の執筆を開始する。善兵衛は、その頃すでに、東大助教授になっていた坂口謹一郎に、姻戚関係にあるということでドイツ語参考文献の翻訳を依頼していた。

間もなく文献翻訳のやり取りを通じて、善兵衛の経営上の窮状を、坂口ははじめて知ったのだった。このままでは善兵衛の事業は終わってしまう。それはわが国での本格ワインの醸造が不可能になることと同じだった。そこに鳥井信治郎が登場するのであった。

### 「岩の原葡萄園」の再興

さて信治郎は、会ったとたん善兵衛と意気投合したという。岩の原葡萄園の再興に助力する約束をした。善兵衛には大きな負債があり、それを信治郎の寿屋が返済することにして、別に善兵衛に協力する形で、葡萄園を経営する新会社を立ち上げるための出資をおこなったのである。

『川上善兵衛伝』(サントリー博物館文庫・一九九一年)の著者・木島章はすでに故人であるが、同書を著すにあたって川上家の文書を読む機会にめぐまれ、第一次資料から多くの事実を掘り起こしている。善兵衛が同農園の経営に行き詰まったときの債務についても、五万八〇〇〇円だったのを、信治郎が五万円にする交渉をし、利息は棚上げ、十年割賦返済という条件を債務者にのんでもらったという。

むろんこれは新会社が支払っていくのではなく、信治郎が払っていく約束だった。毎年支払った割賦は、たとえば北方の三輪氏二二〇〇円、宮崎合名会社一〇〇〇円というように調べあげているが、じっさいの支払総額はそれらの十倍の金額におよんだという。資本金十万円、善兵衛三五%、寿屋六五%の株式の持ち合い比率であった。川上家の出資金三万五〇〇〇円も信治郎が善兵衛のために工面したとある。信治郎にも経営者としての計算はあったであろうが、信治郎は善兵衛の人間性ゆえに資金を投入したのだった。

昭和九年六月二十一日に設立した二人の新会社は、まず信治郎の手腕にまかされた。社名を「寿葡萄園」としたが、数年後には元の「岩の原葡萄園」と改めた。社長は当面、鳥井信治郎、専務を川上善兵衛とした。取締役のなかには、敬三の兄・鳥井吉太郎と善兵衛の婿養子・川上英夫が名を連ねていた。そして善兵衛が抱えていた負債を寿屋の手で返済したところで、昭和十九年四月、取締役の改選が行われ、信治郎は善兵衛に「岩の原葡萄園」の社長を譲ったのである。信治郎が利益だけを追求した事業家ではなかったことが、この一事でわかる。

だから同葡萄園の再興後は、昭和九年からほぼ十年、善兵衛は会社経営の重圧から離れ、研究一筋で葡萄品種改良に打ち込んだのだった。信治郎は赤玉ポートワインの原料葡萄を同葡萄園から調達するとともに、坂口博士の指導で、全国の醸造用の川上品種の葡萄を栽培している農場や農家との契約をすすめた。こうしてワイン用の葡萄は確保されるようになったが、同時にこの事業を進める過程で、信治郎はエポックメーキングな大きなチャンスに遭遇するのであった。

**甦った葡萄園**

赤玉ポートワインの需要は増大の一途をたどっていた。原料となる葡萄もワインも岩の原葡萄園とその他の契約栽培ではまかないきれなかった。

昭和十年の秋、信治郎は善兵衛に葡萄増産の奥の手はないか、相談をした。善兵衛は改良品種のよい葡萄はあるが、もっと広い農園があれば増産はいくらでも可能だと信治郎に即答したのだ。

「善兵衛はん、やっぱり新しい葡萄園がいりまんな！」ということで二人は早速、坂口博士のもとに出かけたのだった。この年、農学部は駒場から本郷に移転していた。坂口は、よい話がないこともない、といって二人を研究室の硬い椅子に座らせた。

「岩の原葡萄園は二十三ヘクタールだったですね。葡萄の量産にはやっぱり無理があります。ところでこんな話があるのだが……」

といって、坂口が話した内容はこんなことだった。

山梨県北巨摩郡登美村に、明治四十二年に開墾された広大な登美農園があるが、経営不振で昭和七年九月に国税庁管理で差し押さえられているというもので、ずっと銀行の抵当に入っていて目下放置状態であるということだった。

「広さはどないなもんでっしゃろな。一度、見たいですな！」

と、信治郎は膝をのりだしていた。

「ハインリッヒ・ハムというライン地方から来たドイツ人技師によって設計開発され、最初は小山葡萄園と言っていたんだが、代がいくつもかわりましてな、敷地面積は一五〇ヘクタールあります。善兵衛さんはご存じでしたろ。」

むろん、信治郎も、善兵衛も、小山葡萄園といっていた当時のことを、話には聞き知っていたのである。明治の鉄道参事官と呼ばれていた実業家の小山新助がかかわっていたので、そう名づけられていた。その登美農園は山梨県甲府市の郊外、茅ヶ岳の麓のほど近くにあり、南斜面が開け、甲府盆地を一望でき、さらに晴天の日には、向かい合うように富士山の雄姿がみえる。また、ハインリッヒ・ハムをめぐるエピソードはいくつもあるが、すでにいくつか書かれているのでここでは省略したい。

さて、同年十一月のある日、信治郎をはじめ三人は、登美農園を訪れた。さすがに農園は荒廃していたが、川上品種の葡萄を栽培するにも欧米品種の葡萄を栽培するにも絶好の南斜面が一面に広がっていた。

「……二人は思わず握手していましたな。目を少年のように輝かせてね」

と、のちにそのときの様子を坂口謹一郎は語っている。ワイン用の専用品種を栽培する本格的な葡萄園が、やっと誕生する兆しがみられたのだ。旧小山農園には九つの丘があって、いずれも南斜面を畑にしていた。葡萄の栽培には理想的な条件はそろっていたが、なんといっても醸造用専用品種の葡萄が無きにひとしかったし、ワイナリーを運営する手腕をもった栽培技師も農園経営者もいなかったのだ。

登美農園は、日本勧業銀行が競売申し立てを行い、昭和十一年八月三日に競売決定となり、十月三日に登記をすませ寿屋の農園となった。手続きに時間がかかったが、新しい名称を「寿屋山梨農場」とし、善兵衛、信治郎がかかわりながら、前掲の北大農学部出身の秀才で、理論と実践で鍛えた川上英夫が、農場長として復興計画の推進と経営をまかされた。

善兵衛が生み出したいわゆる川上品種は、ゆうに数十種類を超えるが、「マスカット・ベリーA」が醸造用はむろん生食用にも適しており、全国の栽培家から注目を集めていた。川上英夫は、坂口博士の指導を受けながら、復興計画のもとに新たに手を打っていった。そしてその丘の田圃に、「川上品種」の代表種と目されている葡萄を栽植していった。ブラック・クイーン、マスカット・ベリーA、マスカット・ベリーB、ローズ・シオター、ベリー・アリカントA、レッド・ミルレンニウム、川上二号などである。

坂口謹一郎は、「寿屋山梨農場」における川上英夫の業績を高く評価しており、登美の農園を立派な東洋一の規模のワイナリーに生まれ変わらせたのは、信治郎、善兵衛を助けた川上の存在こそ大きかったとくだんの上越市での講演会で述べている。

## 2　伝統と革新――「大将」信治郎から理系の敬三へ

### 社長就任、敗戦からの出発

敬三が社長に就任したのは昭和三十六年（一九六一）五月のことである。信治郎が昭和十五年、副社長だった長男・吉太郎に病没されて、次男敬三を後継者にしようと決めてから、すでに何年がたっていたであろうか。

その間、堂島川にかかった渡辺橋の下を、多くの水が流れたのだった。敬三が勤務する寿屋の社屋はその橋のたもとの一角に建っていた。たしかに敬三が、寿屋に入社した昭和二十年十月からかぞえると、実に十六年という歳月が過ぎていた。時に敬三は数えで四十二歳だった。敬三が社長に就任した年、父・信治郎は八十三歳。けだし満を持して敬三に社長を譲り、自らは会長に就任した。だが、すでに信治郎は、その数年前から心臓を病み、脳軟化症で治療を受けるほどになっていて、床に就くことが多かった。さすがの大将も寄る年波には勝てず、気力はたもっていたけれども、雲雀丘の本宅にこもる日がつづいたのである。ちょうど昭和三十年代も半ばにさしかかった頃で、経済の高度成長の勢いが見えはじめていた。

現社長である敬三の長男・佐治信忠は、当時、数えで十六歳、関西私立の名門甲陽学院高校の生徒だったが、こう語っている。

「思い出の中に出てくる父は、いつも書斎で本を読んでいた。ベッドのそばにも本が積んであり、本当に本が好きな人だった。私は大学の進学を考えなければならない時期にきていたから、そんなことで父と話すこともあったが、〝理科系に進め〟と何度もいわれたのをよくおぼえている。どうして理科系をすすめたのだろうか。自分のはたせなかった〝研究生活〟という夢を、息子にたくすということだったのだろうか。ときどき考えてみることがある。」

父・信治郎の片腕として、あれもこれもやってきた敬三だったが、息子信忠からみると、このような姿が一番印象的だったのだ。そして長男を理系に進ませたいと考えていたというのも、いかにも敬三らしい。二年後に、信忠はみずからの初心を貫き慶應義塾大学経済学部に進学するのである。

### 経営者開眼、そして挑戦

戦後、生産部門および研究部門については東大の坂口謹一郎教授や阪大の小竹無二雄教授に、顧問や研究所の理事に就任してもらって非常に高い水準を維持していたが、経営や企画部門の課題についてもおろそかにしていたわけではない。いよいよ新しいマネージメントの必要性を感じはじめていた敬三は、昭和三十年代になって神戸大学の占部都美《うらべくによし》教授になにかと示唆をあおぐようになったのである。その時期は特定できないが、このことを幹部社員の講習会や新入社員研修会などで、当時の経営企画部門の森際室長が語っていたのである。

「わが社は経営分野の顧問を神戸大学の占部都美先生にお願いしています。先生はアメリカの新しい経営学を研究してこられた方で、経営学者として大変高名なかたです」

と、占部教授のことに触れて、森際室長は自信ありげだった。

昭和三十年代、とくに新入社員研修は三カ月近くかけて、基本研修から経営講話、工場実習、販売実習までスケジュールに入っており、徹底した初期教育を行っていた。基本研修のなかには、京都府宇治市の禅寺黄檗山万福寺での数日間にわたる座禅の業を体験することも含まれていたが、それが当時寿屋伝統の新人研修であったのだ。

さて戦前、敬三の兄の故吉太郎が卒業したのが、前述のとおり神戸大学の前身・神戸高商だった。ちなみに作田耕三も、山崎隆夫も神戸高商卒であったので、寿屋にとって神戸大学は、身近な学問の府であって、占部都美にも頼みやすかったのであろうと思われる。そのうえ占部は、敬三より一歳下のほぼ同年輩で、アメリカ留学を終え、最先端の経営学の教授として、また新進気鋭の経営学者として、よく知られた存在だった。またくわえて、いかにも敬三らしいこんな経緯があったのである。経営顧問を依頼する数年前のことであった。

敬三は、社長に就任する二年ほど前、占部が翻訳して東京のダイヤモンド社から出版したアメリカの著名な経営学者ジェームス・C・アベグレン博士の著書『日本の経営』（一九五八年十月）が話題のベストセラーになっていた。敬三はすぐにそれを読んだ。

原書はマサチューセッツ工科大学（MIT）出版部から出たものだったが、わが国での本格的な経営書のベストセラーとしては、おそらく戦後第一号だったであろう。フォード財団の助成を受けて日本企業（メーカー）への実地調査を試みて書かれたモノグラム（研究論文）で、じつにおもしろく、斬新な発見があった。敬三は幾度か同書を読みかえしたが、いろいろ教えられることが多かった（後年、MITを会場に、同大学と敬三が会長を務めるTBSブリタニカの共催、サントリー後援で「日本的経営」をテーマにシンポジウムが開催された。レスター・サロー教授が委員長だった。奇しき因縁である）。

早速、占部教授を社内の勉強会に招いて、幹部一同に、世界を驚かせたというアベグレンの『日本の経営』のエッセンスを話してもらったのだった。占部の講演は、とても刺激に満ちた内容で、同教授がこの翻訳書の「訳者あとがき」に書いたとおりのおどろきがあった。ちなみに占部はこう書いている。

「このアベグレンの『日本の経営』は、わが国の企業経営のあり方について、深い、かつ長期的な関心を寄せている人たちの間に、おそらく、大きな問題の渦をまきおこすであろう。それらの人たちには、一つのショックにも近いものを与え、わが国の企業経営の本質的な特質と今後とるべき発展方向について、深く反省させられる一つの根本問題が与えられるであろう」と。

このような占部の話を聴いたあと、敬三にある直感が働いたのである。山崎隆夫や開高健をスカウトしたときと同じようなインスピレーションを感じたのだった。それは、「占部都美教授にわが社の経営顧問になってもらえないだろうか」ということだった。

そのことを、まず作田耕三に話した。作田は諸手を挙げて賛成し、すぐに経営企画室長の森際を呼んで意見を聞いた。反対であるはずはなかった。この件は、大将こと信治郎の同意を得て、作田と森際が同教授と交渉した。

占部は一橋大学を昭和十八年に卒業。戦後、三菱石油勤務のあと、ピッツバーグ大学大学院で経営学を専攻し、ＭＩＴ（マサチューセッツ工科大学）やハーバード大学でも近代経済学や経営学を学んできた俊英だった。そして、かたや企業経営のエキスパート作田は、マルクスの信奉者だった。当時の最先端にある気鋭の近代経営学者・占部都美と、寿屋の大番頭・作田耕三が対峙している有り様を想像するといかにもおかしい。

寿屋の大将・信治郎の片腕、作田こそは、実に異色の人物であった。

しかし、ことはこれからの会社の経営を左右する重要事である。占部教授は、あらたまって経営顧問という言葉を、自分からは口にしなかったが、「私でよろしかったら折々ご相談に乗りましょう」と快諾したのだった。敬三が社長に就任するまでに、数度、社内の幹部研修会に占部教授を招いて、「経営のスキル」という演題で講演をしてもらった。敬三はこのときも、いくつかおのずから閃くものがあった。

占部教授は、ある年の社内研修会での講演で、その頃アメリカの経営者の間でも熱心に議論されていたいくつかのカレントな話題について触れながら、数年来、発表された論文を講演で引用したのである。そのひとつが一九五五年（昭和三十）に「ハーバード・ビジネス・レビュー」に紹介された、R・L・カッツという経営学者があげた「三つのスキル」という論文だった。

つまり三つのスキルとは、企業経営に携わるものにとって、「概念的スキル」「対人的スキル」「実務的スキル」をさすというのであった。この三つはすべてが重要だが、とくに経営のトップは、第一番目にあげられている「概念的スキル」を身につけていなければならないと、占部教授は強調した（大沢武志『経営者の条件』岩波新書、二〇〇四年で、このカッツの論文を取り上げて、具体的に触れている)。

これこそ、経営者がつねに念頭において、かたときも忘れてはならず、絶対に実践しなければならないトップに必須の「スキル」と位置づけられていた。敬三は、「なるほど、アメリカの現代経営学は、上手いこと分析するもんやな」と思いながら、「でも、スキルといっても、いいかえれば戦略的発想力のことであろう。将来構想のことやな」と拡大解釈して自分なりに理解した。

しかし、昔から船場の商人たちは、時代の一歩、あるいは半歩先を読む商いの嗅覚、つまり勘とか、才覚とか、発想力というものを身に付けていたではないかとも考えた。敬三にとって、企業戦略とは、手っ取り早くいえば時代との対応力のことだった。「大阪商法は、その点がやや曖昧やったな」と思った。

### 生産拠点の大増設

敬三は、社長に就任するとともに、真っ先にそれまで手掛けてきた生産拠点の総点検をおこなった。工場や販売拠点へは、毎月、計画的にでかけていた。社長就任までの十六年間に習慣となっていて、その後も実に半世紀近くもつづくのだ。メーカーにとって生産現場・工場というものがいかに大事な拠点であるか、説明するまでもない。

さて、昭和二十四年(一九四九)十一月、工務部長を経て専務取締役に就任してからも、敬三は生産部門の拡充にはひときわ熱心だった。これは言わずもがなであろうが、終戦の年の冬、敬三は山崎蒸留所へ同行した折に、父・信治郎の、「間もなく、まちがいなくウイスキーの時代がやってくるのや!」という確信的な予言を聞いたことをよくおぼえていたのであった。この父の言葉が、その後の生産計画を決めていくうえで大きな指針となったことはいうまでもない。九州には昭和二十二年、工務部長になってすぐに、みずから担当して大分県臼杵市に新鋭の生産拠点を建設した。臼杵工場であった（同工場は近年その役割を終えて閉鎖した）。

大きな臼杵川をはさんで対岸には、漱石門下の小説家・野上弥生子の生家である小手川家が経営する有名なフンドーキン醬油の工場があった。信治郎から促され、その指示で動いたことではあったが、同工場建設は敬三にとって、入社三年目にして達成感をもって完成させた初仕事だった。

ウイスキーの増産計画というものは、ただ単に蒸留所の能力やボトリングラインを増強すればよいというものではない。原材料の調達にくわえ、モルト原酒を長年貯蔵するホワイトオークの貯蔵用の樽の増産も欠かせなかった。それには終戦の翌年、先見力のある信治郎が早くも手をうっていて、泉大津に製樽工場を建設していた。だが、昭和二十六年にはその製樽工場を大阪工場に移転し、さらに同二十九年には、山崎蒸留所近くにしかるべき土地を手当てして山崎製樽工場を建設し、拡充に努めていた。むろん直接的には、すべて敬三が担当したのである。

ここで、終戦の翌年から着手した生産拠点の増強を年次ごとに列挙してみたい。すでに書いたことと重なる事項も記しておこう。混迷の只中にあった昭和二十年代初頭にあって、信治郎と敬三は時代の先行きをどのようにみていたかを窺うことができるからだ。

昭和二十一年四月　大阪府泉大津市に「泉大津製樽工場」を開設

同二十二年一月　大分県臼杵町に「臼杵工場」竣工
同二十四年十月　増資により資本金一二〇〇万円
同二十五年三月　大阪工場を増強し、トリスウイスキーを増産開始
同二十七年一月　資産再評価積立金を組み入れ、資本金四八〇〇万円
　同年八月　山形県東村山郡山寺村に「山形作業場」開設（ワイン増産）
同二十八年八月　岡山県赤磐郡瀬戸町に「瀬戸作業場」開設（ワイン増産）
同二十九年三月　京都府乙訓郡大山崎村に「山崎製樽工場」開設、
同三十年六月　神奈川県藤沢市の東京醸造（株）の工場を買収し、「藤沢工場」とする。
同三十一年六月　山梨農場内に「山梨葡萄専修学校」（短大に相当する）と「寿屋葡萄研究所」を開設。
同三十二年二月　大阪府藤井寺市の道明寺工場を増改築。
同　　四月　大阪工場の近代的生産設備による拡張工事が完成。
同三十三年二月　山崎蒸留所の第一期増設工事が完成。

山崎蒸留所の大増設計画は、完成をみるまでに数年を要したが、昭和三十三年二月には、「仕込」「醗酵」「蒸留設備（ポットスチル四基）」が、まず完成した。第一期工事の完了であった。第二期増設計画の完成は、敬三が社長に就任した二年後の同三十八年であった。その間、ウイスキー原酒の蒸留

器、ポットスチルが八基に増強され、生産能力は三倍となった。

## 3　ウイスキー、飛躍へ――「舶来崇拝思想」との闘い

### トリスにこだわったわけ

ここで再び時代を遡ることになる。あの終戦直後、敬三はなぜトリスにこだわったのであろうか。

それにはわけがあった。終戦後のいわゆる「悪酒時代」については、これまでも多くが語られ、書かれてきたが、なかでも印象的な一冊をあげると林忠彦写真集『カストリ時代　昭和二十一年、東京、日本』（朝日ソノラマ、一九八〇年）であろうか。この写真集には文・吉行淳之介とあり、芥川賞作家として売れっ子だった吉行の痛切な体験記が載っていた。

戦後を書いた作家は、昭和三十年代以降に本格的に書きはじめた世代にも、開高健、大江健三郎、野坂昭如、小田実らがいるが、林と吉行のコンビは、遅れてきた彼らよりも一世代上の体験派であった。林忠彦は敬三より一歳上、吉行淳之介は五歳下であった。敬三とは同世代といってよいであろう。

林忠彦のカメラの眼は、あの時代の世相や飲酒風俗や人間を即物的にとらえていて、説得力があった。銀座のバー「ルパン」で泥酔した太宰治と織田作之助のあの有名な写真を撮ったのも林だった。そしてこの写真集によせた吉行淳之介の一文には、時代をまるごと飲み込んでしまうような闇の深淵が覗きみられた。吉行は、当時の新宿の闇市を支配していた尾津組によって、ある種の統制がとられ

る前の怖さと危険について書いたあと、こんな一文を残している。

……いや、べつの危険はあった。「カストリ焼酎」という密造酒には、しばしばメチルアルコールが混入されていて、そのために目が潰れたり生命を失ったりする人が続出した。身近にも幾人かおり、文壇でいえば武田麟太郎の死因は曖昧にされていたが、じつはメチルであった。

私は戦争末期、しばしば一升酒を飲んでいたが、このカストリというのは二十三年初頭まで、口にしたことがない……、というより口にする金がなかった。敗戦から二年間、私は外食券食堂で食事をしていて、そのための金が精一杯のところで、いかに粗悪なものといっても、「嗜好品」にまで手が届かなかった。——

あの吉行淳之介が、カストリをすら飲む金銭的ゆとりに事欠いていたとは、いかにも悲惨な時代であるが、街の盛り場に目を向けると、そこには闇市の混沌があった。開高健が旧制天王寺中学に在学していた時期で、彼自身はまず飲んではいなかったであろうが、作品のなかではあやしげな屋台の「カスやモリやバクダンとよばれた悪酒とウイスキーの模造品ウイスケ」について書いている。カスは芋から急造したカストリ、モリは泡盛、バクダンは爆弾である。いわずもがなであろう。工業用アルコールを加熱処理してメチル分だけをとばして使用し、胃の中が破裂してしまうたぐいの密造酒であり、メチル分が残っていることすらあった。

開高は、吉行淳之介が書いている武田麟太郎の死についても知っていた。念のために、あの時代の新聞を調べてみたが、「メチルアルコール死」についての記事を見つけるのにあまり時間はかからなかった。ちなみに開高は、メチルで不慮の死をとげた武田の代表作のひとつ『日本三文オペラ』（一九三二年）に刺激を受けて、芥川賞受賞のすぐあとに、武田の市井ものと一味ちがう同名のピカレスク小説『日本三文オペラ』（一九五九年）を書き、文名を高めた。これもなにかの因縁であろう。

さてそんな時代背景のもとに、昭和二十一年（一九四六）四月、敬三は父・信治郎に提案して「トリスウイスキー」を発売したのである。しかしなぜ、トリスだったのか。敬三は後年の売上大爆発のトリスウイスキーを、はっきりと予測したわけではなかったであろう。ふと社内に伝わるあるエピソードを想起して、今こそ再登場させるべきだ、と父にもちかけたのにちがいない。それは閃きであった。父・信治郎はそれをよろこんだ。

そもそもこんな挿話があった。サントリーの社史の巻末の年譜には、「大正八年、トリスウイスキーを発売」と載っている。七〇年史、九〇年史、百年誌のいずれにも記載されていることで、年譜を目にした社員の多くは、

「大正八年にトリス？」

「これは、なにだったのやろ？　瓶も残っとるで！」

と不思議がった。大正八年といえば、敬三が生まれた年である。

だからこの年のトリスウイスキー新発売は、同十二年の本格モルトウイスキー原酒製造のための山

崎蒸留所の建設以前のことだった。その時期、国産の本格モルト原酒があるはずはなかった。むろん「トリスウイスキー」新発売は事実であるから、「なんでや？」ということになる。

サントリーの社史は、このようなエピソードを伝えている。

信治郎は、リキュール製造のためのスピリッツ（おもにトウモロコシなどの穀物を蒸留して造る無色透明なアルコール）をシェリーの空樽に入れておいたのを数年間わすれていたのだった。必要があって何年かたって樽からだしてみると、ウイスキーの香りのする薄いコハク色の酒に変わっていたというのである。それが山崎工場が竣工する四年前のことで、はからずもブレンデッド・ウイスキーづくりには欠かせないグレーン・ウイスキー原酒になっていたということなのであろう。このわずか数樽の原酒を使って製造したのが、そのときの「トリスウイスキー」だった。むろん出荷されたのは限られた数量だったから、売りつくすとすぐに店頭から消えたが、翌年にはなんと瓶詰ハイボール「トリス・ウィスタン」を製品化しているのである。

ついでに書いておくと、戦後のことであるが、このウィスタンには、こんな因縁話がある。昭和三十五年八月、「トリス・ウィスタン」は、瓶詰ではなく缶詰製品として甦っていた。「旅やハイキングのお供にどうぞ！」という広告を打っていたが、ネーミングが傑作だという評判であった。この商品名は、ハイボール、つまり「ウイスキー炭酸」だから、「ウィスタン」と略して名づけたのである。ビールより安かったので、ひところよく売れた。

またその頃、たまたま来日した英国の通商大臣が、酒販店で「トリス・ウィスタン」を手にとってびっくり。「敗戦国とはいえ、日本人はウイスキーソーダまで缶詰めにする凄い国民だ。スコッチは油断するな！」と、帰国するや、ロンドンのヒースロー空港で記者会見を開き、そのおどろきを隠さずに語ったのである。極東の島国の一酒造メーカーの四十一年前に開発した商品「ウィスタン」が、ウイスキーの国イギリスの通商大臣を驚嘆させたのである。つまり、英国のウイスキー産業も、造船や繊維と同様な目にあわないとは限らない、日本は怖い国だ、という警告であったのであろうか。

この記者会見の記事は、英国の「ザ・タイムス」をはじめ十数紙で報道され、小さな地方紙を入れると三十四紙に載ったが、まだ元気だった信治郎は、その掲載紙を見て、

「そうか、英国の大臣がおどろきはったんか！」

と、いたく喜んだと、敬三は語っている。

さて、終戦の年には、「白札」を発売して十六年、「角瓶」を出して八年が過ぎていた。ずっと戦争が続き、社会は混迷をきわめ、「白札」も「角瓶」も、いずれもめざましい売れ行きとはいかず、苦労の連続ではあった。ちなみに「サントリーオールド」は開戦の一年前（一九四〇）に、いったん製品化されて発売されたが、戦禍にみまわれ製造も販売も継続できなかった。

しかし「角瓶」は、わが国初の本格的ウイスキーとあって、識者の関心をよび、大仏次郎や丹羽文雄、そして石川達三は、小説のなかで「サントリーウイスキー」とか「角瓶」とか実名で登場させている。まずは貴重品であったのだ。太平洋戦争の時期には、帝国海軍がサントリーウイスキーに注目して軍需品指定したことは前述のとおりである。これはウイスキーという蒸留酒を広めるためにも、

また寿屋が原料を調達するうえでもプラスに働いた。混沌とした時代ではあったが、本格ウイスキーとしての地歩は着実に固まりつつあった。

後年敬三は、父が「白札」を発売するとき、ネーミングをサントリーのほかに「ローモンド」というスコットランドの湖の名を検討したことを知った。つまり、このことは信治郎がウイスキー事業への進出を決意したときから、スコッチをむこうに回して、品質で堂々と勝負を挑もうという気概をもっていたということを確信したのだった。

余談になったが、かくして昭和二十一年のトリスウイスキーの発売は、新発売ではなく、敬三が直感で父に提案して再登場させたものだった。その時期、吉行淳之介の体験を例にあげるまでもなく、人々は生活苦にあえいでいた。敬三は、そういう時代にトリスを再登場させることが、酒造会社の使命であると確信したのだった。

「うまい！　やすい！」をキャッチフレーズにしてトリスを新登場させたが、まだ統制経済下であり、いわゆる「マル公」で公定価格が続いていてむずかしい面が多かった。

それでもトリスウイスキーは、くだんの悪酒が横行する時代にあって、「白札」や「角瓶」よりモルト原酒の含有量は少なかったが、市場からは大いに歓迎された。しかし、販売量を拡大するには多くのネックがあり、本格的なトリス時代が到来するのは、統制の撤廃が実現しはじめた昭和二十四年以降になってからだった。

## マスターブレンダーの矜持

一九七六年（昭和五十一）、敬三は開高健と、ある雑誌で連載対談をおこなった。

掲載された雑誌は、一流作家が半年ずつ編集長を務めるという異色の試みでスタートした『面白半分』という教養の香り高いエンターテインメント誌だった。

開高は佐藤嘉尚に依頼されて、昭和五十一年七月から半年間の約束で編集長を引きうけると、「随時小酌」という敬三との連載対談を企画した。つまり開高が編集長を務めた期間、その年の七月号から十二号まで、このウイスキー対談は続いたのであった。

さてウイスキーについては、今やブレンデッド・ウイスキーも、シングルモルト・ウイスキーも、商品知識がひろく知れ渡っている。そしてウイスキー会社には、マスターブレンダー、チーフブレンダーというキーマンが存在しているということも、いわば常識となっているようだ。

サントリーの初代マスターブレンダーは、いうまでもなく鳥井信治郎である。そして二代目が佐治敬三であることも知られているとおりであるが、いつどこで交代したのか、どのような相伝がおこなわれたのか、あまりはっきりした記録がない。

すでに書いたとおり、敬三がみずからペンを執った回想録『へんこつ　なんこつ――私の履歴書』にも、あまり詳しいことは語られていない。その一節を引いてみるとこうだ。

私は二十年近く社長である父の身近にあったわけだが、父はただの一度もブレンドを息子に教えようとはしなかった。「そんなもん教わって出来るもんやおまへん。やりたかったら勝手におのれの甲斐性でやんなはれ」。「一子相伝」など眼中にない、父の気持ちはそんなことではなかったか。私はただ自らの思いのまま、さまざまに試行錯誤をくりかえすばかりであった。

ところがこの雑誌の開高とのロング対談で、敬三はその点についてかなり雄弁にニュアンスをまじえて、意外な事実をあきらかにしているのだ。

長い引用は控えたいが、敬三がサントリーウイスキーの全製品をマスターブレンダーとして手掛けはじめたのは、一九六一年（昭和三十六）、社長に就任した頃だとも語っているが、これも大事なポイントであろう。むろん英国スコットランドの蒸留所では、必ずしもオーナーやトップ経営者がマスターブレンダーになるとは限らないともいわれている。だが、敬三は理系であると同時に父親ゆずりのすぐれた五感（とくに臭覚と味覚）の持ち主だったのである。

佐治敬三と開高健の対談は、〝正調〟の大阪弁で終始とおすことで進められた。むろん、公式の席では、敬三は格調のある標準語を使っていた。だからこの対談のやりとりは、いささか乱暴に聞こえるくらい、きわめてリズミカルで、抑揚と情趣に富んだ語り口で進行している。

開高　あなたはおとうさんにブレンドの秘法を教えられたでしょ。

佐治　全然教えないねぇ。あの人は。お前がやりたかったらやったらええわちゅうなもんや。

開高　ほんでブーと死んでしまったんですか。
佐治　そうそう。
開高　ほんなら佐治さんの前に残されたのは空白のノートですか。
佐治　全く空白のノート。真白けですわ。何をどう混ぜたらええかってなことの見本なぞなぁんにもあれへんがな。深淵に終わって空白から始まるわけやな。
開高　じゃあ、佐治さんがあがきまわってオールドの味を決定したわけですか。
佐治　そうです。
開高　（驚愕して）ホントォ！　ちっとも知らなかったよ。今までボクがねぇ、鳥井さんがウロ覚えながらもですよ、横文字書いて、オイ敬三や、五年もの何パーセントで三年もの何パーセント、十年もの何パーセントをもってきてブレンドしたら売れるウィスキーできるでぇ、といった処方箋を書き残したもんだと思ってたなあ。
佐治　全然言わない。あの男は変わっとるねえ。一子相伝ちゅうなもんやないんやから。
開高　知らなかったァ。あの人は、いたしして、飲んで、死んでいったわけか。
佐治　残されたのは山崎のモルトのストックだけ。あとはゼロや。あの人はねぇ、なんちゅうか息子にある意味で対抗意識を持ってたんとちゃうかと思うねぇ。わいはわいや、お前はお前やちゅうね。
開高　ああ、大阪人やねぇ。しかし思いもかけぬ話やなあ。一代目が二代目に完全に渡さなかったっていうんだから。

（開高健『対談集　黄昏の一杯』潮出版社、一五六頁）

このあと、佐治敬三は「そやから、親父のブレンドした時代のサントリーとぼくのブレンドしたものとはね、やっぱり違うのとちゃうかと思うわ」と語っている。敬三は、開高に「比較の方法がないからねェ」ともいい、それが残念とも語るのだが、当時よく話題になっていたように、敬三ブレンドのサントリーウイスキー「オールド」は、昭和五十五年のピーク時には年間一二四〇万ケース（一ケース＝一二本）余りの驚異的な販売実績をあげた。この数字は一つの銘柄のウイスキーとしては、スコッチや米国のバーボンウイスキーのいかなるブランドよりも年間売上高では群を抜いて高く、世界第一位の座を射止めていたのである。

しかしこの時期をピークとして、それ以降オールドは反動的ともいえる凋落時代に入る。さいわいウイスキーは二〇〇八年頃から現在に至るまで、めざましい回復をみせつつあるようだが、これについては、あとの章でも触れることになろう。

## 鼻の「芸術」

理系の経営者ならではという筆致で、敬三は一篇のブレンド論を書いている。あまり知られていないと思うが、昭和五十四年（一九七九）のことである。

その頃、産業博物館（「たばこと塩の博物館」や「トヨタテクノミュージアム」の前身など）があいついで開設される兆しがあり、サントリーはその先鞭をつけるかたちで、同年五月に白州蒸留所内の敷地に、世界でも例をみないような大規模のウイスキー博物館を完成させた。その時期をみて講談社が、本格的な大型企画『ウイスキー博物館』（監修＝梅棹忠夫・開高健）を打ち出し、ウイスキーの全貌を捉えようという構想のコンテンツを盛り込んだが、そのなかで敬三がブレンド論を依頼され、ひきうけたのである。ウイスキーのブレンドについて、理論的な面と同時に実践的、体験的な見地から同時に書ける人物は、敬三をおいて他になかったからだ。多忙な時間を割いて、敬三はみずから筆を執り、四百字詰めの原稿用紙三十枚近い「ブレンド論」を執筆した。それが「ブレンド——鼻の芸術」という論文だった。エッセイ風のスタイルで書かれているが、内容は堂々たるもので学術論文に準ずる内容だった。ウイスキーの起源にはじまり、その後の発展、そして世界のウイスキーにおけるサントリーウイスキーの位置づけなど、歴史的、科学的知識を援用して縦横に語っている。

> スコッチ・ウイスキーにおいては、同じ「ブレンド」を語幹としながら、ブレンディングという言葉とブレンダーという言葉とは、全く異なる意味に用いられる。ブレンディングあるいはブレンドとは、モルト・ウイスキーとグレイン・ウイスキーとを混合することをさす。一方、ブレンダーというのは単なる混合とは違い、数十種類のモルト・ウイスキーの混合割合、それとグレイン・ウイスキーの混合割合を定める仕事、いわばウイスキーの製造における画竜点睛の筆を下ろす人をさす。……

これはいわばブレンドという語彙についての歴史的な確認である。このように定義に慎重なのは、自然科学をたしなんだ理系の頭脳のひとつの傾向なのだろう。さらに秘技といわれるブレンドの神秘性についてはこう書いている。

ウイスキーの製造過程の中の最も非工業的、最も非科学的なものは、ブレンディングである。父の十五年間の苦心は、すべてこの「ブレンディング」という一種芸術にも似た工程の秘密を発見することであった。昭和のはじめの頃には、工場建設に当たった技師がすでに山崎工場を去ってウイスキーの製造とは縁が切れていたのであるから、日本におけるウイスキー造りの苦労は、サントリー・ホワイト（白札）発売の前から父一人の双肩にかかっていたのである。

父の苦心は「ブレンド」にあった。いつの頃からか、父は「ブレンド」の秘密をみずからの才覚と努力によってわがものとしはじめたようである。

このくだりについては、歴史的事実を考察しているようだ。つまり、註記のつもりで書いておくと、大正十二年（一九二三）六月に寿屋に入社して、山崎蒸留所の建設に当たったグラスゴー帰りの竹鶴政孝は高給で招かれていて工場長に就任したという経緯がある。しかし、工場竣工の五年後の昭和三年（一九二八）には、山崎をはなれ、信治郎が同年に買収した日英醸造のビール工場長として異動しているのである。だから山崎工場建設のあと、国産第一号のウイスキー、サントリー「白札」の製品化（とりものさず重要なのはブレンド）は、まさに信治郎の双肩にかかっていた。スコッチを向こうにまわして、国産本格ウイスキーをめざしていた信治郎と、あくまでスコッチにこだわった竹鶴とは、ウイスキーづくりにおける基本的な見解に相違があったのであろう。寿屋との契約期間も満期となった竹鶴は退社後、昭和九年（一九三四）大日本果汁株式会社（のちのニッカウヰスキー）を設立した。「白札」が発売される前年の昭和三年に作田耕三が入社、つづいてウイスキー造りのプロとして、またすぐれたブレンダーとして長く山崎蒸留所の主《ぬし》のような存在だった大西為雄が入社している。この年、敬三は九歳であった。こんな思い出を書いている。

当時父は、時に自宅に山崎のウイスキー工場から係りの大西為雄氏をよび、ブレンドの研究をしていたことがあった。後にサントリーの、というより日本におけるブレンダーの、第一号（父はむしろマスター・ブレンダーとよばれるべき存在であった）となった大西氏は、箱一杯のサンプル瓶に入ったウイスキーをさげて、大阪郊外の父の宅に通ってきた。父はそのウイスキーをチューリップグラスに注ぎ、大きな鼻を近づけてその香りを吸い込み吸い込みしながら、あるいは、そのいくばくかを口中に含み含みして味わいながら、彼に細かな指示を与えていた。父が自宅で仕事をする極めてまれなケースであっただけに、当時の記憶は今なお鮮明だ。

（「ブレンド──鼻の芸術」『ウイスキー博物館』講談社）

さて、信治郎が苦労を重ねてサントリーウイスキー「白札」を世に出してから、およそ六十年後の平成元年（一九八九）初秋、敬三はスコットランドに滞在していた。

スコットランドのウイスキー業者の伝統ある「普及団体」であるザ・キーパーズ・オブ・ザ・クェイク（The Keepers of the Quaich）から正式に招待を受け、妻けい子をともなって訪れていたのである。長年のウイスキー普及の業績を評価されて、名誉ある正会員に推されたのだった。

認証が行われた式典はエジンバラ郊外の森の中の古城が会場であった。伝統と威厳にみちた式典で、敬三は十七世紀初頭のスコットランドにいるかのような錯覚に陥った。じっさいシェークスピアの芝居の格式ある舞台のようなステージで、式典はおごそかに進められた。敬三は臆することなく、しかし感動的な面持ちで、堂々と英語でやや長い謝辞をのべた。若い頃の父・信治郎の青雲の志に触れ、ウイスキー造りに適した日本の自然風土について語り、日本人がいかにウイスキーを好んでいるかを具体的に例示し、さらにスコッチの歴史と伝統の偉大さを讃えた。

敬三が、ちょうど三十年前の昭和三十四年（一九五九）、社長に就任する二年前であったが、スコットランドを探訪したときは、一部の蒸留所をのぞいては、ライバル、あるいは製法を盗みに来た「敵」ではないかとみられ、極端に警戒されて十分な視察さえさせてもらえなかった。だからこの式典に招かれたということは、とりもなおさずサントリーウイスキーが、スコッチやカナディアンやバーボンとともに、改めて世界のウイスキーとしてのカテゴリーのひとつとして加わったということの証しでもあった。隔世の感であった。

その間、サントリーウイスキーは国際的な評価を受けて、輸出にも力をいれていた。世界の経済情勢にも大きな変化があり、貿易の自由化の影響で関税障壁が撤廃され、市場競争は激しさを増していた。同時に、サントリーはスコッチとも提携していくつかの銘柄を輸入し、その扱い量を伸ばしていた。

佐治敬三夫妻はそのとき、大変歓迎され、敬三はいくつもの現地メディアからインタビューを受けた。日本でも新聞報道され、週刊誌や月刊誌のグラビアを飾ったのであった。

## 4 マーケティング戦略——『洋酒天国』と開高・山口・柳原

### 機いたれば汝それをなさざるべからず

ここで戦後の経済動向にすこし目を転じたい。

朝鮮戦争による特需景気は、経済復興に大きく寄与したことはいうまでもないが、昭和三十年（一九五五）は、稲作が前年の三割増となる史上空前の豊作となった。神武景気はいよいよ過熱気味だった。それは出版界、メディアの世界にもすぐに波及し、新書ブーム、週刊誌ブーム、漫画ブームとなり、さらに単行本までベストセラーが相次いだ。石原慎太郎の『太陽の季節』はこの年の芥川賞だったが、岩波書店の『広辞苑』、平凡社の『世界大百科事典』が売り出され、高い関心を集めたのだった。

そして都市化は進行し、東京への人口集中はめざましいものがあった。敗戦時、東京の人口は三四九万人だったが、十年後の昭和三十年（一九五五）には八〇〇万人と膨張し、周知のとおり一〇〇〇万人を超えるのにあまり歳月を要しなかった。同時に大阪をはじめ大都市の人口も増加の傾向にあった。翌昭和三十一年（一九五六）の経済白書は「日本経済の成長と近代化」とうたって、〈もはや〝戦後〟ではない〉というスローガンを掲げたことはひろく知られている。

当時の統計をみると、昭和二十六年（一九五一）には、工業生産、実質国民総生産は戦前の水準（一九三四〜一九三六年平均）を突破しており、翌二十七年にはいわゆる消費景気が出現している。

すでにみてきたように、敬三は終戦の翌年の同二十一年（一九四六）、日本の復興は早いとみて、ウイスキーの生産設備増強に戦略をしぼり、経営計画を推し進めていた。いわば十年先を見通した中期計画を策定したのであった。

計画どおりトリスウイスキーの生産増強が可能になったのが同二十五年。公定価格も撤廃され、トリスは再登場であったのだが、新製品同様に力をいれて販売戦略を実行した。この年、東京と大阪にトリスバーがほぼ同時に開店し、寿屋はチェーンバーとして全国展開のモデルをつくりあげている。これがトリスブームに火をつけた。

それにしても、理系の経営者である敬三の中期的見通しは、ずばり的を射ていたのである。というのはこの昭和二十五年には、日本通としても著名なハーバード大学教授のエドウィン・ライシャワーが、日本はほとんど復興の見込みがないとして、以下のような悲観的な一文を書いているからである。つまり「日本の経済状況は基本的に非常に不安定で、いかなる賢明な政策をもってしても経済の窮乏から救うことはできないかもしれない」という発言なのだった。しかし数年後には、ライシャワーの予見はあまりにも悲観的過ぎたことがはっきりする。日本通のライシャワーにして、こうとしかいえなかったのであろう。

これはアメリカの新保守派の論客ジョージ・ギルダーが、自著『企業家の精神』（小島直記訳『信念と腕力』新潮社、一九八四年）で紹介している当時のライシャワー博士の日本復興についての見方だったのである。ギルダーはアメリカの多くの論客と同様に、吉田茂、鳩山一郎、石橋湛山、池田勇人など、戦後政治家の政策面での貢献は大きかったが、さらに民間活力と官僚組織がかみ合って、廃墟のなかからまったく新しい奇跡が起こったという見方をしている。そして敗戦直後の日本の若き起業家たちの闘いを評価している。むろんこれは間違いではない。

こうした動向が、産業政策の結果であったか、朝鮮戦争の特需効果によるものだったかは別にして、ともかく国民生活は確実に立ち直りつつあった。それとともに人々の気分のなかに洋風化へのあこがれが芽生えてくる。そして同時にやや大げさにいえば「洋風生活への憧れ」「舶来品崇拝思想」が、あたまをもたげてくるのであった。しかしこうした時代の流れを、敬三は「遂に好機到来」とみていたのである。まさに「機いたれば汝それをなさざるべからず」という天の声が聞こえてきたのだった。

### マーケティング時代の到来

ともあれ敬三が専務に就任した昭和二十四年十一月から、社長就任までの十年余りは、信治郎の才覚と船場商人の土性骨とでもいおうか、そんな父の経営を敬三が助け、苦労を重ねながらも寿屋は近代的手法をもとり入れ着実に成長していたのである。

専務時代の敬三は、信治郎から半ば経営を任されていて、この時期にやったことが昭和三十年代に

トリスバーの外観

一気に花開くことになる。専務に就任した翌年の元旦には、全国紙で再登場させたばかりのトリスウイスキーの全面広告を打っている。

「うまい、やすい！ トリス」

をキャッチフレーズに積極策を展開した。

また、東京・池袋にトリスバー「どん底」が、大阪・お初天神前にトリスバー「デラックス」が開店すると、早速店主に協力をとりつけ、全国展開のチェーンバー組織をつくった。正確な数は不明だが、昭和三十年代にかけて全国の主要都市に合計二万店前後のトリスバーが誕生したという。すでにマーケティングの時代が到来していたのだ。この手法はのちにマーケティングの専門家たちから、大いに評価されることになる。

そんなことを進めながら敬三が第一に考えていた経営戦略は、とにかくすぐれた人材を確保することだった。これは急務だった。生産、販売、管理、宣伝など、どの分野も、すぐにも若く有能な人材を欲しがっていたからだ。

昭和二十九年（一九五四）、敬三はかなりの数の大学新卒の社員を採用した。

すでに触れたが、この年に、のちに名宣伝部長といわれた山崎隆夫を、三和銀行からスカウトしたのをはじめ、開高健、柳原良平、坂根進、酒井睦雄（新卒）などという宣伝部のタレント社員を中途入社させている。だから、この分野ばかりに光が当たっているではないか、といわれそうだが、じつは主要部門にはしっかり目配りをしていたのである。

生産、販売、企画などにも、こう並べると学歴偏重と誤解されそうだが、東大、京大、一橋大、阪大、神戸大などの国立大学をはじめ、有力私立大学から優秀な新入社員を採用しているのだ。むろん全国の大学や高校にも門戸を開いて採用していた。そしてその多くが目覚ましい活躍をして、何人かはのちに各分野で役員に就任しているのである。

しかし、そうはいっても山崎隆夫を取締役宣伝部長にしたこの部門の発展には目を奪われるものがあった。開高健を中心としたこのメンバーの活躍ぶりは、宣伝部の第二期黄金時代の出現といわれたが、あの片岡敏郎、井上木它が縦横に活躍した大正・昭和初期の第一期黄金時代と比べても、すこしも見劣りはしなかったのである。

とりわけ開高健、柳原良平、坂根進がいなかったら出せなかっただろうといわれた一時代の愛酒家の話題をさらったＰＲ誌『洋酒天国』は出色なものだった。すでに平成十九年（二〇〇七）に拙著『『洋酒天国』とその時代』（筑摩書房）を上梓しているので、ここでは重複は避けるべきだろう。しかし、活況に沸いた時代背景も見過ごしがたく、雑誌の時代を予見した開高健らの見事な編集は、歴史にのこる傑作となった。

これはかつて『ホームサイエンス』を編集していたモダニストでもあった敬三の先見力と、クリエイティヴなセンスが生んだ果実だった。この小さな雑誌がひとつの発想の跳躍台となって、新聞、雑誌、さらにテレビCMの傑作をつぎづぎに生んだのである。

『洋酒天国』が出た昭和三十一年に、出版社系週刊誌の第一号『週刊新潮』が発刊され、週刊誌ブームの端緒をひらいたのである。その後、『週刊女性』『女性自身』や、すこしおくれて『週刊文春』『週刊現代』が登場するが、戦前からあった『週刊朝日』や『サンデー毎日』は絶好調をつづけ、その発行部数は百万部に近づきつつあった。

そうした動向に拍車をかけたのが、昭和三十四年（一九五九）四月一日の皇太子ご成婚であった。それを機に、TVを中心に雑誌やまた新聞も含めてメディアが隆盛時代を迎えた。かつまた昭和三十年代後半は、ご成婚にあやかったミッチー（美智子妃）スタイルのファッションが大流行の観を呈していたのである。熱気のある時代が展開していた。

一九六〇年（昭和三十五）代は安保改定反対闘争のあった政治の季節でもあったが、一時代が熱く沸いていた、といえるような現象があちこちでみられたのだった。

社長就任の直後は、敬三は否も応もなく新聞や雑誌に登場させられて、公の場にでることが激増した。東京には定宿として都心の三つホテルを決めて、ほとんど週の半分を、当時まだ、新大手町ビル三階にあった東京支社で激務をこなしていた。さすがにその時期には、開高健がいくつものエピソードを残したあの茅場町の〝アットホーム〟な木造二階建て社屋からは、その前年にオフィスをこのビジネス街に移していた。信治郎は茅場町にこだわらなかったが、時代の流れがそうさせたのである。

ところで酒類食品業界には、戦前戦後を通じて、「３Ｋ」といわれた会社があった。これは流通革命ということが、多くの業界で指摘されるようになる直前、いわば伝説的なエピソードとして語られたのであろう。すなわちその「３Ｋ」なる三社とは、「ＫＩＲＩＮ」「ＫＩＫＫＯＭＡＮ」「ＫＯＴＯＢＵＫＩＹＡ」であった。

つまりこの三社は、会社の歴史が古くて、経営が手堅く、製品に信頼感があり、しかも販売力が抜群で、さらにもうひとつ、特約店、問屋などディーラーからの売掛手形のサイトが短いというやり手の企業として、よく業界の噂にのぼる会社だったのである。これは販売店からすれば必ずしも誉められることではあるまい。また、これは頭《ず》が高い会社ということを意味しており、企業にとっても猛省すべき材料になっていたことも事実である。

しかし、だからといって畏れられ煙たがられているのとも違うのだ。しっかりしていて、かつ厳しいということは、一面では経営手腕へのディーラーサイドからの批判的意味合いはあったであろうが、

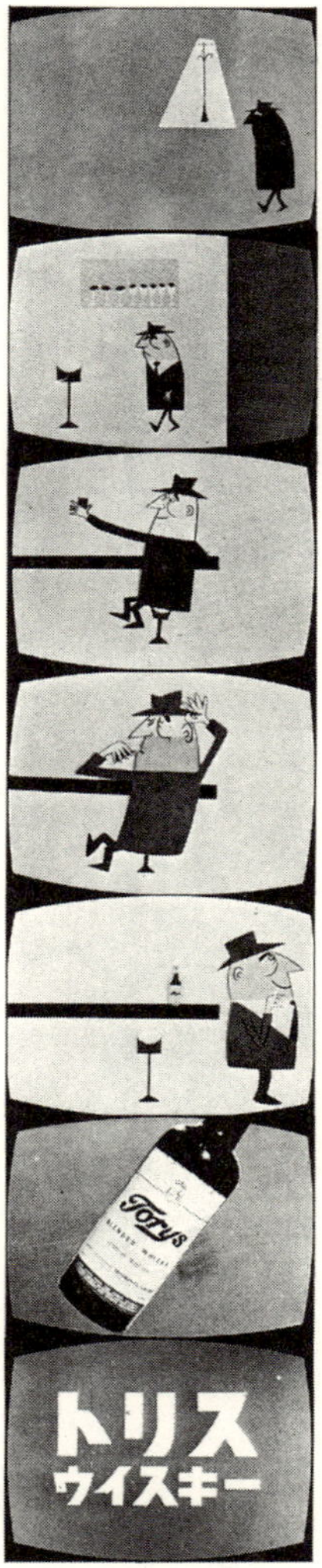

トリスウイスキーのCF

「トリスを飲んで Hawaii へ行こう！」のポスター

それだけ競争力が強いという評価でもあった。業界から与えられた貴重な勲章だったといってもよいであろう。

企業評価のしにくい時代にあって、業界での評判は千金の値打ちがあった。それは必ず消費者に伝わるものである。厳しいといわれようとシブチンとそしられようと、それが強い経営力の結果であれば、ブランド力の裏側にあるものとみなされたのである。

ともかく、甘味果実酒・赤玉ポートワインは、戦前から国民酒的な地位と信頼をえて、戦後もずっとよく売れつづけており、そのうえトリスウイスキーや角瓶が大きく売り上げを伸ばして、酒類市場を熱くしていたのであった。新聞や週刊誌は記事のなかで、洋酒の時代、いやウイスキー時代の到来をしきりに報道するようになっていた。

すでに書いたとおり、戦後、昭和二十四年からは新聞広告に、二十六年からはラジオCMに力をいれてきた寿屋宣伝部は、二十八年の民間テレビの開局と同時に、TVコマーシャルを積極的に展開しはじめた。発行部数が百万部に近づこうとしていた『週刊朝日』の、大評判だった徳川無声の連載「無声対談」に、鳥井信治郎が登場してウイスキー談義に花

表　酒類別洋酒庫出数量（昭和24年統制撤廃後の資料。単位はkℓ）

| | ウイスキー（特級） | ウイスキー（一級） | ウイスキー（二級） | ブランデー | 甘味果実酒 | スピリッツ | リキュール |
|---|---|---|---|---|---|---|---|
| 昭和24年 | 992 | 127 | 3,189 | 43 | 1,796 | 141 | 517 |
| 27年 | 1,034 | 253 | 8,438 | 81 | 14,871 | 426 | 2,439 |
| 30年 | 1,307 | 393 | 14,769 | 139 | 22,097 | 972 | 3,910 |
| 33年 | 2,328 | 1,237 | 31,371 | 441 | 24,640 | 2,868 | 6,263 |
| 37年 | 4,605 | 3,411 | 39,970 | 964 | 32,968 | 2,649 | 7,482 |
| 40年 | 6,339 | 5,322 | 47,749 | 1,983 | 32,677 | 2,563 | 11,321 |
| 43年 | 15,706 | 16,209 | 75,747 | 3,923 | 30,469 | 5,444 | 16,450 |

（出所）『みとくんなはれ　サントリーの70年Ⅱ』187頁より抜粋。

を咲かせたのもこの頃のことであった。

この時期、何篇ものヒットしたCMのなかでは、昭和三十三年に中途採用された山口瞳の名コピーによって、テレビと新聞で大々的に展開された「トリスを飲んでＨＡＷＡｉｉへ行こう！」消費者特売キャンペーンが、開始早々にヒットした。昭和三十六年九月のことで、むろんすでに社長は敬三であった。

ここに酒類の統制撤廃後（昭和二十四年〜）の洋酒庫出数量の統計がある。半世紀も前の数字だから、肌で感じるような驚きはともなわぬまでも、これらの数字は多くの言葉を重ねるより、はるかに雄弁に事実を語っている。

酒類業界の分析が目的ではないので、ここでは省略して時代の推移と売れ筋の傾向を眺めることにとどめたが、それでも洋酒、とくにウイスキーの伸長があざやかにみえてくる。特級は角瓶、オールド、一級は白札（ホワイト）、二級はトリス、レッドなどであった。また、昭和三十六年の数字をあげなかったのは、どういうわけか資料原本でもこの年だけ欠落していたのである。(現在は特級、一級、二級という級別は廃止されている。)

合計数字でみると、昭和二十四年には六八〇五キロリットルであった庫出数量が、十九年後の同四十三年には一六万三九四八キロリットルに拡大しているのだ。じつに二十年ほどの間に二十四倍になっている。これはトリスウイスキーを中心とする二級ウイスキーの増大が大きく寄与していて、トリスの伸長率も同じく二十四倍となっている。驚異的な市場動向だったことがみてとれる。

しかし、敬三は、ウイスキーブームが頂点に向かいつつある時期にあって、かえって危機感を募らせていた。この好調さを継続させるにはいかにすべきか、ということも当面の重要課題であったが、ここまで成功を勝ち得てきた企業経営を、さらに大きく発展させるための経営戦略のむずかしさを思ったのだ。

それはさておき、すこし時代を戻さなければならない。

昭和三十四年(一九五九)四月十七日、敬三は妻けい子をともなって、二年に一度ウィーンで開かれる国際広告協会(IAA)の大会に出席するため、羽田空港から一路ヨーロッパに飛び立ったのである。これはすでにとり上げていることであるが、少々つけ加えたい。

二十八カ国が参加し、この年は、ヨーロッパ広告会議と名づけられたウィーン大会ということになっていた。とくにゲストとしてスピーチをする義務などはなく、気分的には楽であったが、信治郎はこの際だから、他の国々の酒類事情をしっかり視察してくるように指示したのだった。

このときはイタリアにまず到着し、フランス、イギリス、オーストリア、スイス、ポルトガル、アメリカなどの欧米九カ国を歴訪したのだが、元来、理系でありながら文学趣味も持ち合わせていた敬三は、旅の印象をあとで綴ろうと、メモをとり、写真を撮り、おのれの網膜に注意深く出会った人々の印象を焼き付けた。帰国後、一年足らずで紀行エッセイを書き下ろし、文藝春秋からハードカバーの単行本『洋酒天国』として上梓している。このことは前の章ですでに書いた。その旅の内容をくり返そうというのではない。

肝心なのはこの欧米の旅が、敬三にとっていろいろと内省を促したことである。間もなく自分が父に代わって社長に就くことになるであろうという自覚からだった。それは今年かもしれないし、来年かもしれない。信治郎は必ずしも健康体ではなく、すでに雲雀丘の本宅にこもりがちだった。これから先は決して簡単で平坦な道のりではないであろうと思われた。

上昇期に社長を引き継ぐことのむずかしさを痛感しはじめていたのである。ここであせって冒険をおかし舵取りを間違えると、大きなリスクをかかえてしまうだろうとも思った。危機に対する感覚は敏感であったが、フロンティアに憧れ、挑戦することには、青年時代から大きな魅力を感じていた。

使命感をもって忠実に経営に努力するだけでは、会社はこれまでとすこしも変わらず、決して発展しないということは自明のことだった。しかし、なにかに挑戦しなくてはならないという予感は日ごとに募っていた。

ともあれ、会社の現状と将来を真剣に考えた。やることがあるとすれば、それはなにか。くり返し考えた。結果、遂に自分はひとつのこだわりを、どうしても捨て去ることができないということに行き着いたのである。こうして欧米視察の旅から帰った翌年の九月、社長に就任した年に、敬三は父・信治郎が果たせなかったビール事業への再挑戦を決意するのである。安保反対闘争の激しい政治の季節となった昭和三十五年から三十六年にかけて、ビール事業への再挑戦に向けてのドラマが密かに演じられるのである。

# 第六章　「逆風」とはこう闘う――敢闘精神とはなにか

## 1　ビール事業への挑戦――「君はビールが売れる顔しとるな」

### 決意した ビール事業への発進

「お願いですから、そっとしておいてやっていただけませんか。……あの屈辱を、このごろやっと忘れかけているのですから……」

この科白《せりふ》、ちょっとただごとではない。

山陽新聞の論説委員をへて経済評論家として活躍していた二宮欣也が、昭和四十二年（一九六七）の暮れ、京都四条通りの宝酒造本社を、ビール業界の取材で訪れたときに、広報課長にこう言われたという。（二宮欣也『〝純生〟の挑戦――ビール戦争にみる後発の戦略』）

屈辱とは、また激しい言いようだが、宝酒造はその年の四月八日、それまでまさに苦節十年を闘ってきたビール事業からの〝撤収宣言〟を表明していたのだった。

だから、二宮欣也が取材に訪れた時期は、まだ、その屈辱感のほとぼりは冷めるどころか、当事者にとっては実に無念さでいっぱい、というやり場のない怒りがふつふつと煮えたぎっていた時期であったのだ。

そのことばを聞いたとき、二宮はその年の三月期決算の同社有価証券報告書の文面を思い起こしていたという。そこにはこうあったのだ。

「他の酒類部門について可能なかぎり合理化を実施、すでに相当の成果をあげているものの、このままビール部門の操業を続けて万が一にも経営の基盤に重大な支障を生ずることがあってはならないと判断したので、政府当局のご斡旋により京都麦酒工場を譲渡することを決意し、同時に木崎麦酒工場も出荷を中止して、ビール事業より撤収することにした次第である。」

率直で端的なビール事業からの撤収表明である。

しかしながら、さぞ同社にとっては無念で、煮え湯を飲む思いであったであろう。宝酒造がビールの需要の伸長を期待して群馬県木崎に木崎麦酒工場を建設したのは、昭和三十一年（一九五六）であった。翌三十二年四月一日に新銘柄「タカラビール」を発売し、業界のみならず巷間に大きな話題を提供していたのである。

この時期ジャーナリズムでは、ビールの需要は今後十年の間に、五倍以上の伸長率で拡大するだろうと予測していた（毎日新聞社発行『エコノミスト』誌など）。宝酒造は、木崎工場だけでは、とうてい需要をまかないきれないと判断し、昭和三十六年（一九六一）、京都麦酒工場を建設、増産体制を強化した。そのうえ、京都河原町にあった民家風の本社事務所を、工場内にモダンな社屋を新築して移転したのである。わが国屈指の酒造会社としての体面を整えたのだといわれた。

新本社社屋ができてわずか六年目、ビール発売十年にして、同社はビール事業から撤退し、本社工場を他社へ譲り渡さなければならなくなったのだった。経営者だけでなく社員が、手ひどい屈辱感をあじわうのも当然であったであろう。

敬三はすでに書いたとおり、昭和三十四年、欧米の酒類業界の視察に出かけたが、その三年前の三十一年、一人の技術者をベルリン工科大学の醸造工学のコースに留学させていた。宝酒造のビール工場が竣工した年であった。表向きは「ウイスキーのモルト（麦芽）の研究」をしてくるようにということだったが、実に敬三は、密かに「ビール醸造の技術面の研究とビールの原料（麦芽とホップ）の調査」を指示していたのだった。

敬三には、宝酒造が名乗りをあげる数年前から、業界の状況をみて、資本力と醸造技術の蓄積のある企業がビールに進出してくることも大いにありうるという予感があった。はたせるかな、それは的中した。

しかし、そのときは静観しながら、技術部門への極秘の指示を出すことにとどめたのであった（留学した技術者は、健康上の理由から、研究の半ばで帰国したが、敬三はことを急がなかった。それでも昭和三十四年のドイツ訪問の折には、みずからベルリン工科大学に立ち寄っている。結果的に同大学との良好なパイプはできあがっていたのだった）。

口には出さなかったが、敬三は、昭和三十一年宝酒造のビール工場竣工の際、ドイツ・スタイネッカー社製の最新鋭設備をみて、「なかなかやるわい」と内心では感心していた。同社の会長大宮庫吉がみずから西ドイツ（当時）まで出かけてプラント類一切を注文してきたということを聞いていたからであった。その後、記者の質問に答えて、敬三は宝酒造の工場設備を誉め、あわせて品質もしっかりしている、と語っているのだ。

発売された「タカラビール」は、はじめのうちはひろく消費者の関心を集めた。ビール業界も、当初はドイツから輸入した最新鋭の技術と設備ということで注目していたのである。

さて、外遊から帰って、何カ月が過ぎたであろうか。敬三は時間を見つけては、欧米酒類事情の探訪記を書いていた。新しい知識を得て、考えることはいくらでもあった。しかし、多忙な時間を割くことはなかなか厳しかったが、ものを書くことは、発想を豊かにし、考えをまとめるうえで大いに役立つこととさとり、黙々と書きつづけた。

敬三は、「タカラビール」の動向にも注意を払っていたが、その時期「世界の銘醸地紀行」を書いていると、心身が弾むような昂揚した気分になってきたのである。はじめて経験することであった。

そしてどこからともなく湧いてくる「ビールをやれ。おまえの力で寡占市場に挑戦しろ。ビールをやらなくてはダメだ」という心の声が、はっきりと聞こえてきたのである。心のざわつき、いや高揚感といったらよいのだろうか、それはあきらかに聞こえてくる声が原因だった。やがてそれは決心となり、揺るがぬ確信へと変わっていったのである。

むろんひとつには何度もふれるように敬三が十歳のとき、昭和三年（一九二八）だったが、父・信治郎が日本興業銀行の担保流れになっていた横浜市鶴見区市場町にあった「日英醸造」を買収し、ビール事業に進出したことにあった。ビールを売り出したのは昭和四年（一九二九）一月一日、なんと山崎工場のモルトを使った「サントリーウイスキー白札」を発売する三カ月前だった。

実に大胆な経営判断だったと思われるが、これも挑戦であった。寿屋は、はじめ「新カスケードビール」、つづいて「オラガビール」を発売したのである。信治郎は、ビールのために足かけ五年の間、あれこれ知恵を絞り血の汗を流して奮闘してきたのだったが、昭和九年（一九三四）についに刀折れ矢つきて手痛い一敗を喫したのだった。その敗退で地に塗れたときの父の無念さを、十五歳になっていた敬三はよくおぼえていた。

信治郎がビール業界への進出を決意したのは、時あたかも昭和恐慌がはじまる前年であった。逆風に向かってのビール事業への挑戦だったが、この業界も当時きびしい戦国時代の様相を呈していたのだった。「加富登《かぶと》麦酒」「日本麦酒鉱泉」「札幌」など八社のビール会社があったが、信治郎の「新カスケードビール」「オラガビール」だけでなく、これらも次々に倒産や合併に追いこまれたのである。

そのうえ官による企業統合も進み、まもなく大日本麦酒と麒麟麦酒の二社になってしまった。大寡占状況の出現である。この時期は、同時にまたウイスキー「白札」を発売して、その売り込みに、信治郎は悪戦苦闘の真っ最中でもあった。

だからまた、終戦から数年たった昭和二十四年（一九四九）、阪急グループの総師・小林一三から

「ビール事業へ進出してはどうか。阪急百貨店や宝塚のレストランなどで扱うから……」という勧誘を受けたときのこともよくおぼえていた。後年、ビール事業について取材を受けると、必ずといっていよいくらい、敬三はそのことを自分から話題にした。

ビール事業について、昭和四十三年（一九六八）、敬三にロング・インタビューをした経済評論家の二宮欣也は、敬三から聞いた小林一三の提案について、次のようにかなり具体的に書いている。まず、小林一三がこう切り出している。

「鳥井さん、日本では大手何社かが全国的な規模でビールを売り出しているが、味はまったく同じだ。だがドイツを見てごらんなさい。各地方ごとに個性のあるビールが出ている。日本でも、もっとちがった味のビールがあってもいいと思いませんか。もし、あんたがそういうビールをつくって、私が阪急系統で売れば、中間マージンもいらないから、いまやっている〝阪急ライスカレー〟のように安値で売れる。ひとつやってみませんか」

この小林一三の提案に鳥井も大いに色気をみせたようだった。しかし、実際にいろいろソロバンをはじいてみると、新工場を建設してやっていたのでは税金は高いし、ビールは公定価格だし、利幅はほとんどない。

「やっぱりあきまへんやろかなあ」

二人は顔を見合わせて笑い、計画は見送りになった。

信治郎が執着をもちながらも断念したのは、ビール事業とはもっと大きなロットで勝負する規模のものだと、体験的に知っていたからだ。敬三には、事業の近代化へのチャンスかとも思われたが、このときの父はどこまでも慎重であった。

## ビール事業へ挑戦

そして激動の昭和三十五年（一九六〇）を迎えた。

六月、安保改定騒動で岸内閣が退陣し、かわって池田内閣が誕生した。新首相池田勇人は「所得倍増政策」を前面に押し出し、政治の季節は、経済の季節に変わろうとしていた。それが九月五日だった。

時代が確実に動いていることを、敬三は肌で感じた。個人所得は向上し、都市への人口集中はいっそう顕著になるだろう。事実、経済成長の軌跡は、後になってわかるのだが、昭和三十五年に一世帯当たりの消費支出は三万二〇九二円だったが、八年後の四十三年には実に六万七四〇二円と倍増しているのである。むろん所得が急激に増えたからだった。ウイスキー消費がブームになっているということも、こうした背景のもとではわかりやすい。当然、ビールへの波及効果が考えられたのである。いや、ビールの伸びはウイスキーを凌駕しはじめていたのだ。しばらく前までは、ビールには割高感があるといって敬遠し、ウイスキーを家庭で飲む消費者がかなりあったが、市場に変化が起きている。敬三は、決断の時がきたことをはっきりと自覚した。

時代の風を背中に感じたということでもあろう。「私の履歴書」のなかで敬三は、はじめてビール進出への決意を父・信治郎に打ち明けた日のことをこう書いている。昭和三十五年九月の休日の午後であった。

昭和三十五年、自宅で静養している父の枕元で、私はビール事業進出の決意を打ち明けた。しばらく考えこんでいた父は、やがて低い声で「やってみなはれ」とつぶやいたことになっている。この言葉は、後年父の一生を『大阪の鼻』と題して芝居に仕立てていただいた北條誠氏の名筆によると、更にドラマチックになる。

「わてはこれまでウイスキーに命を賭けてきた。あんたはビールに賭けようというねんな。人生はとどのつまり賭けや。わしは何も言わん。やってみなはれ」。

父はサントリービール発売を待たずに昭和三十七年二月に亡くなった。享年八十三、法名釈寿信。合掌。

冷静な書きようが感じられるが、この「やってみなはれ」は、第二の社是といってもよいくらい同社の従業員は日常感覚で捉えている。それは二十一世紀の今日、いま現在も変わらない。現社長の佐治信忠は、パイオニア・スピリッツの同義語として受けとめているという。社員の心にもしっかり刻まれているのであった。これは目前の課題に挑戦する姿勢であり、その実行を示唆し促してもいる。

敬三は、この回想の場で、思い入れをあえておさえて「しばらく考えこんでいた父は、やがて『やってみなはれ』とつぶやいたことになっている」と意外にも醒めた、突き放したような書き方をしている。

信治郎は、「やってみなはれ」ということばを、この場面で、むろんはじめて口にしたわけではない。明治の創業以来、従業員たちは、いつも信治郎に「やってみなはれ」と、尻を叩かれてきたからであった。先にあげた山崎工場（蒸留所）の主《ぬし》でもあった名ブレンダー大西為雄は、一九六〇年代後半には同蒸留所の工場長だった。毎年、新入社員の工場実習のときにもいろいろ面倒をみることに熱心で、大将こと信治郎の話を、若い連中にするのが好きだった。よく研修のあとの打ち上げに出かけては、エピソードを話して聞かせていた。が、大西がいつも得意そうにいうのは、「大将はナ、すぐにバクダンを落とす人やったがね、小さなことでも提案すると、よろこびはって〈やってみなはれ〉とよういわれたもんや」という話だった。

敬三が書いているように、ビール事業進出への決意を語るこの場面での「やってみなはれ」という、最短のフレーズは、まさにこの場面のために用意された言葉であった。

劇作家北條誠がドラマティックな場面作りに使ったのも、そうしたシーンの後世への効果を読んでのことであったのだろう。ここで断っておくと、この芝居は東京では新橋演舞場で長門裕之の主演で上演された。原作は杉本久英著『美酒一代』だった（大阪は道頓堀中座で公演された。この劇場はすでに閉館している）。

そしてさらに興味深いのは、この「やってみなはれ」が、いまではひろく人口に膾炙していることだ。ある新聞のコラムは、こう書いている。そんなに古いことではない。

……鳥井信治郎の言葉が「やってみなはれ」であって「やりなはれ」でなかった点である。「やりなはれ」なら社運をかけた決断！という重みが残っている。「やりますけど、失敗したらどうしますねん」という感覚だ。しかし、「やってみなはれ」となると見事に変わる。「みる」は「試行（トライ）」である。やってみてうまく行けばそれでよし。やって「みて」だめなら、だめということが分かる。またトライすればいい……。／同じ重大な決断なのに、前者は「深刻さ」や「恐怖」がある。後者にはない。物事の結果との距離、心の余裕があり、トライを楽しむ心すら感じられる。「真剣」であっても「深刻」ではないのだ。

（朝日新聞、平成十一年五月十七日付朝刊）

このコラムは、むろんサントリービールの進出時に、信治郎が敬三の決心を聞いて語った言葉として、そのエピソードを紹介しながら書かれているが、若い読者に向かって「やってみなはれ……それは就職・転職という重大事はもちろん、人生のあらゆるシーンで役立つ示唆に富んだ言葉である」と結んでいる。

たしかに、やってみなければ結果はわからない、という教えでもあったのだ。「人生はとどのつまり賭けや」ということでもあろうが、そこまで言わなくとも生きるうえで十分に効用のある言葉であることに間違いはない。

ともかくビール事業への新たな挑戦への「断」はくだった。

ことは隠密に進めなければならなかった。タカラビールは昭和二十九年、工場設置の内免許申請をするにあたって、既存の各社に動きを読まれて、あからさまな妨害にあっていた。当時ビール業界にはそんな険悪な謀略が蔓延《はびこ》っていたのである。そして宝酒造はそれが原因で一シーズンを棒に振ったのだった。ちょっと想像しにくいが、認可手続きを先願して、内免許取得を邪魔するというやりかただったようだ。弱肉強食といわれたが、どこまでも陰険な妨害だった。（業界によっては、現在ではサイバー攻撃でライバルを蹴落とす企業間競争が起きているようだ。怖い話だが、まんざらウソではあるまい。）

敬三は隠密作戦を「シュタインヘーガー」と名づけ、それを合言葉とした。これはドイツのジンに似た蒸留酒の名である。作戦行動は開始された。敬三を中心に、まず上層部だけの極秘のプロジェクトチームが組織され、連日、夜中までの会議となった。社内の首脳があつまった会議では、次のような必須の課題があげられ、知恵を絞り出すことに集中したが、多くの困難が予想された。

①どんなタイプ、どんな味・香りのビールをつくるべきか？　②工場の場所、敷地、建設をどう進めるべきか？　③麦芽やホップをどう調達するか？　④販売網をどうつくっていくか、宣伝をはじめマーケティングの方法はどうか？　⑤関係部門の従業員の補強をどうするか？

それぞれ担当部門が抱えた課題ではあったが、なかでも四番目にあがった「販売網とマーケティング」は、この新規事業の最重要テーマであり、生命線であり、一番の難題であった。ウイスキーに関しては、全国に長年強い販売網を築いていたが、とにかくビールの専売制、特約店制は、立ちはだかる最難関の課題だった。

敬三は、新しいビールの発売を昭和三十八年（一九六三）四月と決めた。そのためには先の四つの課題を同時に進めなければならなかった。工場建設は、用地が決まり、設計図が完成し、施工する建築会社が決まってから二年はかかる、というのが当時の業界の常識だった。

## 首都圏への集中作戦

昭和三〇年代は、都市化が急速に進んだ時代である。ウイスキーが売り上げを急激に伸ばしたのは、首都圏と大阪など大都市を中心とするサラリーマンがブームの立役者だった。団地が建設され、都市化によって中産階級が大量に台頭しはじめて、販売エリアがおのずから集中できたことがブームの大きな要因になっていた（ちなみに古い事例だが、英国でウイスキーが急に飲まれだしたのは、産業革命でロンドンをはじめ工業都市に労働者が集まるようになったからだといわれる。都市化がその国の飲酒習慣を変えたのである）。

敬三は、ビール事業に進出を決めると、すぐに用地確保に動き出した。ビール工場の最初の候補地は、銀座からクルマで七、八分のところ、すなわち東京湾に面した晴海の国際見本市の開かれる会場に隣接した土地があげられた。奇しくも現在、サントリーホールディングスの東京の拠点となっている社屋「サントリーワールドヘッドクォーター」があるお台場海浜公園のすぐ近くであったという。不思議な縁ではあるが、そこは当時残念ながら敷地にゆとりがなく、回収してきた空瓶の置き場が確保できないという理由で却下された。検討会議では、その用地に六階建てのビアレストランを併設した最新工場を建設する案も出されたというが、見送らざるを得なかった。今やすこし惜しい気がする。

目黒の近くや横浜の保土ヶ谷方面なども候補地としてあがったが、幾多の曲折をへて、最終的に工場用地は東京西郊の府中市に決まった。九万平方メートルの敷地に建坪三万三千平方メートルの工場を建てるのである。欲をいえばもうすこし広い用地だとよかったと敬三は思ったが、多摩川の豊富で質の良い伏流水は魅力であった。近くにはＪＲＡの東京競馬場もあって、当時は富士山がよく見えた。後年、じっさいに工場ができてみると、競馬場の正面スタンドからビール工場がよく見えたし、テレビの競馬中継の画面にもよく映ったのだ。竣工当時、宣伝制作課係長だった競馬好きの山口瞳はとても喜んでいたし、のちに中央高速道路開通後、ユーミン（当時の荒井由美）が「右に見えるは競馬場、左はビール工場」と歌って有名になった。

しかし、当時はすべて隠密作戦中の行動である。用地の買収にあたっても、地主に対してビール工場建設予定地だとはいえない。「ウイスキー増産のため」に武蔵小杉の多摩川工場につづく、関東第二の洋酒製造の拠点という名目で用地取得を進めたというが、全貌を話すことができず、難航する場面もあった。

そのころの工務担当常務は本多久吉で、工場の竣工後には、新設の広報部によく顔を出し、必要な動きは細かく話している。生産部門の責任者でありながら、「これからはマーケティング、宣伝、広報活動がとくに重要やな！」といつもいっているような、わけ知りの役員だった。阪大卒で敬三とは同窓であった。ビール工場の土地購入の苦労話もマーケティングにかかわるひとつであった。

同時進行で手際よく進めなければ、とても計画どおりプロジェクトの実現は見込めない状況だった。

敬三は、八面六臂の働きで、難題を一つひとつ解決していったが、その間に既述のとおり、書き下ろしの原稿執筆を抱えていたのである。前年の世界の酒の探訪記を、文藝春秋から上梓する約束をしており、みずからペンを執って原稿用紙を埋めていたのだ。それでも敬三は原稿をなんとか無事脱稿した。むろん口述するのを記者が書いたのではない。敬三は生涯を通じて、大事な原稿は口述筆記や、まして代筆を依頼したことはなかった。最晩年に「私の履歴書」を書いたときは七十五歳と高齢であったが、みずからペンを執り日本経済新聞社のデスクが戸惑ったくらいだった。

敬三にとって処女出版となったその単行本は、一九六〇年十二月に『洋酒天国——世界の酒の探訪記』という題名で文藝春秋から上梓された。ときあたかも洋酒ブームの真っ只中、絶好のタイミングであった。敬三の処女作は早くもその月のベストセラーのスターダムにあがり、「佐治敬三」の名は、世のインテリ読者に知られることになった。

敬三が社長に就任したのは、その半年後の翌三十六年（一九六一）五月である。公式発表や、得意先、関係先へのいくつかのお披露目の会が催されたが、そんな多忙な最中にもビールのプロジェクト「シュタインヘーガー作戦」は鋭意進められていた。ビール製造の技術面を固めるために、その月（五月）には四人の技術者（國田稔、西沢力、熊田順一、安倍川佳司）に対し、社内にも極秘でドイツをはじめヨーロッパのビール醸造を研修してくるように指示したのだった。

敬三はビール事業へ進出という正式発表を、社長就任のわずか四カ月後の昭和三十六年（一九六一）九月八日とすることにした。情報漏洩を防止するためには、この日が限界だった。

用地を正式に買収し、製造内免許の取得をするためには、この時点でベールを脱がなければならなかったのだ。そして幸いなことに、この時期まで機密は業界にもまったく漏れることなく、計画は順調のようにみえていた。ほぼ一年間にわたる隠密作戦は成功だった。むろん正式に手続きをはじめたところ、情報が一部に自然に流れ、業界はもちろん、関係先すら寝耳に水と驚いた。

そして九月八日午前中に、工場予定地（府中市）に近い立川税務署にビール製造の内免許申請を提出、午後、帝国ホテルに数十人の報道関係者を招いて、敬三が正式発表することにしていた。ビール工場用地であることの説明ができなかった府中の地主へのお詫びと釈明を、手ぬかりなくすませた。

記者会見は盛り上がった。その日のうちにテレビやラジオが速報した。翌日の各新聞には、「洋酒の寿屋、ビールに進出！」という大きな見出しが躍った。酒類のなかでもビール市場は巨大で、話題には事欠かなかった。「寿屋、ビール業界へ殴り込み」という大見出しさえみられ、反響は大きく、好意的な報道もあれば、寡占市場でタカラビールが苦戦中ということもあって、きびしい見方をする新聞もあった。

記者会見で、一番多かった質問は「洋酒がブームといわれるくらい順調なのに、なぜあえて寡占市場のビール事業に進出するのか」ということであった。たしかにウイスキーは、オールド、角瓶、トリスを軸に絶好調であった。後年、山口瞳の畢生の名コピーといわれ、一時代を画したといわれた「トリスを飲んでＨＡＷＡｉｉへ行こう！」キャンペーンは、この記者会見の三日後の九月十一日から実施されたのである。

敬三は記者団の質問に、率直に考えていることを答えた。まず言いたかったことは、何よりもわが国のビール党に、画一的なタイプのビールではなく、新しい高品質のおいしいビールを届けたいということ、そして、それが酒類業界でも最難関のビール市場への挑戦であるから敢えて決心したということだった。次にビール事業への進出が、洋酒メーカーにとっても大きな夢であるからだ、とも語った。つまり市場が巨大で、ビールづくりは酒類製造における近代装置産業としての魅力があること、寡占市場に挑戦することによって、社内の空気をピンと緊張させるためにもぜひとも成功させたい、と胸の内を具体的にのべたのである。

そして、翌十月、敬三はビール事業の構想をさらに具体化するために、東大で農芸化学を専攻した村上満をはじめとする技術陣や、販売部門の中核を担う杉村正夫、宣伝・デザイン部門の安村圭介らを同道させて、ベルリンに留学中の先の四人と合流し、計画どおり作戦を進めたのだった。杉村は同志社大を出て陸軍士官で終戦を迎えたやり手で、のちに宣伝部長をへて専務になった。のちに広報部長となる安村は慶應義塾大出身の俊才だった。

### 寡占市場へ いかに乗り込むか

わが国の寡占市場の例として、その頃、板硝子業界とビール業界があげられることが多かった。たしかにこの二つの業界は、三社で市場のほとんどですべてを占有している状態であった。ビールはキリン、アサヒ、サッポロであり、板ガラスは旭硝子、日本板硝子、セントラル硝子という具合である。むろん他にも寡占状況の業界はいくつもの例があって、当時から話題になっていたのは塩化ビニール（上位三社で八九％の占拠率）、腕時計（同九三％）、粉乳（同九一％）などであった。しかし、今、寡占業界は身近なところにいくらでもあげることができる。マイクロソフト、アップルのパソコンのOSは、いかんともしがたい独占状態であろう。携帯電話も、NTTドコモ、au、ソフトバンクのたったの三社である。

だが、当時をふり返れば、ビール業界の寡占状態は、まるでカルテルの網が張りめぐらされているかのようだった。原料の二条大麦は割当制で、自由な輸入はできず、国内の大麦生産者にまでカルテルの網を張りめぐらし、他社の参入は不可能だった。したがってそんな寡占の弊害で、どの銘柄のビールも味や香りが同じで、区別もつかないありさまだったといってよいであろう。

なかでも全国の卸問屋は、建て前上の東京と横浜を除いて、ビール三社の特約卸売店に指定され、そのほとんどは専売契約に縛られて一社の製品しか扱えなかった。当然、小売店にもそうした縛りが、多かれ少なかれ、かけられていたのである。この半世紀の間に、スーパーやコンビニやいわゆる量販店の登場で酒販免許の自由化も進み、流通業界は大きく様変わりしているが、現在でも、地方のビール卸には専売制が根強く残っているといわれる。

宝酒造は、新たにビール業界へ進出するためにどのような流通戦略をとっていたのか、気になるところである。すでに書いたように、タカラビールの木崎工場は、ドイツのスタイネッカー社からプラント類を導入し、当時、三十億円を超える総工費をかけて昭和三十一年（一九五六）群馬県に建設されたすぐれた工場だった。翌年四月からビールを出荷するが、とくに関西方面における卸の専売制度が大きなネックだった。そこで宝酒造は、個別にビール卸会社「阪神ビール」を設立して対応したのである。昭和三十五年から三十七年にかけては、好景気と天候にめぐまれて、ビールブームが起こり、毎年前年比が二十%から三十%増という、今では考えられないような大幅な消費の伸びをみせていた。

その勢いに後押しされ、タカラは昭和三十七年に京都工場を竣工させ、操業をはじめる。業界は過熱気味で、アサヒ対サッポロの闘いは、北海道にアサヒの新工場ができて一段と激しさを増し、キリンも高崎工場、福岡工場を竣工して参戦したのである。

しかしながら、タカラビールは急ブレーキがかかり売上げが伸び悩む。累積赤字も膨らんでいった。いかなる合理化も奏功せず、ビール事業からは、前述のように昭和四十二年四月で、「完全撤退」だった。あっけない幕切れだったが、いろいろあげられる原因のうち、既成の専売制度によって既存三社からいびり出されたというのが真実をついているといわれた。免許制の事業でありながら、宝酒造のような大企業がこうした撤退に追い込まれるとは、「官が民を殺したのだ」と書いた新聞もあったのである。

販売ルートについて考えあぐねていた敬三は、「前車の轍」を踏まぬようにするためには、流通の厚い壁を乗り越えなければ活路はないと思った。とつおいつ考えたが名案は浮かばない。資本力があるからといって、独力で卸会社を作ってもダメなのだ。

昭和三十七年十一月のある日、敬三は思い切って財界の名士でもあった朝日麦酒の社長・山本為三郎を訪ねたのである。前年二月に父・信治郎が他界したときに、友人総代を買って出て務めてくれたのは山本為三郎であった。そうした親近感と恩義があった。このとき敬三が、もし思い切った決心をしなかったら、また、のちに敬三自身が書いたように、山本為三郎の大英断がなかったら、はたして今、サントリービールは存在していたかどうかわからない。「私の履歴書」で、敬三はこう書きしるしているのである。

その山本氏が実は父信治郎とは竹馬の友、父のほうがやや年嵩ではあったが、同じ大阪の船場の育ちで、同じ食品業界に身を置き、若い頃からの「おれ、おまえ」の仲であった。後年お宅にご挨拶に上がるとご令室がきまって相手をして下さり、「信治郎ハン」の息子として、何くれとなく温かく接していただいたことを懐かしく思い出す。そうしたご縁を心の頼りにして、お助けをお願いしたわけである。事情は百もご承知であったし、とくに三社によるカルテルが新参者の宝を追い詰めていることについては、内々少なからず懸念を深めておられたらしいことが、お言葉の端々からうかがえた。お目にかかってわずか二回目の時に思いもかけず、山本氏は「よし、わかった。それではうちの会社でサントリーを助けてやろう」という大英断を下された。勿論、それには条件があった。

山本為三郎は、政界にも、官界にも、またむろん財界にも大きな影響力をもつ経営者であった。山本の考えは、「サントリービールは、いわばサントリーに造らせている朝日麦酒のひとつのブランドという扱いをしようということである」と敬三は当時のことを書き残している。つまり、それによって卸との間の専売契約はクリアーできる。そして朝日麦酒はもうひとつ条件を出した。「経営についての大きな問題は、工場の増設、新設など、朝日の承認を受けること。また値段その他の販売条件は勿論、朝日と同一でないといかん」など、であったという。

いろいろ条件はついたものの、これで一応流通網の難問は解決した。朝日の特約店にとっても、扱いが一銘柄増えるということは、確実に販売増につながりメリットも大きい。この契約が共同声明として発表されたのは、同年十二月二十日だった。

この件について、後年、朝日麦酒の社史『アサヒビールの120年 その感動を、わかちあう』(二〇一〇年十一月)は、さらにこう書いている。「共同声明の翌日、十二月二十一日に行われた支店販売関係者に対する説明で山本社長は〈わが社の寛容な態度を社会に十分認識させ、これを活用して販売活動を推し進めれば、わが社にとって大いに利益になるものと思います〉と述べ、社員の理解を求めた」ということであった。

後日、「さすが、山為さん!」とサントリーの首脳部の面々は唸ったという。軒を貸したとて、この条件のもとでは、朝日に損はなかったからだ。しかし、後々までこの措置をサントリーは感謝している。そして、この契約の保証人が、東洋製罐会長高碕達之助と毎日新聞会長の本田親男だったことにも意味がある。高碕は、日中貿易の架け橋となった人物で、経済企画庁長官や通産大臣を歴任した異色の財界人であり、信治郎ともごく昵懇の間柄だった。生前、父・信治郎は、何くれとなく「敬三を頼みます」と高碕に依頼していたこともあとでわかったと、敬三は「私の履歴書」で書いている。

本田親男は、社会部記者から毎日新聞社長になった人物だ。信治郎は新聞をはじめメディアとの付き合いが深く、人脈の太いパイプがあった。とくに毎日新聞には、輪転機を寄贈したという逸話が残っている。本田は新聞だけでなく、毎日放送の前身である新日本放送設立にもかかわっていて、名プロデューサーとして鳴らした早稲田大学の後輩だった小谷正一を育てたことでも知られている。

ちなみに本田は鹿児島出身で早大英文科中退ながら、在学中は「早稲田大学新聞会」で活躍し、OBの集まりである「稲新会」では、読売新聞社長・会長だった務台光雄《むたいみつお》、朝日新聞代表取締役だった信夫韓一郎《しのぶかんいちろう》、名コラムニストで十七年間朝日一面の「天声人語」を書いた荒垣秀雄などとともに出世頭といわれた。

のちに本田は敬三に乞われて、大仏次郎などとともに、同三十六年十一月に東京・大手町に開設したサントリー美術館の運営委員として長年名を連ねた。

## 遂にZ旗はあがった

ビール事業への進出を正式発表してからは、さらに多忙の日がつづいた。工場の建設は第一の急務だったが、国内のビール市場の分析を慎重に進め、世界のビール事情を調査するうちに、新しいビールの品質設計、つまり、味、香りのタイプの決定が、いかにむずかしいことか、痛いほどわかってきた。

ビールのタイプを決め、プラントを発注し、新工場を竣工させるまでに、敬三は都合二回、ヨーロッパへビールの再調査と準備のために出かけたのである。ビール醸造技術者の養成にかけては世界的に有名なベルリン工科大学ワインシュテファン校の醸造学のカリキュラムでは、すでに派遣した技術者たちが学んでいた。同大学のビールづくりの世界的権威コルバッハ教授とは以前から昵懇であったのだ。また、一方の雄であるミュンヘン工科大学のシュスター教授やワインフルトナー教授からも何度か話をきいた（このとき、キリン、アサヒ、サッポロ、タカラなどのビールを持参して飲んでもらったという。徹底した品質、味、香りへのこだわりがあった）。

ビールづくりの技術面での最新情報についても多くの事例を聴きとり、ビール会社、工場、研究所などにも訪れ、技術者やビール工場の従業員教育などの周辺情報をあつめることを忘れなかった。敬三は二度の「ビアライゼ」（ビールの旅）を体験したが、緊張感が募る真剣勝負の重要決定をするための旅であった。それは次のとおりであった。

第一回　昭和三十六年十月　製造・販売・宣伝の首脳を同伴し、先発留学組の技術陣と合流、ドイツのベルリン、ミュンヘン、ニュルンベルク、シュツットガルト、ドルトムントを訪ねデンマークに行く。

第二回　昭和三十七年五月、宣伝計画を練るため、開高健、柳原良平を同伴。パリ、コペンハーゲンを中心に、マーケティングの調査をした。

敬三は、第一回の十月の旅でひとつの結論に到達していた。理想とするビールのタイプを決断したのである。すなわち、この技術陣とマーケティングチームとを同伴した第一回ヨーロッパ調査の旅で、「カールスバークの樽生ビール」に注目したのだった。コペンハーゲンの「オスカー・ダビッドセン」

というビアレストランで味わったビールが、まさにこのカールスバークだった。

すでにドイツビールをはじめベルギー、オランダ、チェコなどの数百種類のビールの試飲を繰り返してきたので、ヨーロッパのビールの全体像はおよそ摑んでいた。それだけにデンマークタイプのクリーンな味とフレッシュな香りに魅了されたのである。――

昭和三十六年十月三十日、府中の新ビール工場建設のため、地鎮祭が行われていた。

ビールの新発売は、昭和三十八年四月と決めていたから、まったく限られた時間しかなかった。デンマークのビール・コンサルタント会社ブレデコ社と世界的に著名なアルフレッド・ヨルゲンセン醱酵研究所から技術導入を受けることになっていた。

製造担当常務の本多久吉は、敬三の命を受け、その日のうちに技術者をつれてデンマークに飛んだ。デンマークの専門家たちと膝づめで工場建設計画を検討したが、すでにドイツのチーマン社に発注してあるプラント機械の一部をキャンセルしなければならない事情も出てきたのだった。醸造過程で雑菌の発生を極度に嫌うデンマーク流は、微生物管理が徹底していた。プラントのパイプ一つ、コック一つにも、細心の微生物管理を要求するものだった。サニタリー思想（微生物的衛生観念）の徹底であるが、この管理思想の導入は、以後、サントリーのかけがえのない財産となったのである。

昭和三十六年十二月十九日には、ヨルゲンセン、ブレデコ両社との契約に至り、敬三をはじめ技術陣は次のことを確認した。

①寿屋は第一級のデンマークタイプのビールを作る。②技術陣および製造スタッフはブリューマス

ター、ブリュワーのトレーニングをデンマークで受け、デンマーク側は、コンサルタントを寿屋に派遣する。③製造されたビールについて適切なアドバイスをおこなう。

これらの条項に従って、ドイツで研修中の技術社員は、引き続きデンマークで醸造実習を受けることになった。若手から中堅社員まで数十人にのぼり、各分野を合わせて三十九名が派遣されている。

工場建設が進んでいるあいだに、製造に携わる従業員の研修がおこなわれ、また同時に、売るための戦略が動きはじめていた。プレ・キャンペーンともいう宣伝活動が開始されたのは、翌三十七年五月で、最初に打ったのが、「ビールによい名前をつけてください」という新聞一ページ広告だった。

二十日間という短期の募集期間だったが、五十二万通以上の消費者からの応募があった。「ふじビール」「さくらビール」「やまとビール」など、昔なつかしい名称もあり、多彩な命名が寄せられたが、結果は、

### 社名変更を断行

「寿屋のビールが決まりました! 〝サントリービール〟です」

という告知広告となった。このとき、敬三は社名を「サントリー」に変更することを決意した。

前年十二月から、宣伝部制作課に並列の組織で「ビール宣伝課」が設けられていて、細野課長以下、クリエイターとして、開高健、柳原良平、坂根進など六名が所属し、すでに活動を開始していた。他の業務に煩わされることなくビール宣伝に集中できるクリエイターをおくように敬三が指示したのだった。山口瞳はビールにもかかわったが、所属では洋酒宣伝を任されていた。

翌三十八年(一九六三)新年の新聞に、「乾杯! 一九六三年」という大きな文字で、バイキングの

「角さかずき」がデザインされ、デンマーク風の「北欧の味」を象徴するラベルがベールを脱いだ。さらにビール宣伝課は、『洋酒天国』と並ぶ、やや大判の『ビール天国』を発行して、北欧ムードの醸成に努めた。

一方、この時期には国際化の動きがにわかに活発化しはじめた。昭和三十七年五月には、メキシコの現地資本との共同出資で「サントリー・デ・メヒコ社」を設立し、現地でウイスキーの瓶詰を開始していた。こうした国際化の動向と、ビールの新発売にあわせて、敬三は、長年なじんできた社名「株式会社寿屋」を、翌三十八年（一九六三）三月一日、「サントリー株式会社」と正式に変更した。これは注目をあつめた。敬三の本気度が、ここに表れていたからだった。しかし世間でも東洋レーヨンが「東レ株式会社」になり、帝国人造絹絲が「テイジン＝帝人株式会社」となった時代だったから、寿屋から国際的にも通じやすい「サントリー株式会社」への変更はグッドタイミングという評価であった。

同年四月二十日、新工場は「武蔵野ビール工場」と名づけられ無事竣工した。総工費三十七億円、実質工期はなんと三五〇日だった。超短期間であったが、やるべきことはすべてやってきた。竣工式当日の来賓は一五〇〇名、朝日麦酒の山本為三郎は祝辞を述べたが、サントリービールの品質をすこし誉めすぎたために、朝日の社員が違和感をおぼえたほどだった、とのちに伝えられた。

開高健も柳原良平も山口瞳も、一接待要員として工場内に設営された会場を駈け回っていた。

竣工式のほぼ三カ月前の一月二十三日。デンマークのヨルゲンセン研究所からビール酵母が空路運ばれてきた。翌二十四日、工場内での神事のあと、仕込釜の火入式を行った。そして敬三は自分の手

サントリービール発売時の広告

で、デンマークから遙々届いたばかりの酵母を「酵母培養器」に注入し、一連の重要な本番への儀式は大事なく無事にすんだ。順調な醱酵と一定期間の貯酒を終えて、瓶詰作業が開始されたのが、四月十一日だった。

敬三とは海軍燃料廠で仲間であった工場建設委員長（取締役工場長）を務めた山崎悠三は、大阪工場長から異動して、ビール工場の建設現場で不眠不休の督励をしていたのだった。しかし無理がたたり、工場竣工ののち、体調を崩し、まさにビールづくりに命をささげつくして四十六歳の若さで他界した。敬三には実に痛恨事であった。

四月上旬、いよいよ瓶詰を開始する直前、工場の貯酒タンクの前で最初の一杯を口に含んだとき、敬三は思わず、「これやな!」と、周りが驚くほど大きな声を出していた。ビールの出来は、素晴らしかった。

その直後、武蔵野ビール工場を訪れた世界的なビールの権威、ベルギー・ルパン大学のクラーク博士は、工場内をくまなく視察し、新しいビールをコステン（試飲）した。泡とビールの色の具合を見、香りを嗅ぎ、口に含んで、実によいビールができたと称賛の言葉を発した。

竣工前に、工場を訪れた内外の権威が評価した品質鑑定の言葉が残っている。これは当時、社内報で全社員に伝えられたが、現在のサントリービールがもつ貴重なDNAとして、今なお生きている評言だと思われる。サントリービールの原点である。

クラーク博士（ベルギー・ルパン大学教授）、

「苦味がじつにまろやか（マイルド）で、すっきり（フレッシュ）していてよろしい。曖昧な味でないのは、微生物学的に雑味がないからです。これこそクリーンなデンマークビールの味です。」

また、わが国の醗酵学の権威、坂口謹一郎博士（東大名誉教授）、

「すっきりした味ですね。ちょっと他のビールにはない香りがしますが、これは良質のホップの香りです。このすぐれた特色はいつまでも持ち続けて欲しいですね。」

二人の権威の品質評価で、「サントリービール」の味と香りの特徴には、折り紙がつけられた。いよいよ本格的な宣伝活動を開始する時期が迫っていたが、その前に敬三は一度帰阪して、まずこのビールを味わうことなく前年に逝った父の墓前に供えたのだった。そして「これからが、いよいよ挑戦本番です！」と掌を合わせた。

敬三は、本来自分がねらっていたいわば理想のビールになったと確信を深め、宣伝会議にも進んでみずから出席し、開高健や柳原良平たちと意見を戦わせた。

「スッキリとして、まろやか。クリーン・アンド・マイルド」を、宣伝活動のポリシーに取り入れ

ようという結論になった。これまでビールの広告ではみられないビジュアルな戦略を前面に押し出すことにしたのだった。

「サントリービール」は、四月二十七日に東京地区限定で新発売となった。市場に出ると、当初は爆発的な売れ行きをみせることになる。

緒戦、サントリービールの売れ行きが好調だったので、社内は浮き立っていた。東京地区で新発売された三日後の四月三十日、社内の掲示板にひときわ大きな佐治敬三社長直筆の檄文が張り出された。黒々とした墨で勢いのある太い文字が印象的だった。そして檄文の中身は、社長がその思いを切々と訴える声が迫ってくるようだった。ロビーから資材部の方へ、入口を一歩入った右手の壁面に、その檄文は張り出されていた。誰もがそこをとおるので必ず読むのであった。こんな文面である。

待望のサントリービールの初荷が東京地区で発売されました。幸い、きわめて好評で、たちまち品切れです。皆さん、おめでとう。

しかし、戦いはいまはじまったばかりです。今後おそらく十年の歳月を必要とするでしょう。緒戦の成功に酔うことなく、全社一丸となって努力を傾けなくてはなりません。私も、あるかぎりの力をもって、これにあたる覚悟です。

サントリーの興廃は、この一戦にかかっています。各位一層の奮励を切にのぞみます。

昭和三十八年四月三十日

これはまさに、あの秋山真之の文章とされる戦艦三笠に乗った東郷平八郎連合艦隊司令長官によるZ旗の檄である。「皇国ノ興廃此ノ一戦ニ在リ、各員一層奮励努力セヨ」である。ここに遂にZ旗はあがったのであった。

### 関西地区も発売、しかし……

当時、都内には五千件の酒販店があるといわれていた。四月二十七日の発売にさきがけて、そのほとんどの店が注文をくれた。しかし、ゴールデンウィークの連休直前であり、多めの注文だったこともあり、たちまちサントリービールは品切れをきたした。せっかくの返り注文に応じられない。これはすぐに大きなブレーキの原因となった。

大阪を中心とする関西地区の発売は五月十六日となり、営業マンは張り切って得意先まわりをやっていたが、初めのうちはすこぶる好調だった。ところが、東京地区の状況に、そのころから急に翳りがでてきたのである。ゴールデンウィークに、一度品切れを起こしたことが、やはりブレーキになっていたのだったが、実は業界内のサントリービールに対する誹謗中傷の嵐が吹き荒れていたのである。それが流通にまで届き始めていた。

まさに先行のタカラビールが経験していたことの再来であった。

「トリス臭い」「水っぽい」「くすり臭い」「出《デン》んマーク、タイプやな」……、寡占市場に乗り込むことの現実感が、販売最前線にもひしひしと押し寄せていた。しかし、敬三は、決して当初から楽観はしていなかった。苦労は当然のことだと思っていた。

ビール営業本部は敬三の意向を汲んで、社内各部署からめぼしい人材を集め、特別販売促進隊を急遽たちあげた。社内ではこのチームを「ビール新撰組」と呼んだ。家庭用市場は銘柄指定消費が多く、難攻不落だった。新撰組は、もっぱら料理屋、バー、キャバレー、焼き鳥屋など、いわゆる業務店を訪問して注文をきいてまわったのである。彼らはときに、キャバレーの呼び込みや、居酒屋の下足番や、厨房での下働きなど身体で勝負をして、サントリービールを売り込んだのである。

発売直後の出荷数量がある。まるめた数字であるが、すこしみておこう。

発売日の翌月、五月　二七〇〇キロリットル
六月　三九〇〇キロリットル
七月　四〇一五キロリットル
八月　二二〇〇キロリットル
九月　九八〇キロリットル
十月　四一四キロリットル
十一月　三五〇キロリットル

みてのとおり大苦戦となっていた。デパートのお歳暮をねらっての作戦を、やっと相手側のデパートを口説いて実施したが、贈られた顧客からクレームが続出し、営業マンは泣くに泣けなかった。

そんななかで、有楽町や銀座や新宿のビアレストランでのサントリー生ビールの好評が聞こえてく

るようになった。「サントリービールの生はうまい」という評判である。

敬三は、翌三十九年四月、まず京浜地区で「びん生」を発売した。三年前、デンマークで飲んだカールスバークの生ビールの味をおぼえていた。サントリービールの生がうまいのは、むしろ理の当然であったからだという確信を強めていた。

なによりもサントリービールが、徹底した微生物管理の「サニテーション」（微生物的な清浄）の行き届いた清潔な工場で作られており、雑菌のないビールであることの利点を生かそうと考えた。長時間高温殺菌するいわゆるラガーではなく、瞬間殺菌機で七十度、二十秒間殺菌するだけだから、「生」の味、香りが保たれる。それでいて日持ちがする。サントリービールならではの芸当であった。これを商品化して「びん生」として出荷したのである。

結果、フレッシュなうまいビールの誕生ということで、なかなか好評であった。さらにベルギーのＩＣＳＰ（販売促進調査センター）主催のコンテストでゴールド・メダルを獲得した。これも販売成績を伸ばす大きな要因となり、この年の八月には六〇〇〇キロリットルを出荷して、タカラビールの四三〇〇キロリットルを抜いたのである。飛躍のきっかけが摑めそうなところへきていた。

### 〈純生〉を発売して「生」で先行

この昭和四十年、つまりサントリー〈びん生〉ビール発売二年目の成績は、前年比でみると一五八％で、他社の伸長率を大きく上回っていた。しかし、しょせんは絶対数量が小さいのだ。それにこの年は三五〇万ケースの目標をたてていたが、実績は二五〇万ケースであった。翌四十一年はさらにきびしい成績であった。

だが、ここで敬三は、ひとつの技術情報を摑んで、起死回生ともいうべき隠密作戦を命じていたのである。敬三をトップとして、専務、常務および各部門の首脳をメンバーとする「ビール委員会」を立ち上げた。いかにも平凡なプロジェクト・チーム名だが、重要なものほどカモフラージュの意味もあり、いかにもさりげない風を装う。じっさいはチームのメンバーの眼の色は変わっていた。市場動向をしっかり読んだ斬新な商品化計画のもとに、製造部門は新技術の導入に躍起になっていたし、販売部門はよりきめ細かい戦略を練り上げていた。新しいジャンルのビールとでもいうべき「生」ビールが誕生しようとしていたのである。五年目の再々挑戦であった。

敬三は意を決して反転攻勢の時期をねらっていたのである。チャネル対策、広告宣伝、マーケティング戦略などすべてにわたり、それまでの反省を踏まえた総合的な検討が加えられた。それまでに蓄積した高度の醸造技術をもとにして、あらたなビール製造の先端技術とノウハウを導入して新製品を生み出そうというのであった。結果的には、この新製品がサントリービール起死回生の一打となったが、さらにわが国のビールの歴史を語るうえでも、画期的な瓶ビール、缶ビールの革命をもたらすことに繫がったのである。

さて、昭和四十二年（一九六七）四月二十日、この年のビールシーズンの目玉にしようと、満を持して新製品「サントリービール〈純生〉」が発売された。同月の八日、タカラビールが、十年の奮闘の末、ついにビール市場から撤退宣言をした矢先だった。

新製品〈純生〉の瓶のラベルには、ジョッキになみなみと注がれたきれいな純白の泡が盛り上がっ

郵便はがき

料金受取人払郵便

山科支店
承認
66

差出有効期間
平成25年5月
30日まで

607-8790

（受取人）
京都市山科区
日ノ岡堤谷町1番地

㈱ミネルヴァ書房
ミネルヴァ日本評伝選編集部 行

◆以下のアンケートにお答え下さい。

＊ お求めの書店名

＿＿＿＿＿＿＿＿市区町村＿＿＿＿＿＿＿＿＿＿＿＿＿＿書店

＊ この本をどのようにしてお知りになりましたか？ 以下の中から選び、3つまで○をお付け下さい。

A.広告（　　　　）を見て　B.店頭で見て　C.知人・友人の薦め
D.図書館で借りて　E.ミネルヴァ書房図書目録　F.ミネルヴァ通信
G.書評（　　　　）を見て　H.講演会など　I.テレビ・ラジオ
J.出版ダイジェスト　K.これから出る本　L.他の本を読んで
M.DM　N.ホームページ（　　　　　　　　）を見て
O.書店の案内で　P.その他（　　　　　　　　）

＊新刊案内（DM）不要の方は×をつけて下さい。 □

# ミネルヴァ日本評伝選愛読者カード

書　名　お買上の本のタイトルをご記入下さい。

◆上記の本に関するご感想、またはご意見・ご希望などをお書き下さい。
「ミネルヴァ通信」での採用分には図書券を贈呈いたします。

◆あなたがこの本を購入された理由に○をお付け下さい。(いくつでも可)
A.人物に興味・関心がある　B.著者のファン　C.時代に興味・関心がある
D.分野(ex. 芸術、政治)に興味・関心がある　E.評伝に興味・関心がある
F.その他（　　　　　　　　　　　　　　　　　　　　　　　　　）

◆今後、とりあげてほしい人物・執筆してほしい著者(できればその理由も)

〒

ご住所　　　　　　　　　　Tel　　　　（　　　　　）

年齢　　性別

お名前《ふりがな》　　　　　　　　　　歳　男・女

ご職業・学校名
(所属・専門)

Eメール

ミネルヴァ書房ホームページ　http://www.minervashobo.co.jp/

たシズル感たっぷりのビールがデザインされていた。ちなみに「シズル」とは味わいやうまさを想起し味覚を刺激するという意味の広告用語だ。つまりパッケージからして、いかにも飲みたくなるような強い印象を消費者に与えるものであったが、なんといっても勝負の決め手は中身だった。

新発売の時期は、運悪く天候不順がつづいたが、新製品「サントリービール〈純生〉」は爆発的に売れたのだ。当時の記録をみると、十日間で四八〇〇キロリットル、五月の販売数量は、前月の四割増しの七〇〇〇キロリットルであった。京浜地区の限定販売だったが、すぐに大阪でも話題になり、六月二十日には出荷したかったが品薄がつづき、販売部は嬉しい悲鳴をあげていた。六月は一万九〇〇キロリットルを売り上げている。大阪地区の発売は七月二十日となった。

サントリー〈純生〉の広告

この年は猛暑で、ビールがよく飲まれ好調の売り上げを示した。ちなみに昭和四十二年四月から十二月までの数字があるので確認すると、業界全体が十四・一％の伸びで、キリンが九・三％、サッポロが二二・〇％、アサヒが一四・〇％であるのに対して、サントリービールは一二六・一％という驚異的な伸長率であった。

敬三は、前述のごとく「ビアホールで飲むサントリービールはうまい」という消費者の声に、反転攻勢のキッカケがあると確信していた。「びん生」は、そのねらいにそってある程度の成果をもたらしたが、しかし長くはつづかなかった。生ビールとしては〝完全〟ではなかったからだろう。

そこへアメリカのニューヨークにあるシュバルツ研究所で開発された宇宙開発にも応用されているという先端技術「ミクロ・フィルター」の最新情報がもたらされたのであった。醱酵を終えたビールの残存酵母を、アセテート製の濾紙で取り除く、高度の濾過技術のノウハウであった。

つまり、八〇%が一三・四ミクロンの無数の穴という濾紙「ミクロ・フィルター」を通せば、「びん生」のように瞬間殺菌しなくとも、フレッシュな「生」ビールが、瓶でも缶でも製造可能なのである。むろん、常温で保存でき、従来ラガーといわれた加熱処理した瓶ビールとはまったく風味が違う。「ビアホールで飲むのと同じうまい生ビール」が家庭で飲めるのである。しかもこれは、デンマーク式の微生物管理の徹底した雑菌のないサントリービールの工場だからこそ、はじめて可能な先端技術であった（当時、たとえこの技術を他社の工場が察知しても、微生物管理の面で導入は不可能であったろうといわれている。事実、同じ頃、他社も導入を検討するために、担当者が同研究所を訪れていたという後日談がある）。

これは「瓶ビール」「缶ビール」の革命であった。

敬三が、サントリービールの「生」に対する消費者の声を、文字どおり「神の声」と聞いたということであろう。取材巧者の経営評論家の二宮欣也は、当時、敬三の経営判断についてこう書いている。

それにしても、佐治の〝嗜好の変化〟を見通す眼力か、鼻力か、舌力か、とにかくその予見は、ずばり当たっていた。敬服すべきことだった。これからはライトなビール、ソフトな味が好まれる。……さらに（加熱処理した）ラガーからびん生へ。そしてついにビヤホールで飲む生ビールのうまさを家庭へ運びこむことに成功した。〝新しい味〟を求めて首尾一貫、先発三社とは別の道を歩いたことが成功の原因であろう。（二宮欣也『〝純生〟の挑戦――ビール市場にみる後発の戦略』ぺりかん社）

昭和四十二年、サントリービールは業界シェアをはじめて三％台に乗せ、三・二％をマークしている。小なりといえども、前年が一・七％だったのだから、大いなる飛躍である。この年、他社のシェアは、キリンが一・四％落として、四九・四％、アサヒが〇・一％落として二二％、サッポロは一・二％伸ばして二五％であったが、撤退宣言をしたタカラは、一・五％のシェアを一・一％も落として〇・四％となり、間もなくビール業界から姿を消した。この数字からみると、サントリーが、キリンとアサヒとタカラのシェアに食い込んだということになる。

このあとも片時も手をぬくことなく、生産部門、販売部門ともに必死の努力をつづけていた。そして昭和五十一年、社内向けに販売促進のためのアイデア募集がおこなわれた。

社員の一人ひとりが一本でも多く販売数量を伸ばしたいと願っていた。この社内キャンペーンには

店頭で自ら販売する敬三

二〇〇〇件をはるかに超える応募があった。最終的に選ばれたのは、「全社員セールスマン作戦」だった。これは社長を先頭に、それこそ全社員が販売店の店頭に立ってセールス活動をおこなおうというものであった。

敬三はその夏、全社員、全役員の先頭に立ち、東京と大阪の小売店の店頭にハッピ姿であらわれ、「サントリービールのフレッシュな生をどうぞ！」とお客に声をかけた。新聞やテレビでもその姿が取り上げられ、大いに話題を呼んだ。企画にみずから積極的に応募し、入選を勝ち得たのは、なんと広報部長だった安村圭介で、いってみれば自作自演の大ヒットとなった。この大作戦は恒例行事として毎年展開され、昭和五十五年（一九八〇）にはマーケットシェアは七・一％、さらに同五十九年（一九八四）には九％台にのせて、この時期低迷をつづけていたアサヒビールを一％以内の射程圏内にとらえ、気を吐いた。とはいえ、すでにビール発売後、実に二十一年の歳月がたっていたのである。

その頃、敬三は若手の営業マンと顔を合わせると、よく、「君はビールが売れる顔しとるな！」とジョークとも本音ともとれる声をかけるのが常だった。社員心理を読んだ暗示作戦だったのだろうか。

社内は活力に満ち、どこまでも明るかった。

生ビール路線を強力に推進するサントリービールに、業界も敏感になり、「生」論争が激しく起こっていた。そして昭和五十四年、公正取引委員会はついに「告示第六〇号ビールの表示に関する公正競争規約」を発行して、生ビールの定義をおこなった。

すなわち「生ビール及びドラフトビール――熱による処理（パストリゼーション）をしないビールでなければ、生ビール又はドラフトビールと表示してはいけない」と決めたのである。これはサントリービールにとって追い風となった。

## 2 「経営」に大義あり――「やってみなはれ」と行動の哲学

### 経験と閃きから

昭和五十七年（一九八二）四月二十日、ビール製造の第三の拠点として群馬県に「利根川ビール工場」が竣工している。すでに書いてきたとおり、ビール事業の第一の販売目標であった市場シェア一〇％には到達していない時点での経営決断だった。

それでも、全社員セールスマン作戦などのキャンペーンの勢いを得て、じわじわと継続的に販売数量を伸ばしていた。この年二月一日には、さらに消費者向けの販売促進キャンペーン「ナマナマフレッシュアップ作戦」をキックオフしたのである。同時にビールの名称を「サントリー〈生〉ビール」と統一し、さらにラベルを一新した。

また容器にあたらしいアイデアを取り入れて、「ナマ樽1、2」や「サントリー生ビール樽缶」「ペンギン樽」などを発売して話題を呼んだのも、この頃であった。各社からも色とりどりの容器入りビールが発売され、「容器戦争」という言葉さえ生まれたのである。

さしものビール業界も、アイデアが尽きたのか、消費者の関心が醒めたのか、容器戦争は短期間で収束をむかえ、消費者の関心はビールの中身そのもの、味や香りや品質に移っていった。

敬三はいよいよビールの新時代が到来したことを感じ、この時期に閃くものがあった。

消費者がビアホールだけでなく、家庭でも生ビールに親しむようになって、ビールの新鮮な香味や泡のきめ細かさにまで注意を向けるようになっていた。それはとりもなおさず品質にこだわりをもつようになってきたということであった。ビール市場は本物志向の時代に突入していたのである。

サントリーは、ビールの品質を高め、かつ個性を際立たせることで活路を見出すことを、低空飛行をつづけていた時代から戦略の基本として掲げていたので、すでに麦芽一〇〇％のプレミアムビール「メルツェン」を市場に出していたのである。昭和五十二年（一九七七）三月のことで、ドイツのビールの祭典「オクトーバーフェスト」にちなんだメルツェンビールを範としていたが、時代の流れは先取りして読んでいたことになる。

改めてふり返ってみると、スタートの頃にあれだけ固執していたデンマークタイプということを、すでにかなり前から強調しなくなっていたのである。見過ごしがちなことであるが、これはサントリービールにとって大きな転機に繋がっている。

現社長の佐治信忠は、最近、こう語っている。

「たしかに親父はデンマークタイプでずいぶん苦労したし、また、デンマークタイプで、ビール造りの基本をみがいた。大いに意味はあったが、しかし賢明にも生ビール戦争にもちこみ、さらに本物志向の時代になって、サニテーションを重視してきた我々に、勝機が出てきたのだと思う。ウチには技術力でも、マーケティング力でも、他社の追随をゆるさないなにかが当時からあったし、今もあるのだから……」

それだけに当時、メルツェンビールの発売コンセプトは、市場への宣言とも受け止められたのである。このビールは実に平成十五年（二〇〇三）に、復刻版「茜色の芳醇メルツェンビール」として甦った。「テーブルビア」というカテゴリーで発売されたのである。二条大麦麦芽とメライジン麦芽二種類の麦芽一〇〇％のプレミアムビールであった。

当時、敬三が年来考えてきた技術的プランを取り入れて東京の武蔵野ビール工場につくったパイロットプラント（試験用にビールを少量生産する工場）では、醸造技術者たちがいろいろなタイプのプレミアムビールの開発に取り組んでいた。これこそ高品質ビールのインキュベーター（孵卵器）であった。技師たちにとっては、いわば夢のプラントである。工場見学のルートのなかに入れていたから、多くの消費者に公開された取り組みであったが、このような夢と試行錯誤の積み上げが、じわじわと奏を功しはじめていたのである。

平成元年（一九八九）七月、パイロットプラントの成果の一つとして、限られた生産量ではあったが「モルツ・スーパープレミアム」（瓶と業務用樽）として、まず多摩地区で限定発売したのである。これが現在大きく売り上げを伸ばしている「ザ・プレミアム・モルツ」の第一号である。そのときは大きな話題にはならなかったが、確実に新しい方向感覚を摑んだかにみえた。

少し遡るが、昭和六十一年（一九八六）三月、敬三は満を持して麦芽一〇〇％の「サントリー生ビールモルツ」を新発売していた。瓶、缶ともに高級感を表現したデザインで、他社との品質の差別化に腐心した。あとで詳しく書きたいが、この年、赤坂のアークヒルズに「サントリーホール」がオープンして、大きな話題をよんだ。

翌六十二年（一九八七）三月、「アサヒ・スーパードライ」が新登場、まず一都六県で発売された。これは大ヒット商品となり、ビール業界は旧ブランド同士のアサヒ、キリン、サッポロが入り乱れて三つ巴の大混戦を展開し、業界の地図が塗り変わっていく。

むろん最後発のサントリービールもドライタイプの、やや高アルコール（〇・五％高い五％で、米、コーンスターチなどの副原料使用）ビールを発売して参戦したが、副原料を使用しないプレミアムビール「モルツ」の手を抜くことはなかったのである。

ビールの需要を読む「視点」

すこし時代を手前にひき寄せよう。敬三は平成二年（一九九〇）まで社長をつづけ、その年会長に就任する。ときに七十一歳。信治郎の没後、会長は空席のままだったので、敬三は会長としても二代目だった。

既定路線とみられていたとおり、実兄吉太郎の長男・鳥井信一郎に社長を引き継いだのである。

「いわば大政奉還」とマスコミは書いたが、そんな大げさなことではなく、敬三にとってはごく自然の流れであった。敬三は会長を十年つづけた。そのあと信一郎は平成十三年（二〇〇一）まで、およそ十一年間社長を務めたあと会長に退き、その年、敬三の長男・佐治信忠が五十六歳で四代目の社長に就任し、現在に至っているのである。

信一郎は、会長に就任して三年後の平成十六年（二〇〇四）、六十六歳にして惜しくも他界したが、慶大経済学部を卒業した長男・信宏（現・サントリー食品インターナショナル社長）が、アメリカ留学の後、日本興業銀行勤務を経て、平成九年（一九九七）にはサントリーに入社しており、ビール事業を中心に頑張っていた。

サントリーにとってビール事業は、長年、なかば「遺恨、晴らさずば……」という格別の思い入れのある運命的な事業であった。信治郎、敬三、信一郎と三代にわたって挑戦をつづけてきたからだ。四代目にあたる信忠が社長に就任して五年、平成十八年（二〇〇六）以降のこと、サントリービールが、「ザ・プレミアム・モルツ」をひっさげて大変身を遂げるのである。敬三が没してすでに七年目、まさに七回忌の因縁の年だった。推理小説のネタばれのようになってしまうが、ここですこし触れなくてはならない。

このとき信宏は、社長・信忠の意向を受けて、みずからビール事業部のプレミアム戦略部長を兼務していたという経緯がある。また信忠はもちろん、生産部門を担当する副社長・鳥井信吾（道夫の長男）、そして若い信宏もまた、昭和九年、「オラガビール」をひっさげ、ビール戦争で一敗地に塗れた鳥井信治郎の孫であり、曾孫であった。

敬三が武蔵野ビール工場のパイロット・プラントで種を蒔いた麦芽一〇〇％ビール「モルツ」が、平成十五年（二〇〇三）、「ザ・プレミアム・モルツ」という進化した姿で名称を変えて再登場したのである。

醸造技師の山本隆三が究極の味と香り、すなわち理想に近い品質にたどりついたのだ、と信宏はメディアに語っているが、「厳選したホップの華やかな香りと苦みをもたせたコクのある深い旨み」が、「ザ・プレミアム・モルツ」の一番の特徴だった。

市場の反響もよく、じわじわと販売成績をあげはじめたころ、ベルギーで開かれている伝統ある世界的なコンペティション「モンドセレクション」で最高金賞受賞のニュースが伝えられた。ひとつにはこれが爆発のきっかけだったともいわれている。

「ザ・プレミアム・モルツ」と名称変更した平成十五年（二〇〇三）から販売数量を伸ばしはじめていたが、それでも五一万ケース（大瓶六三三ミリリットル二〇本分の換算）だった。それが受賞後の翌十六年には二倍強の一二六万ケース、さらに十七年には九五一万ケースと驚異的な販売数量をあげている。連続三年、同賞の最高金賞に輝いたということが、大きな裏付けになっていたこともわかるし、また品質力にくわえて、定評のあるマーケティングの面でもずばぬけたものがあったのだ。

かくして毎年、前年同期比二桁の伸長をみせて、直近の平成二十三年（二〇一一）には一四九九万ケースとなり、同年のビール類総市場が対前年比九六％に減少するなか、対前年比一〇三％と伸長し、八年連続で過去最高販売数量を更新している。

したがってこの年は、サントリーのビール類全体で、六四六二万ケース（前年同期比一〇五・八％）の販売数量に達し、ビール類のシェアは一三・三％（課税出荷数量ベース）で過去最高となっている。同年のサッポロビールのビール類総出荷数量は、五五二七万ケースだった。したがってサントリーは、同年もサッポロビールに大きく差をつけて、市場第三位を占めたのだった。

## 「現場」中心主義と小さな本社

年月がすこし前後するが、敬三が思い切った組織改革に踏み切ったのが、昭和六十二年（一九八七）であった。これには一年余りも前から準備に着手したのだったが、敬三はそのプロジェクトのトップを当時の副社長・鳥井信一郎にまかせ、全社におよぶ大規模な組織改革に取り組ませたのだった。とうぜん、来るべき時代に備えるためであった。

このときはマッキンゼー日本支社の支援を受けているが、第三者を入れることで全社的に緊張感を呼び起こすねらいがあったのであろう。だからマッキンゼー流とでもいうのであろうか、各部門の管理職に対して徹底した個別面談をおこない、組織の細部から課題構築を進めていったのである。かつてなかった空前の組織改造であった。

しかしこの年、敬三が全社的な規模で組織改革を行ったのは、もうひとつの意味があったのである。つまりそれは敬三がすでに三十年近く社長を務めてきたということの重さなのであった。むろんその間、やるべきことはやってきたという〝達成感〟はあったが、これでいいのかと自問することも多かったのだ。

しばらく前から敬三は、第三者を入れて、現状のチェックと来るべき時代への戦略的組織を構築する時期が来ていると痛感していたのである。そしてこの一大プロジェクトのトップに、他ならぬ鳥井信一郎を指名したのであった。これを知って、「社長交代も近い」と読んだ感度のよいジャーナリストが何人かいたことも事実である。余計なことだが、当然夜討ち朝駆けというマスコミ攻勢がはじまったのである。

さて、発表された「新組織の要諦」とは、次のようなものであった。

①「現場」中心主義と小さな「本社」

社会に接し、お客様を中心とした活動を展開していく部門を「現場」とし、現場をできる限り大きく設定し、顧客との接点拡大と距離の縮小を図る一方、本社スタッフはできる限り小さくした。

②地域拠点の強化

③事業部制の導入

④全社兵站の設置

専門機能の成果を地域拠点、事業部門に提供するとともに、いわゆる後方支援にとどまることなく、現場部門としてみずから高付加価値を生み出し、場合によっては直接顧客へ売り込むことが使命とされた。

⑤フラットな構造

各部門は原則的に社長直轄とし、担当役員や本部を極力配置しないことにした。

これは創業百年誌『日々に新たに』（一九九九年）に補足資料として公表された内容である。

一見、簡素でプリミティブな印象を与えるが、実は事業部制という、全社に〝自律〟することを促す大胆な方針が導入されていた。これは長い議論と検討の結果、今やらなければ今後組織の弱体化を招くという危機感のあらわれでもあったのだ。新組織のコンセプトは、各部門でそれぞれ咀嚼され、一人ひとりの理解となり、新たな事業展開を進める骨太の戦略的スキームとなったのだった。

一読してみえてくるのは、企業活動における時間と空間に、ずばり「効率化」というメスを入れていることである。さらに人間と人間、部門と部門の関係性にかかわる合理的改善と、情報の流れのネットワーク化を基本に据えていた。改造後の組織は、半年後、さらに一年後、二年後に微修正を加えられながら、後年のカンパニー制へと進んでいく。現在の体制の基礎がこのときできあがったとみてよいだろう。

## 3　総合力と集中力——「超酒類企業」という大構想

### 「超酒類企業」とは何か

敬三の社長在任期間は、数えてみると実に二十九年間（一九六一～一九九〇年）であった。その後引き続き会長として十年務め、社会貢献にも大いにエネルギーを注いでいるのである。父・信治郎は創業期のいわば商店時代を、明治三十二年から大正十年（一八九九～一九二二）まで二十二年間、〝大将〟として経営にあたり、大正十年（一九二二）、「株式会社寿屋」を設立して社長となった。したがって株式会社になってからの社長在任期間は四十年、会長になってからは、わずか一年足らずで八十四歳で他界している。

ここに掲げた数字は、実は大切なことを語っている。敬三の企業経営者としてのアイデンティティにとって、見逃してはおけない意味がある。信治郎は意志と体力が続くかぎりトップの座にとどまって、敬三が来るのを待っていたのであった。

すなわちあくまでも一つの見方であるが、父・信治郎からみると、敬三は、無意味ではないが、火急の企業経営にとってはさしたる利益をもたらさなかった科学啓蒙誌『ホームサイエンス』を足掛け三年もやっていたが、大きな返品在庫を抱え、ついに打ち切ったこともあったのだ。これは小林一三の助言で休刊したことはすでに書いた。昭和二十三年と古い出来事ではあったけれど、この一事につけても、この父には、敬三があまりにも純粋すぎる、一途すぎる、とみえていたのであった。敬三が二十一歳のとき、陶芸家・斎藤三郎宅の芳名帖に揮毫した一文をもう一度思い起こしたい。

「深い深い至奥からほとばしる熱情を以て力一杯仕事をして死にたい、たとえ刀折れ矢つきても悔いない。高いものへの憧憬を死ぬ迄もちつづけたい。敬三」

信治郎は、この文章を読んではいない。しかし、こうした純粋な敬三の心の内を、父として見抜いていたのであった。信治郎は、敬三に暗黙の信頼をよせていたのだ。

四月になると父・信治郎は、自分の執務机の脇に敬三のデスクを設《しつら》えて、しっかり経営者たるべき教育を、何くれとなくやりはじめたのだった。これは当時研究所に勤務していた、開高健の妻になった牧羊子の証言からも、わりあいはっきりみえてくることだ。

そして翌二十四年、三十歳の敬三は専務取締役に就任した。父は敬三の自覚を、いや変化を待っていたのである。このとき信治郎はすでに七十歳の古稀を迎えていた。その時期からは、敬三に半分以上、いやほとんど経営の現場を任せたが、それが信治郎のねらいだったのだ。にもかかわらず信治郎は、それから十二年の間トップの座にあって、昭和三十六年（一九六一）、敬三に社長を引き継ぐが、その年信治郎はすでに八十二歳、ようやく潮が満ちたことを確認し、この父は万全の手を打ったのだった。

父・信治郎（右）と敬三（昭和33年）

したがって、戦前は信治郎時代であり、戦後といわれた時期から、一九六〇年代の激動の季節をへて平成二年（一九九〇）に社長を、鳥井信一郎に託すまでは、敬三時代と呼んでしまっても問題はなさそうである。

敬三は、専務になった年から、しっかりと寿屋の将来を見据えていた。ウイスキーは間もなく国際競争の時代に入ると踏んでいた。すでに洋風化の兆しが庶民生活のなかにもみえはじめ、「舶来品崇拝思想」とでもいうべき風潮がはびこっていた。ポピュラーになったジョニーウォーカーやオールドパーなどへのスコッチ信仰が、戦前のモボモガ時代以上に幅をきかせはじめていたのである。寿屋は危機突破の多角経営はすでに昭和初期に体験ずみであったが、戦後の十年はとてもそんな体力はない。

社是一新

敬三は、経営の長・中期計画の立案にはとりわけ熱心に取り組んだ。社長になった年、経営企画室が正式に独立し、社内から俊才をあつめ、これぞという人材を中途採用した。後年、役員に抜擢される平木英一、堀出一郎などは、このときの中途採用組であった。

昭和三十七、八年ごろから、社内で自主的な小グループが生まれ、読書会や長期経営研究会などがいくつも誕生したのは、敬三の経営への熱い取り組みの反映であったと思われる。社内の空気は、どの部署も熱気でムンムンしていたのだった。後年、作家に転身した宣伝部のコピーライターだった山口瞳が、「あの熱気がなつかしい」とエッセイでくりかえし書いているのである。

さて、ここでまた時代が変わる。敬三が社長に就任後、「超酒類企業を目指す」という新しい経営ビジョンを明示したのは、昭和五十年（一九七五）四月だった。この経営方針は、五カ年計画と同時に示されたが、実はこの二年前の昭和四十八年に、敬三は年来考えてきた社是を思いきって一新しているのである。これには大きな意味があった。

戦前の寿屋には、明文化した社是社訓はなかったという。信治郎の事業家精神、つまり「洋酒報国」と「良品廉価」ということが社是に相当していたのだった。これは戦後も受けつがれてきたが、敬三が専務に就任して六年後の一九五五年（昭和三十）に、この若き専務は新しいビジョンを全社に示したのだった。企業活動の真の目的は、利潤追求にとどまらず、人類の社会生活をより豊かにするために貢献することにあるとしたうえで、①社会への奉仕　②良品廉価　③外国品追放（国産品振興）の三点を掲げたのである。これらのビジョンを踏まえてようやく明文化されたのが、昭和四十三年（一九六八）策定の社是である。このような文章にまとめられた。

すぐれた商品を通じて世界の人々に歓びと幸せをもたらそう。

一、開拓者精神
二、品質本位
三、海外発展

敬三の手が加わった新社是であったが、変わりゆく時代に対応しながらも、寿屋の創業時代からの事業精神を伝えるものであった。

昭和四十八年（一九七三）四月、敬三は事業の先行きを考え、再び社是に手を加えた。時代の激しい変化に対応する姿勢を強調したいと考えていたが、結果は意外にも、理想をめざそうとする若々しい熱気に満ちた言葉が、リズム感をもってしたためられていたのである。

人間の生命の輝きをめざし
若者の勇気に満ちて
価値のフロンティアに挑戦しよう
　日日あらたな心
　グローバルな探索
　積極果敢な行動

一新された社是は、この年以降、全社の管理職がつどう年一回の総合会議で掲げられるようになるが、二年後の昭和五十年（一九七五）四月、新たな経営ビジョンのもとに基本目標を定めた「五カ年計画」が策定された。むろん各部門から出された原案を積み上げて構築した内容だ。敬三は総合会議で、まず、管理職に提示して計画の理解を徹底し、全社に発表した。このときはじめて「超酒類企業への脱皮」という、これまでみられなかった新しいビジョンが示されたのであった。

敬三はこの年の総合会議では、時間をとって「五カ年計画」の内容について話したが、社内報『まど』の同年四月号でも特別な枠をとって「超酒類企業をめざして」という一文を書き、全社員に語りかけている。

「われわれは、現状に満足し、現状にあぐらをかいてはいないだろうか。もしもそうしたきざしが少しあるならば、それは千丈の堤を崩すという蟻の穴にも似て、きわめて憂慮すべきことである。」

ときびしく警鐘を鳴らし、そのうえで「超酒類企業」をめざす道筋として、M&A（買収・合併）を含めグローバルな規模で新しい分野への挑戦と開拓への姿勢を示したのであった。

つまり、それまでの事業の柱であった洋酒（とくにウイスキー、ワイン）とビールに続く新しい事業分野として、食品事業、とくにサントリーフーズをはじめとするノンアルコール飲料の分野の徹底的な強化を打ち出したのであった。

## 4 スタイルのある経営――骨太のリベラリズム

### 国際酒類資本との闘争

開高健は、ウイスキーで苦戦していた寿屋が「離陸」したのは、太平洋戦争でスコッチウイスキーの輸入が途絶え、ウイスキーといえばサントリーしかなかった時代がつづいたからだと書いている。海軍の御用達になったこともサントリーのウイスキーづくりのうえでは飛躍につながったが、その頃はたしかに大正末期から仕込んだ熟成したモルトが潤沢に使えたのであった。市場ではサントリー「白札」や「角瓶」は貴重品であった。

終戦直後には、すでに書いてきたように、米軍に納品することで生産を続けることができたが、間もなくトリスブームという強運にめぐまれた。そのうえ、輸入数量制限と関税障壁のおかげでスコッチの価格は高く、品薄で、いわば国産ウイスキーは国によって保護されていたのである。

戦前、銀座のバーで幅をきかせていた、いわゆる「ジョニ黒、パーにオブキング」、つまり、ジョニーウォーカーの黒とオールドパーとキング・オブ・キングスのスコッチのことであるが、これらもまさに高嶺の花だった。これさえあればと、銀座の昔気質のバーテンダーたちは言っていたけれど、とても誰もが口にできるものではなかった。

ところが、戦後の落ち着きを取り戻すと、輸入洋酒の輸入数量制限撤廃と関税引き下げを欧米諸国から迫られ、昭和三十六年（一九六一）にまずビールが、三十七年にはウォッカとラム、三十八年にはベルモット、三十九年にはジンが、それぞれ自由化されたのである。そして四十四年（一九六九）にはブランデーとバーボン、四十五年にはワイン、四十六年にはついにスコッチウイスキーが自由化されたのだった。さらに四十七年にはスコッチなどの関税の引き下げが行われ、酒類業界は新たな対応に迫られていた。

敬三は、輸入洋酒の自由化と関税の引き下げはありうるものとして、あらかじめ戦略をたてていた。すでに「角瓶」より「オールド」の時代を迎えていたが、やがて満を持して、その一ランク上の「リザーブ」を、新たにスコッチの対抗商品として市場に投入した。昭和四十四年（一九六九）六月のことだった。

戦略的な販売促進活動に加え、広告キャラクターに黒澤明を起用したテレビや新聞での会心の広告宣伝活動で、逆風を乗り越える作戦だった。販促活動では、翌四十七年からスタートした、いわゆる「二本箸作戦」が大きな成果をあげたのだった。これは水割り普及作戦でもあった。つまり、箸を使う和食の小料理屋や寿司店に「オールド」や「リザーブ」をおいてもらおうという販売活動だった。

日本の食文化に密着した作戦で、スタートしたのが東京・日本橋だったことも、こんな洒落た名称でよばれた由縁であった。

一方、スコッチをはじめ「国際酒類資本」の動向も複雑で、決して油断のできない情勢が迫っていたのである。敬三は、両刃の剣で戦う戦略を当初から考えていた。すなわち、それはみずからも積極的に輸入洋酒のディストリビューター（販売業者）になることだった。昭和四十三年（一九六八）、輸入酒販売部門を独立させたのである。文化戦略とハード戦術の万全の二面作戦だった。

そして翌四十四年年、バーボンの二社、アメリカのブラウンフォーマン社とシェンレー社と輸入販売契約を締結し、「ジャックダニエル」や「I・W・ハーパー」などを輸入。さらに四十五年（一九七〇）にはスコッチの「ヘイグ」「ピンチ」、またコニャックの「マーテル」とも輸入契約を結んだのだった。今日までに提携関係には複雑な経緯や多くの曲折があるが、その頃、自由化対策としてバーボン、スコッチ、コニャックの三本柱を整え、七カ国、十三社、二十七銘柄の輸入酒を扱った。

### 関西財界リーダーとしての修業時代

貿易の自由化後、スコッチの「ヘイグ」や「ピンチ」などと輸入販売契約を結んだ年、昭和四十五年（一九七〇）三月、「人類の進歩と調和」をテーマとして、大阪・千里で日本万国博覧会（EXPO '70）が開催された。この国家的イベントは、戦後、高度経済成長を成しとげて、すでにアメリカにつぐ世界第二の経済大国と喧伝されはじめたわが国にとって、エポックメーキングなできごとだった。

そして大阪開催ということもあって、関西財界は沸き立った。敬三は準備段階からかかわることになり、自社からも人材を投入したり、やや慌ただしい経緯もみられたが、それ以上に経営のうえでも多くの果実がもたらされた。

この年の四月、敬三は関西経済同友会の代表幹事に就任した。はじめは固辞したが、鐘化（現・株式会社カネカ）の中司清会長に強く推されて引き受ける決心をした。東京財界はもちろんのこと、関西財界でも、主要幹部は鉄鋼、繊維、電鉄、電力、ガスなどのいわゆる基幹産業の出身者と相場がきまっており、これまで電機、自動車、流通、食品などの企業出身者はまったく目立たぬ存在だった。

敬三の関西経済同友会の代表幹事への就任は、異例の人事であり、父・信治郎ばかりでなく、中小企業の経営者たちも拍手をしてよろこんだ。しかし、「到底、私の任ではない」と固辞したとはいえ、敬三は、企業経営者があつまって力を合わせることの必要性を若い頃から感じていた。

それはこのようにはじまった。昭和二十五年（一九五〇）三月、大阪工業界メンバーの二世経営者が中心になって「大阪青年会議所」が創設されたとき、その準備に奔走したのは、同青年会議「新人会」に所属することになっていた若き敬三、森下泰（森下仁丹）、山田稔（ダイキン工業）だったという。いずれも大学は阪大、京大、東大を繰り上げ卒業して軍務に就き、戦争体験を共有していた三人だった。大阪青年会議所は、初代理事長に京大陸上部でならした徳永博太郎（徳永硝子社長）を立てたが、新人会の三人が協力して、熱っぽい設立趣意書を書いた。現在もこの趣意書は生きており、同青年会議所のパンフレットなどで読むことができるのだ。

その文書は四項目からなっており、その一は、「〈青年〉それはあらゆる価値の根源である」という格調高い文章ではじまるが、その四には次のようなひびきのある文面がつづいている。ちなみにこの直後の六月二十五日、朝鮮戦争が勃発するのである。その新たな戦火の火蓋が切られる三カ月前に、こう書かれていたのだ。

「新しく今生れ来るべきもの、それは世界平和でなくして何であろう。吾人はそのことごとく戦火の中に吾身を投じ、まさしく盟友の血と肉を糧として自からの世界観を築いた。（中略）吾人はこの信念と、そこより出づる押へ難い情熱の下に、此処に大阪青年会議所を設立し、以て祖国のあやまりなき再建と而して世界平和の実現に、いささかなりとも貢献する処あらんと企図するものである。――昭和二十五年三月　大阪青年会議所」

ここにはまさに青年の気概が窺えるが、それにしてもその平和主義、デモクラシーに徹した主張は、過去の歴史の反映でもあった。

つまりこの三人が指導的役割をはたしていた「新人会」は、大正七年から昭和四年にかけて東京帝大学生などが中心になって活動し、デモクラシーを標榜した団体「新人会」と、どこかで共通する性格が感じられるのである。ちなみに東京大学の「新人会」の綱領を読んでみると、こういう文面があるのだ。

「吾徒は世界の文化的大勢たる人類解放の新気運に協調し、之が促進に努む」

「吾徒は現代日本の正当なる改造運動に従ふ」

などという文語調の格調あるもので、この趣意書は敬三らが草起した内容と明らかに共通点がみえる。

むろん基本はデモクラシー精神があるのだから、別に不思議はないが、歴史は繋がっていることを、こうしたところで感じさせられるのだ。

大阪青年会議所「新人会」の主要メンバーであった山田稔は東京帝大工学部卒で、また森下泰は京都帝大経済学部卒で、ともに敬三より二歳下であった。敬三や山田や森下の学生時代には、大正デモクラシーの中心的役割をはたしてきた「新人会」は、すでに昭和四年に解散してしまっていたが、多くの思想的な影響を、東大をはじめ京大や阪大などにものこしていた。

この「新人会」の趣意書を、中心であった三人が書いた翌昭和二十六年、敬三は「寿屋社報」に年頭所感を寄稿した。同じ時期の執筆だったのであろう。このような内容だった。

「十月朝鮮動乱は、中共義勇軍の参戦、それに伴う国連の後退によって、新たなる段階に突入した。トルーマン大統領の原子爆弾声明は、いたく米本国をも含めた世界各国の不安を招き、英仏両国首相の訪米とまでなったにも拘わらず、直接国を接している日本に措いては、よほど反響が現われなかったと云うことは、或いはあっても、新聞紙上には報ぜられなかったのか、何れにしても、原爆第一号の犠牲者をその同胞の間から出している、日本人の人類に対する責任に忠実な所以とは申せまい。特需景気に浮かれた日本人にとっては、原爆の恐ろしさなど心に浮かぶ余裕もなかったのであろうか。」

この文章が載ったのは、左翼政党の機関誌でもなければ、労働組合の機関紙でもない。一民間企業の「寿屋社内報」だったのである。今、『近代日本総合年表　第二版』(岩波書店)の昭和二十五年十一月三十日の項に当たってみよう。このような記述を目にすることができる。

「11・30　トルーマン、朝鮮戦争で〈原爆使用もありうる〉と発言（記者会見）。12・4英首相アトリー、米を訪問、トルーマンと会談（〜12・7）、原爆使用に反対を表明。」

このことは戦後史にもあまり書かれていないが、敬三が指摘したことは歴史的事実であった。

さて「新人会」からは、第三代、四代理事長（昭和二十七年七月〜二十九年六月）に森下泰が就任し、つづいて第四、五代理事長（昭和二十九年七月〜三十一年十二月）には敬三が就任した。

その後、敬三は大阪青年会議所を卒業すると、森下泰の誘いでＹＰＯ（青年社長会）に入会する。昭和三十六年（一九六一）、敬三は四十二歳で社長に就任していたからであった。やはりその時も「青年――」とはついていたが、今度は「社長」という重しがかさなっていた。みようによっては奇妙なネーミングであったが、これは歴《れっき》とした国際的な機関であった。それにしても、国内ではこれからという機関であり、敬三はフジタ工業の藤田一暁、森下仁丹の森下泰らと力をあわせ、昭和三十八年四月、ようやく正式な組織として発足の運びとなったのである。

特別顧問に財界の大物・石坂泰三、市村清を迎え、発会のセレモニーとレセプションを秩父宮妃殿下、高松宮殿下・同妃殿下、そしてライシャワー米国大使らの臨席をえて、ホテルオークラ平安の間で開催した。そして正式に社団法人・日本ＹＰＯが発足したのであった。

敬三は藤田一暁につづいて昭和四十二年度、四十三年度の二期にわたって会長に就任したが、大阪はむろん、東京の財界人との接触も増え、敬三はその存在感を一段と増す機会にめぐまれていく。「人間は人と人との交流から自分の立つ位置を学ぶ」といわれるが、かくして敬三はみずからが立つべき位置を悟ることになるのだった。

国内正会員の社長は、発足時は五十四名だったが、人脈は全国に広がり、国際交流の場としても、発足早々からまたとないコミュニティーを形づくることになった。社内からは企画・総務畑の平木英一らがサポートしていた。

### EXPO '70 大阪万博まで

さて、わが国が国際博覧会条約に加盟したのは、そんなに古いことではなく、昭和四十年(一九六五)二月であった。むろんすでにアジア初の万博を日本で、という打診は三年ほど前からあって、国内の動きは活発だった。

したがってこの年の九月には、早くも一九七〇年に日本での万博の開催が正式に決まり、政府は満を持して「財団法人・日本万国博覧会協会」をスタートさせたのである。会長は石坂泰三。総合プロデューサーは、丹下健三が大阪千里の万博会場の総合設計とともに担当することになった。国家的プロジェクトがまさに大阪で開催されるとあって、地元の関西財界だけでなく、一般市民も何かとてつもないお祭りがはじまりそうだと歓迎ムードが高まっていった。

敬三は翌四十一年五月、日本万国博覧会広報専門調査委員を委嘱された。これはすぐに引き受けることにした。国際化時代を迎えて、万国博開催は大きなチャンスの到来だと考えていたからだ。関西経済同友会の同じメンバーである森下泰、山田稔も、これをよろこんだ。

開高健が親しくしているSF作家の小松左京が、昭和三十八年から、梅棹忠夫、加藤秀俊らと「万国博を考える会」を立ち上げて活動していることを知ると、すぐに会ってレクチャーを受けることにした。そのときは、森下も山田も同席した。むろん開高も一緒だった。

小松は発足したばかりの日本万国博覧会協会から、基本理念とテーマづくりについて打診を受け協力した。あれこれ検討のうえ、最終的に小松の案が取り入れられ、「人類の進歩と調和」に決まったという経緯があったのだ。

敬三は小松や開高の考えが、常識の殻を突き破る斬新なアイデアに満ちていることに、ほとほと感心しながらも、若い頃からサイエンスを専攻してきた敬三自身の思考の方法を、改めて変えることはないと考えた。敬三の頭脳はいたって柔軟だった。かつてジュール・アンリー・ポアンカレは言ったではないか。サイエンスの真理は、少数の自明な命題から欠点のない推理の鎖によって導き出されるのである（『科学と仮説』岩波文庫）。だから、これまで得た自明の命題から、この際、あるいは体験とか知見とか、さらに勘といい換えてもよいが、情況に照らした仮説をたて、念入りに間違いのない推理の鎖を拡げていこう、と考えたのである。これが敬三の方法だった。敬三はフランスの物理学者ポアンカレを敬愛していたのである。

# 第七章　「コマは回ればシャンとするんや」――「人間通」の経営学

## 1　佐治敬三の日本的経営――「生活文化企業」の実現へ

### 「ケイゾウ・サジ」

社長在任中に敬三は、少なくとも三度、アメリカ人ジャーナリストから思いがけないインタビューを申し込まれている。

敬三自身、若い頃に財団法人としての研究所を設立し、そこで米国の『ポピュラー・サイエンス』誌のような科学雑誌を編集・刊行していた経験があるので、ジャーナリストのアプローチをあまり苦にしてはいなかった。むしろ旺盛なサービス精神で、取材に対応していたようなところが見受けられた。

社長になった翌々年の昭和三十八年（一九六三）六月であった。最初に申し入れを受けたのは、ニューヨークに本社がある米国最大手の出版社マグロウヒルの『ビジネスウィーク』誌からで、インタビューにやってきたのは東京支局長のマービン・ペダル氏だった。青い目の大柄な人物であった。一九二九年創刊のこの雑誌は、当時、国際的にも権威があり、とにかく影響力は抜群だった。

ちなみに同誌の発行所は、二〇〇九年十二月、マグロウヒル社から、同じニューヨークのブルームバーグ社に移った。経営譲渡されたのである。現在は世界七カ国で現地版が出ているが、当時はアジア・バージョンだったと思われる。

ビールへの挑戦のところで、すこし触れたが、この時期、テーマは当然のことながら、新しいビール事業への戦略と見通しについてだった。発売直後からサントリービールの話題沸騰ぶりを聞きつけた同誌のニューヨーク本社から、この東京支局長は「ケイゾウ・サジ」をめぐる見開き二ページのニューストーリーを書くように要請されていたのである。

そして、もうひとつ、思いがけない二度目となる海外からの取材要請というのは、これもニューヨークの、今度はテレビ局からの申し入れで、時代はだいぶ現代に近づくが、それでも今となっては古い話である。米国テレビ界の三大ネットワークのひとつ、ABC放送の報道ディレクターが、本国からカメラマン、録音係などのクルーを引き連れてやってきたのだった。

これは昭和六十二年（一九八七）春のことだった。東京の赤坂にサントリーホールがオープンしてから半年近くが過ぎていた。明るい綿のジャケットに渋いジーンズという出立ちのそのディレクターは、四十歳位の精悍さを感じさせる人物で、初対面の敬三に右手を差し出しながら、まず、第一声、

「最近、カーネギーホールで演奏するオーケストラをはじめ、世界的な演奏家たちが、みんなサントリーホールを凄いホールだと噂している。失礼ながら、にわかに信じられなかったので、本当かど

うか、私が自分の目と耳で確認に来ました。すこしお話を伺いたい。」と、握手もそこそこに、来日にあたっての口上を切りだしたのである。敬三が表情をゆるめて歓迎の意を表明したことはいうまでもない。

およそ四十年間にわたるトップ在任中に、敬三は国内や海外で、外国メディアから数多くのインタビューを受けているが、思いがけないということであれば、「まず、このあたりやったかな……」と懐かしそうに語ったことがある。どこか印象的だったのだ。

気がついたことをすこし書くと、まだ、インターネットなどが普及する前のアナログ時代、つまり一九七〇年代の新聞・雑誌全盛の時代のことだが、私はニューヨークタイムズ社の史料室を、一度ゆっくり見せてもらったことがあった。その部屋の棚にある「佐治敬三ボックス」は、盛田昭夫や本田宗一郎など日本の著名な財界人のボックスとともに、データのカードでいっぱいだった。この世界的な新聞社のデータ・オフィスのドキュメンタリストは、「東京のサントリーに何かうごきがあっても、ケイゾウ・サジにかかわることなら、すぐにある程度の記事は書けますよ」と誇らし気だった。まさにアナログ時代で、新聞の切り抜きが中心の手作りデータベース（?）ではあったが、この時代、ニューヨークで、日本の異色経営者はこんな具合に扱われていたのである。

さて、話を戻すと、この二件のインタビューは、雑誌メディアとテレビという違いこそあれ、いずれもビッグな企画だった。

そして俗ないい方をすれば、経済ネタと文化ネタとの違いはあったが、その共通するテーマは、あえて翻訳すれば「ケイゾウ・サジの挑戦――〝やってみなはれ〟の素顔」ということだったのだ。しかも、この二つのインタビューは、今書いたとおり、数えてみれば実に二十三年という時間的な間隔《へだた》りがある。が、しかし、ふり返ってみると「佐治敬三」の実像をリアルに捉えており、あるいはサントリーという、敬三が率いていた日本の気になる企業を語るニューストーリーとしても十分に生きていたように思われるのだ。

むろん『ビジネスウィーク』には見開きで、日本の他の三大ビール会社のトップもびっくりするような特別ストーリーが掲載され、その二十三年後には、ＡＢＣテレビが、米国の誇る「世界のカーネギーホール」が目を剥くような刺激的な「サントリーホール」の全体像を、音と映像で丁寧に取材した報道番組として流したのだった。いうまでもなく、これは同じ一人の経営者をめぐる報道なのである（ちなみにその後、サントリーホールは、カーネギーホールや他の海外の名門ホールと緊密な提携関係をもつようになっている）。

そして三つ目が、一九八九年十一月三日付の「ウォールストリート・ジャーナル」紙に掲載されたとびきり大きな記事だった。サントリーのフランスにおける「シャトー再建」とワイン事業に関する報道である。このアメリカの経済新聞は、発行部数も当時二〇〇万部前後といわれ、米国内でも一、二位を争う巨大活字メディアであるが、ピューリッツァー賞をこれまでに二十六回も受賞していることでステイタスの高い、いわば多数の知的読者を獲得している高級紙であった。

そんな世界的一流経済新聞から取材を受けることは、一般的にいうなら、経営者にとってはとても名誉なことであろう。一九八三年、敬三は念願かなって、そのワイナリーのオーナーから、ボルドーはメドック地区の名門「シャトーラグランジュ」の譲渡を受け、短期間でグランクリュにふさわしいシャトーとして立派に再生させていたのだった。これが高品質ワインのアメリカへの出荷に繋がり、六年後に再び大きな話題となったのだ。世界各国のワイン銘醸地へもニュースとして伝わり注目を集めていたのである。同紙の紙面は、ボルドーの歴史を遡り、シャトー経営の現状に触れ、サントリーのワイン醸造技術を掘り起こし、敬三の経営者像を描き、とびきり面白いストーリーが展開されていたのである。反響は大きく、のちに社史編纂のスタッフが感動して、『サントリー百年誌』に記事の一部を翻訳して掲載した。次の章で紹介したい。

余談ながら、実は一九八〇年代前半には、もうひとつ記憶しておいてよい海外からの大きな取材があった。それは英国ＢＢＣ放送のスコットランドの取材チームの来訪だった。彼ら（香港から駆けつけた若い女性アシスタント・ディレクターもいたが）は、サントリー白州蒸留所（昭和四十八年開設）の増設完了後の世界一の規模と、タイプの違うモルトを作り分けられる蒸留器の能力と、そして高品質のモルト原酒の膨大な貯蔵量を知って、取材にやってきたのである。（木製のタンクを使用した東蒸留所は独特の性能を誇っていた。）敬三は、まさにウイスキーの本場からのこの取材班の来日を大いに歓迎した。このとき、取材チームは、サントリーとは技術内容で対極にあるもうひとつの世界一企業、工作機械用ＣＮＣと産業用ロボットで知られるファナック社をも取材している。ファナック社は、白州蒸留所とは同じ山梨県の忍野村に本社と工場があった。サントリーとも親しい元古河系の企業である。英国のテレビ局BBCらしい異色の組み合わせであった。

これらのジャーナリズムが報道した内容は、いずれも日本国内にフィードバックされ話題となった。むろんサントリーやファナック社には大いにプラスになったことはいうまでもない。余計なことを一つ書いておくと、英国BBC放送の取材クルーは、山梨県の大藪温泉に宿泊したが、温泉での入浴スタイルが気に入って、すっかり日本ファンになって帰国したのだった。

### 日本的経営者が「米国流」を実践

さて、『ビジネスウィーク』誌の関心は、ウイスキーで成功してきたサントリーが、世界的にも寡占市場として知られている日本のビール業界をどのような戦略と戦術で攻略していくのか、敬三の挑戦の姿勢と戦略方針にあった。

取材に対して敬三は、独自のタイプのビール、つまり味、香り、品質を強調し、「前車の轍を踏まない」路線を敷いていることを、明確に、しかも具体的にコメントしている。ことさら大風呂敷は拡げなかった。取材を終えて、この俊敏なM・ペダル東京支局長は、

「ケイゾウ・サジは伝統的な日本の商法とアメリカ流近代マーケティング手法を二つながら、戦略的に取り入れて、ビール市場攻略の糸口を摑んでいる。」

と報道した。アマルガム（合金）という表現があったかどうかは定かではないが、「日米の経営手法のアマルガム」とでもいうべき戦略だと、この記者は理解したのだった。そしてさらに掲載されたニュースストーリーのなかで、「ケイゾウ・サジ」は、米国の近代経営のノウハウをマスターした「純日本的経営者」である、と人物像を紹介したのである。純日本的経営者が「米国流」を導入すると、

どんな結果が生まれるか。——これがこのときの報道記事の眼目となり、M・ペダル支局長は、そう長いものではなかったが、予想外のストーリーを書くことになったのだった。

これははからずも重要な指摘であった。取材を受けた敬三自身は、取材者から重い課題をぶつけられたと思った。だから当の掲載誌が出てからも、これを通り一遍の記事として読み過ごすことはできなかった。少なくとも自分自身が思い描き、めざしてきた複眼的な経営戦略を、この明敏なジャーナリストは鋭く分析していると思ったのだ。国際派ジャーナリストの手腕に脱帽させられ、いささか快さを感じた。記事が出て間もなく、この支局長は、栄転だったのであろうか、ロンドン支局長となって東京を後にしたのだった。

ところで敬三は、みずからはアメリカで学んだことはなかったが、父親代わりをしていた甥の鳥井信一郎（次代社長に就任）には、まだ昭和二十年代に、彼が高校を卒業するとすぐ、シカゴのノースウエスタン大学に留学させ、経済学と経営学を専攻させている。信一郎は帰国後、さらに神戸大学に進学した。敬三の長男・佐治信忠（現社長兼会長）には、慶應義塾大学の経済学部を卒業後、カリフォルニア大学大学院で経営学を学ばせていることは、すでに書いたとおりである。アメリカの経営学にみずから関心があったということだけでなく、早くも経済のグローバリズム時代の到来を予知していたのであろう。留学経験のない敬三は、外国人記者などがやってくると、よくこう語っていた。

「今の若い人たちはうらやましい。その気になりさえすれば、欧米へ留学でき、語学も、専門知識も身につけることができるのだから。」

それにひきかえ、というのであろうか、「自分は旧制高校でやったドイツ語はともかく、英語は今になって個人教授で学んでいる始末」と語るのであった。

そんなことを言いながらも、外国メディアが日本人通訳を連れてインタビューにやってくると、その外国人記者と一対一で、マネジメントやマーケティングの専門用語を交えて英語で話ができた。それでも通訳女史（たいてい女性だった）の顔をたてて、時々、「この専門用語は？」とか「今の英語はスラングですか？」などと問いかけ、通訳をのけ者にしないところが、敬三の気配りであり、ちょっとしたところでみせる人間味であった。こうした国際感覚は、できる経営者なら当然のこと、といってしまうと、敬三の場合は身も蓋もないことになってしまうだろう。すこし時代が近づくが、こんなこともあったのである。

一九八〇年代初頭のことであった。すなわち敬三にとっては一方の岳父にあたる平賀譲元東大総長の親戚筋にあたるとおもわれる稲葉元吉氏を、エドガー・シャイン教授やレスター・サロー教授がいるマサチューセッツ工科大学（ＭＩＴ）大学院へ、敬三自身のポケットマネーで留学させているのである。稲葉氏は東大大学院で経営学を専攻した、元々はＨ・サイモンの研究者であったときいていたが、後年、横浜国立大学に教授として赴任している。そのとき「留学させてくれた佐治敬三社長へのお礼」として、サントリーの幹部社員たちに、実践的なアメリカ企業のケーススタディーを、社内講座として教えているのだ。

稲葉氏が催す社内の自主的研修は、英語テキストでアメリカ経営学を勉強するのであった。ということは、半分前垂れ商法の伝統に浸かってきた管理職たちには、やや隔世の感があったに違いない。チンプンカンプンというか、むずかしいのである。しかし、敬三は社内でのこうしたケースを大いに奨励していた。途中で参加者は半減したが、それでも全十回をやりとげた。

先述したように敬三は、アメリカ留学から帰って間もない神戸大学の占部都美教授に注目し、みずからも折に触れ、アメリカの経営学について社内レクチャーを受けていたのであった。こんなところにも経営者としての好奇心、いや向学心というものが、自然に浮かび上がってくるものなのだろう。経験だけからでは決して身につかないアカデミックなスキルを、しっかり学ぶことの必要を知っていたのである。

くだんの『ビジネスウィーク』東京支局長が、敬三の、〝大阪商人〟らしいＤＮＡの本質と、アカデミズムを信奉するモダンな側面と、国際的な広い視野をそなえたところを見逃すはずはなく、新しい日本の経営者の出現、と受け止めたのも当然だったかもしれない。社長に就任して三年、ときに敬三は四十五歳だった。その際、敬三は、この明敏なＭ・ペダル東京支局長にこんなことを話している。大阪・船場のことわざを披露したのである。

「ビール事業への進出で、社内はすごく忙しくなりキリキリ舞いです。得意先へも足しげく出かけなければなりませんな。またそこからいろいろ勉強せなりません。社員たちは毎日が超多忙です。しかし、むかしから大阪の商家には、こういうことわざがあるんですよ。

『コマは回ればシャンとするんや！』

人間、いつも勢いよく動いていなければいけませんな。」

## 2　経営者の条件——行き詰まりからの脱出

ところで、アメリカABCテレビの取材チームが、新しくオープンしたサントリーホールを報道するためにやってきた昭和六十二年という年は、敬三にとっても、サントリーにとっても、組織を大改革した重要な年であったが、一方ではサントリーウイスキーの販売量が激減していて、経営状況としては最悪の事態だったのである。そのような情勢のなかで、サントリーホールの評判はウナギ登りだった。このアメリカの大手テレビ局の取材意図は、のちのサントリーホールの展開を先取りする的確な狙いの番組となった。同ホールについて紹介する第九章で内容については書きたいと思う。

### 会社の寿命

さて、ここですこし時計の針を戻したい。昭和五十八年九月十九日号の雑誌『日経ビジネス』が「会社の寿命30年」説というやや衝撃的な連載特集をスタートさせたのである。これは「企業にも寿命があり、優良企業ともてはやされても盛りは三十年まで」というもので、経営学者の協力を得て、シンクタンクの資料と日経NEEDSのデータを分析し、独自の「法則」を導き出したというものだったが、当時大いに話題となった。特集の連載が終わるとすぐに単行本になり、数年後には新潮文庫『会社の寿命——盛者必衰の理』（一九八九年）にもなったが、「企業は永遠か」にはじまり、「ブランド神話の崩壊」「ベンチャーの挫折」「強さとは何か」など、日本企業総まくりというような、ケーススタディーを交えての企業大研究であった。

この「法則」は、今でも生きているともいい、また数字のうえで断定した経営分析のもっとも悪いケースではないか、と疑問を呈する経営者も当時からあんがい多かった。指摘された企業は、まったく当たらなかった会社もあったし、みごとに当たって、消え去ってしまった大会社もあったのである。

しかし、皮肉にもあれからちょうど三十年が経っている。今、わが国の多くの企業の現状がどうなのか、また現在のサントリーがいかなる経営状況にあるのかは、おのずから明らかであろう。経済環境と極端な経営上の失敗を一応無視することにすれば、会社の寿命は経営者と従業員の質と努力の量でほぼ決まるものといっても、さしてあやまりではないだろう。決して企業の寿命に平均年齢があるわけではない。たとえば世界のソニーは、何回となく「ブランド神話の崩壊」を指摘され、批判されて、その都度立ち直っている。今また、厳しいマスコミの指摘にあっているが、不死身の企業であろうとしているようにみえるのである。つまり、この「法則」は、当たっているようでいて、現状をみてもわかるとおり、当時から、そんな尺度はしょせん通じないのが企業経営という世界なのだ、という強い指摘があった。

ところが、そうはいっても、記事は正直でもあったのである。すでに書いたとおり、一九八〇年代の半ばからは、ウイスキーの大苦戦の時代だった。「ブランド神話の崩壊」とは、当時、まさにサントリー「オールド」の場合を想定して書かれたといっても過言でない事態であった。特集の指摘は、半ば的を射たものであったのだ。敬三も何度かインタビューに答えていた。

では同誌はその記事のなかで、劇的な販売数量減という打撃を受けた「オールド」をどのように書いたのだろうか。すでに二十七年ほど前のことになるが、昭和六十年（一九八五）四月二十九日号で、同誌はまず、販売数量を次のようにたどっている。

公式データにもとづいたという、その推定によると、「オールド」の年間販売数量は、一九八〇年（昭和五十五）は、一〇六七万ケースであった。翌八一年（昭和五十六）は一一三二万ケースとなり、空前の売り上げを示しているが、八二年（昭和五十七）は一〇七〇万ケースに落ち込んだとある。そして翌八三年（昭和五十八）にいったん一一〇〇万ケースまで回復させたが、以後、八四年（昭和五十九）には九八五万ケースとなり、翌八五年（昭和六十）には驚くべき落ち込みとなり、六五〇万ケースと激減した。

一部修正するとサントリーは、一九八〇年は一二四〇万ケースとなり、ウイスキーの単独ブランドで世界一の販売量をあげたと公表している。（この時期、決算期は三月）この数字がまさに史上最高であって「オールド」の空前絶後（?）のピークを示すものであったが、傾向としてはこの直後から、同誌が書いたようなきびしい状況に陥るのである。

さて、眼を転じると、赤坂アークヒルズに、名指揮者カラヤンの意見を入れて、世界一の響きと、心やすまるアトモスフィアをめざしたサントリーホールが竣工するのが、昭和六十一年（一九八六）十月である。先に触れたように、この年も、オールドをはじめとして、ウイスキーの販売数量はなお下降線をたどり、最悪の事態を告げていたのである（「オールド」は数回にわたる製品のリニューアルを重ね、販売努力を続けた。結果、ようやくウイスキーが本格的な回復軌道に乗ったのが、実に平成十八年六月だった。現在は、「角瓶」を中心に「山崎」や「響」、そしてなんと「トリス」が復調し、「角のハイボール」ブームが起こっている。平成二十四年現在、「角瓶」はモルト原酒が足りないくらいだという)。

ではなぜ、一九八〇年代にこうした状況を招いたのか。『日経ビジネス』は、データ分析と市場の声を取材して、およそ次のような問題点を指摘している。

①「オールド」は、ピークを迎える前後の何年間か、当時の特級ウイスキーの五割近くを占め、サントリーの洋酒部門の売り上げの四割にもなっていた。つまり、売れすぎて飽和状態であった(「オールド」は、「トリス」「レッド」から、「角瓶」を経て、出世に合わせてようやく到達したステータスシンボルだ、という人々の「実感」をすでに希薄なものにしていた。大衆化してしまったのである)。

②サントリーの〝洋酒文化〟創出というマーケティング手法は出色であり、昭和五十八年(一九八三)まで連続三年間、日本能率協会の「マーケティング優秀メーカー賞」のトップを占めた。その商売上手がアダとなった。

③焼酎が〝洋酒化〟して、ウイスキーのお株を奪うマーケティングを展開し、それが消費者に受け入れられた。

④焼酎有利の税制改訂があり、昭和五十六年に加え、五十九年五月の増税が厳しかった。ウイスキー五〇・三%、焼酎(甲類)一四・四%、同(乙類)八・七%となり、「オールド」は二九〇〇円(七六〇ミリリットル)となった後、すぐに三一七〇円に小売標準価格があがった。これが焼酎と

闘うえで致命的ハンディーとなった。

⑤市場を代表するプロの声「戦後、一時期、清酒が売れて、続いてビールが伸びた。その後を引き取ってウイスキーが隆盛を極め、いま、焼酎に来たということでしょう。これも一つの回り持ちですよ」（東京の料飲店専門の大手酒販店「カクヤス」本店の佐藤安文社長）

敬三の指示で、サントリー社内では多くの議論と緊急の対策が打たれたことはいうまでもないが、同誌が指摘したことは現実的な問題提起であった。とくに①の「オールド」への依存体質は、社内的にはとっくにリスクとみなされて、対策がとられていたことではあった。が、不意をつかれた感じは否めなかった。④は、ウイスキーに対する不公平な増税とみることもでき、きびしい状況を追い討ちした。むろん、敬三は洋酒業界を代表して国税庁に抗議をおこなっているが、いかんともしようがなかった。

### サントリーホールの建設と「オールド」不振

敬三の回想録『へんこつ　なんこつ――私の履歴書』は、日経ビジネス人文庫の一冊になっているが、平成二十四年四月には、日本図書センターの『人間の記録196』として『佐治敬三――へんこつ　なんこつ』（二〇一二年）としてハードカヴァーの瀟洒な装丁で新たに上梓された。復活したのである。文庫と私家版を含め単行本化は、これで四回目である。

時間をかけて書いた全六章にわたる回想のエッセイは、しずかに澄んだ気持ちで綴られているように思われる。敬三という人は、大きな出来事を書くときでも、表面は決して熱くなっていないのである。そんな記述であった。それでも文化活動について書いた第五章は、七つの項目のうち二つがサントリーホール開設にかかわるものであった。敬三がいかにこの純粋のクラシック・コンサートのための本格的音楽ホールに心血を注いだかがわかる。たしかに目に見えて、耳で確認のできる文字どおりの大事業であった。

敬三は、社長に就任して以来、ほぼ十年おきに新しい文化活動が広がっていく、と書いている。最初が昭和三十六年(一九六一)のサントリー美術館の開設であった。この美術館については、あとで付け足そう。また昭和四十四年(一九六九)は、会社の創業七十周年にあたり、敬三は財団法人鳥井音楽財団(サントリー音楽財団と名称を変え、今はさらに美術館活動を含め、サントリー芸術財団と改称している)を設立した。

そしてちょうどその十年後、昭和五十四年(一九七九)にサントリー文化財団を設立し、同時に学芸賞と地域文化賞を創設したのである。だが、サントリーホールは、つづく十年後を待つことなく、昭和五十六年(一九八一)六月に、敬三は「見きわめをつけてゴーのサインを出した」と書いているのだ。のちに竣工式の記者会見で、敬三は、「清水の舞台から飛び降りる気持ちとはこのこと、と感じて一大決心をした」と語っている。暗雲の萌《きざ》したウイスキー市場の動向を考えると、きわどい経営判断だったという指摘もできようが、「あの佐治敬三の文化事業」ということで、世間は好意的に受けとめた。いや、むしろ敬三には、このウイスキーの危機を乗り越える経営手腕があり、「サントリーホール」建設は、その自信のあらわれともみられたのである。ともかくも昭和三十六年以来、積み上げてきた文化事業の実績が、客観的な評価を得ていたということになるのだろう。

しかしながら、企業業績の急激な変動とは実に恐ろしいものであった。

突如、入道雲があらわれて急変する、真夏の気象にたとえられても不思議ではない。雹《ひょう》が降り、ときに竜巻さえおこる。「ブランド神話の崩壊」と「オールド」の販売数量減を取り上げて、手きびしく指摘したその『日経ビジネス』が、その前年の昭和五十九年一月二十八日号では、なんと「強さの研究」でサントリーを大特集しているのである。タイトルは「ビール進出が変えた〝殿様気質〟――サントリー〝行け行け集団〟、他社は「へきえき」というもの。むろん基本的には、敬三とサントリーの実績を評価した企画だ。二つの特集を詳しく検証するゆとりはないが、せめていくつかの小見出しだけでも書きぬいておこう。

▼「強さの研究」ビール進出が変えた（中略）〝行け行け集団〟（昭和五十九年一月）
料亭の下足番もやる特攻隊
やってみなはれ　素人アイデアすぐ採用
課がない〝A型組織〟
末端から直通の業務月報　佐治メモ付きUターン
「やらんやつがアホや」
やる気を引き出す〝佐治〟加減

このとおり、同誌は、これらの要素がサントリーの「強さ」だと分析しているのだが、単に好意的なサクセス・ストーリーにはなっていないことが、こうした小見出しのことばの端々からわかるであろう。敬三をはじめサントリーの当事者たちは、「おや?」という思いで、苦笑を交えながら読んだはずである。それでも特集の冒頭で、サントリーとキリンの、昭和五十三年（一九八三）の決算数字（概略）を示して、ガリバー・キリンに迫り、追い越している部分を客観的にみせながら、サントリーの強さに迫っている。

このとき、キリンを代表する某役員はこう言ったと伝えられている。

「ビール事業を展開している他の三社のなかで、一番怖いのは何といってもサントリーだ。あそこには今はむろんシェアも低いが、ビールがあり、強力なウイスキーをはじめとする洋酒やワインがあり、いざとなったら戦前から積み上げてきた果汁や清涼飲料の製造販売のノウハウがある。はやくも海外にも目をつけている。おまけに生産設備が完備し、あのマーケティング力は、あなどれない。一つに集中しているようにみえて、実はいつも複眼的な総合経営を行っているからだ。」

まあ、二十八年も前のことだが、これはこれで業界を代表する一人のプロフェッショナルの冷静な見方であろうと思われる。当時の業界誌にさりげなく載っていたのである。

しかし、それからわずか一年三カ月後、すでに取り上げたように昭和六十年（一九八五）四月二十日号の『日経ビジネス』の特集「ブランド神話の崩壊」となる。この〈サントリーオールド〉をめぐる記事の見出しを、先の指摘とも重なるところはあるけれど、念のためにいくつか抜き出しておこう。

▼サントリーオールド　なぜこれほど〝イッキ〟に落ち込んだのか（昭和六十年四月）

自らの強さに酔う?

「水割り文化」に醒めた消費者

強さゆえの現実軽視

〝焼酎文化〟にお株奪われ……

「良薬は口に苦し」というが、いかにもきびしい指摘である。低迷と闘っているつい昨日までの酒類市場の〝優等生〟を、躊躇することなく切りまくっている。苦くはあっても、むろんこの記事が、すぐに薬効をあらわすものとはならなかった。二つの特集号を並べてみると、ちょっと奇妙な気分を味わうだけでなく、企業活動とは明日のことをさえ予測できないものだと教えられる。つくづく「一寸先は闇」である。この時期、オールドの凋落を、同誌ばかりでなく、新聞や週刊誌にも書きたてられていたが、敬三は、社内ではもちろん、公式の場に出ても、何事もなかったように、実ににこやかで堂々としており、威厳さえみせていたのだった。

〝逆境〟にあるとき、社外の目はむろんのこと、社内にあっても従業員たちは、必ずトップの表情を読もうとしているものなのだ。戦国時代、大将が意気軒昂であれば、決して戦力は下がらないといわれた。「勇将の下に弱卒なし」は、経営の場での真実であるばかりでなく、組織というものに存在するしたたかな生理学なのである。敬三は、父・信治郎と同様に、勇将を、また大将を演じられる器量をもっていた。

## 花開く「夕方の文化」

「オールド」復活への企業努力は、すでに触れたように根本的で、かつ総合的なものであった。戦後はじめて体験する全社的なリカバリー作戦が展開されたのである。敬三みずから、全社に向けた「洋酒新時代宣言」を、墨も黒々と毛筆で起草した。品質訴求のための強化戦略を推し進めるために"Quality The 1st"キャンペーンを実施し、社員にウイスキー研修を受けさせ、さらにマニュアル（通称「イエローブック」）をもたせコンセプトの徹底をはかった。販売店、消費者へのケアにもおこたりはなかった。これはじつに数年間を通じて実行された。それだけ深刻なウイスキーの不振であったのだ。しかしそうした努力の積み重ねによって、得意先からは「サントリーの社員は変わった」と言われた。

そんななかで、成果をみせはじめていたのがサントリービールだった。全社一丸となって闘志をむき出しにして努力した結果が、すこしずつみえてきたのである。具体的にいえば、アサヒビールとサッポロビールを追いこみつつあったのだ。それはこんな数字にあらわれているのでみておこう。

昭和六〇年（一九八五）の一時期、サントリービールは、市場シェアを八・九％まで伸ばしていた。そのときアサヒは、シェアが九・七％で、その差はたったの〇・八％。サントリーは、ウイスキー不振になかで、ビールでアサヒを抜くのは時間の問題とされていた。アサヒの松井康雄元専務（当時マーケティング部長）は、当時のことをこう書いている。

「……サントリーが着実にシェアをアップしてきている。早ければ、一九八五年、遅くとも一九八六年には追い抜かれるのではないか。今は、ビールに全力をあげるべきだ。」（松井康雄『たかがビール

されどビール』日刊工業新聞社、二〇〇五年、一三九頁）

同氏は、当時アサヒの社内が最下位転落の危機意識を強くもっていたことを、生々しく回想している。さらにいえばこの時期、キリンはシェア六一・九％、サッポロは一九・五％であった。アサヒはサッポロに一〇％近くも離されて、どん底を這っていた。

翌八六年（昭和六十一）一月、前年の実績が公表された。つまり一九八五年（昭和六十）の年間売上数量であるが、第三位アサヒのシェアは九・六％、第四位のサントリーは九・三％であった。サントリーは、その差わずかに〇・三％のところまで追い詰めていたのである。しかし翌年、一九八七年（昭和六十二）になると、アサヒは空前の大ヒット商品「アサヒ・スーパードライ」を登場させ、一気にサッポロを抜き、キリンを追いこむのだ。奇跡といわれた新製品戦略の成功だった。

酒類業界は、内外を問わず、それぞれの分野で戦国時代の真っ只中にあった。片時も目をはなせない。清酒、ビール、ウイスキー、焼酎、ワインなど、いずれの分野でも、過去の経験や大ヒットした戦略が一向に通用しない時代をむかえていたのである。計算しつくされた局地戦やゲリラ戦も、一私兵となって敢えて戦わなくては勝てなかった。

一方、海外に目を転じると、一九八六年にはイギリスのビール会社ギネス社が、スコッチ業界のトップＤＣＬ（ディステラリー・カンパニーズ・リミテッド）を買収した。ＤＣＬは「ジョニーウォーカー」や「ホワイトホース」で知られた伝統ある名門企業である。さらにフランスやアメリカ、カナダでも大きな合従連衡が行われ、わが国の酒類業界も、サントリーをはじめいくつもの企業が、そうしたM&Aの荒波の影響を被《こうむ》るが、このくだりについては改めて書きたい。

ちょうどその頃、東京や大阪などのオフィス街では「アフターファイブを愉しむ」というようなことばが生まれていて、女性週刊誌などがぼちぼち書きはじめていた。「オフ・ビジネス」ということばも、魅力あるひびきとしてよく使われるようになった。ふたたび時代がうごきはじめていた。

若者風俗にまず変化の兆しがみえた。その頃大ヒットしたアメリカ映画、ジョン・トラボルタの『サタデー・ナイト・フィーバー』は、映画の内容はともかく、若いエネルギーの発散をフィーバーと捉え、多くの若者の心に熱風を吹き込んだ。やがて到来するディスコブーム、カフェバーブームの火つけ役となった。東京の六本木にディスコ「ネペンタ」、新宿に「ゼノン」、渋谷に「ラ・スカーラ」が開店したのが昭和五十五年(一九八〇)だった。

有名になった「マハラジャ」は、五十七年(一九八二)に、まず大阪ミナミに第一号店が誕生し、その後いわゆる旗艦店となった「マハラジャ麻布十番」が開店したのが、五十九年(一九八四)だった。

すでにアメリカでブームになっていた「ソルティドッグ」とか「マルガリータ」とかいうトロピカル・カクテルが、日本に上陸したのが昭和五十六年(一九八一)である。ディスコの流行と時期を同じくするが、それらの新スタイルのカクテルは、あらたに誕生した「カフェ・バー」で大流行する。

飲酒風俗は多様化路線をたどりはじめていた。こうした流れのなかで、焼酎の洋風化路線が進みはじめており、その消費量は昭和五十七~五十九年(一九八二~一九八四年)で三〇・四%増加しているという数字がある。「チューハイ」で伸ばしたのだった。

しかし同時に、どことなくニューヨーク風の都会的な店が増えはじめ、ファッションは一挙に〝アンチ・オジン〟へと変わり、銀座、六本木、青山などがにぎわうという現象も起きている。焼酎とは異なる嗜好のブームがみえ、サントリーはこの時期に「トワイライト・キャンペーン」を実施している。劇作家で評論家でもある山崎正和氏は、のちに「夕方の文化」というキーワードを使って、この時代の新しい傾向を説明した。一九八〇年代の経済的に高揚した文化爛熟期の現象だったのであろうか。

カフェ・バーに本格的な流行の兆しがみえてきたのが、やはり昭和五十八年であった。高度経済成長は、バブルをめざしているかのようで、あらゆるものの価値が錯綜しはじめていた時代だった。

### サントリーホールのブランド価値

ちょうどそんな時期に、赤坂のアークヒルズに誕生したのが「サントリーホール」だった。敬三は、新しい若者文化を興味深くみまもっていたが、本格的な大人の文化の必要性をずっと痛感していたのである。そしてなにより、みずからが日本の音楽文化のために純粋なクラシック専用コンサートホールを欲していたのだった。

土地を除いても総工費が百億円近くかかろうというコンサートホールの建設を決意したのが、昭和五十七年（一九八二）、竣工したのが昭和六十一年（一九八六）十月であった。予想を上回る好評を得て、休むときがないほどの稼働率となり、国内外の指揮者、ソリスト、オーケストラの団員など、演奏者をはじめ、耳のこえた入場者たちからも絶賛に近い評価を得たのだった。

すでに述べたとおり、サントリー音楽財団は当時も活発な活動を続けており、「サントリーホール」は財団の経営か、あるいは独立した別法人がやっているのかと思われたが、組織的にはどこまでもサントリーという企業の一部門であった。当時は、このホールも美術館も文化事業部が統括していた。独自の事業としては、まず絶対といってよいくらい成り立たない難事業なのだった。

コンサートホール建設の狙いは、音楽財団と歩調をあわせた文化貢献活動ではあった。しかし、メディアに登場する機会が多く、話題性も高く、単に企業の文化活動というには規模が大きく、いろいろな面で思わぬ波及効果がみられたのである。

同ホール開設後一周年を迎えた頃、敬三はある日、すでに読売新聞OBとなっていたノンフィクション作家本田靖春のインタビューを受けた。本田自身が、佐治敬三という経営者に強い関心をもっていたこともあり、また、敬三が美空ひばりに興味があって、ちょうどその年、本田が上梓した『「戦後」美空ひばりとその時代』を読んだばかりだったので、お互い波調のあう取材の場となった。

本田は、小説家の開高健よりも三歳若く、開高とはほぼ同世代作家といってよかったが、ルポルタージュにかけては他の追随をゆるさない書き手として知られていた。とくに山口瞳と気が合って、晩年には府中の東京競馬場で仲よくレースを観戦する友であった。

「クラシック音楽は私とはちょっと別の世界ですが、サントリーホールは佐治さんの快挙ですね。最高の傑作だと、よい評判を聞いています」と本田が口火を切ると、

「おかげさまで思いがけない好評をいただいています。設計を旧制高校時代の友人、佐野正一君に

たのみましてね、二人でベルリンのカラヤンさんのところで、具体的にホールの形式や音色のことなど様々なサジェスチョンを頂いたことが生きました。」

しばらく建設過程での苦労話がつづいたあと、本田の質問は、次第に企業経営と文化貢献活動の境目という、微妙なテーマに移っていった。本田は、読売新聞社会部時代、エース記者としてのめざましい活躍で、「社会部の読売」といわれたなかでも、大阪本社で辣腕でならした社会部長・黒田清と並んで、〈東の本田、西の黒田〉といわれた存在だった。

さて、敬三は本田の話を受けて、さらにこうつづけたのだった。

「評判も予想以上ですが、運営のための年間の経費も予想以上ですな。われわれの業界は宣伝広告費を中心に販売促進費が大きいですから、その数パーセントから一〇パーセントくらいまでなら、まかなっていけますがね。そのように考えると、ある程度、合理的に捻出できるのです。」

「宣伝費の大きな企業をベストテンでみると、だいたい三〇〇億から五〇〇億円くらいになりますね。自動車、家電、薬品、ビールを含めて酒類食品などが大きい。」

「そう、われわれのところも三〇〇億から四〇〇億円といったところでしょうか。」

こう敬三は答えたが、すぐにめずらしく、こんな話を披露したのである。

「……この間、役員会議がありまして出席者のひとりがこういいました。私はなるほどと感心したんですがね。つまり、彼がいうには、サントリーホールでは、毎日のように一流の演奏家のコンサートが開催されていて、ときにはＮＨＫの音楽番組で中継されますが、大体は、演奏会の評が、後日、新聞や雑誌に載ります。サントリーという社名というか、ブランド名というか、近年は露出度が際立って高い。こうしたことの効果は、いったいどこにあらわれるのだろうか、というのですな。文化事業だから効果も収益も考えない、ということも決して間違いとはいえないでしょう。しかし、収益は見込めないにしても、どこかに必ず〝効果〟はあらわれます。考えてみると、これは今のマーケティングでいう〈ブランド・エクイティ〉ですな。ブランド価値のことです。ブランドという資産価値が大きくなっているというわけですな。」

「ほう、それならよくわかります。文化資産、ブランド資産への投資といってもよいかもしれませんね。しかし、多くの経営者は危ないと思って、それをやらない……」

「そうです。だから、発言したその役員に、では、そのブランド価値は具体的にどんなところで効果を発揮するのか。はたして売り上げにつながるのか、と質問したのです。」

「それは興味深いところですね」と本田がやや膝を乗り出す。

「それですがね、私の〝何でや？〟という問いに答えて、彼がいうたんですが、ビールにはすぐにはプラスの影響は出ないだろうが、ウイスキーやワインにはかなりよい影響がある、というのです。とくに高級品にですね。そして海外事業に、ともいいましたな。むろん実証できることではありませんが、私は感心しました。信じることにしたんです。」

「ブランドということですが、これは会社の信用度とか信頼性にかかわるということですね。純粋にコンサートホールの音にこだわって、本物の響きを演奏から引き出すというコンセプトは、企業としての〈思想〉といってもいいでしょう。ウイスキーやワインづくりに繋がる。いや、ビールにもきっと繋がるでしょうね。」

敬三が、社内の役員会議のやりとりを、このようなかたちで外部の、しかもジャーナリストに話すことはまずなかったが、本田靖春には、思わず本心を吐露したくなったのであろう。これはそのときのやりとりのほんの一部である。

このあと、「サントリーホールで美空ひばりさんのリサイタルをやってみたいと思っているが、どんなものでしょう?」などと語っている。本田は、「実現すれば自分もぜひ聴きたい」と答えたが、ついに現実にはならなかった。当の美空ひばりが、惜しくも病に倒れ、その二年後に他界してしまったからである。

## 3 「諸君!」上役をこき使おう――素朴なアイデアの発想装置

**自由主義経済と日向方斎**

述べる順序を変えて、敬三の大阪商工会議所会頭在任中のことについては、次の項で詳しく書きたい。惜しむらくは、と一般には思われたかもしれないが、本人の強い意思があって、敬三は大商会頭を一年の任期をのこして退任した。『へんこつ なんこつ』のそのくだりの冒頭で、しみじみとこう書いている。

「日向方斎先輩にはことのほか可愛がっていただいた。関西経済同友会の代表幹事、大阪商工会議所の会頭など、身にあまる大役を無事果たすことが出来たのも、氏のお心配りのおかげであった。」

敬三は、人生の先輩としても、この反骨精神の名経営者・日向方斎（明治三十九～平成五）を心から敬愛していたのである。住友金属工業の傑出したトップだった日向方斎は、明治三十九年山梨県の生まれ。生家は貧しかったといわれるが、東大法学部を出て住友本社に入社した。開戦の年、昭和十六年（一九四一）四月から十月まではあったが、住友本社総理事で、のちに国務大臣、大蔵大臣を務めた小倉正恒の秘書になったことが、貴重な体験となったといわれている。

日向は、昭和四十年（一九六五）の不況の際、大和銀行をめぐる大蔵省（当時）の行政指導に対し、その時、関西経済連合会代表幹事として、大和銀行の側に立って大蔵省の横暴ぶりを正したという。また、いわゆる「住金事件」では、通産次官の佐橋滋に行政の過度の介入はおかしいと強く主張、ついに小林中、中山素平らの斡旋で、日向は譲歩したが、世間は「引き分け」とみたのであった。日向の正義の反骨ぶりが際立ったのである。

いずれも、政府の公正な競争を抑え込もうという政策への対抗であり、正しいと思う自説を曲げぬ一途な経営者スピリットを、このとき敬三は学んだのだ。この事件を回顧して、経営評論家の梶原一明氏は、近年こう書いている。「もとをただせば住金事件は稲山（嘉寛鉄鋼連盟会長）・協調哲学と日向・自由競争哲学の正面衝突ということになる。しかし、当時の財界には、自由競争の信奉者は大勢いた。御大の石坂泰三経団連会長等は、根っからの自由主義経済論者だったが、住金事件に限っては、いっさい関心を示さなかった」（『リベラルタイム』誌二〇一二年一月号）と、中央財界の姿勢に、当時、不信感をもったという。むろんこの件では、敬三も大いに学んだ。財界人同士の思惑や、また政官界との複雑な利権関係のバランス、さらに人間関係上の駆け引きというものの存在を否応なく認識したのであった。

先回りして書いておくと、関西経済同友会の代表幹事就任の時期、とくに日向方斎からは学ぶことは多かったけれど、敬三の周囲には、明治生まれの気骨ある財界人が何人もいた。最初に声をかけてくれた中司清（鐘淵化学）、清水雅（阪急電鉄）をはじめ、佐伯勇（近畿日本鉄道）、川勝伝（南海鉄道）、永田敬生（日立造船）など五指にあまるトップ経営者がいたことは、大正生まれの戦中派には、まさに幸運であった。むろん、小林一三はもとより、若い頃から親炙した河合栄治郎も阿部次郎も下村湖人も、そして恩師小竹無二雄も、さらに坂口謹一郎も、戦後『ホームサイエンス』に連載を書いてくれた阿部知二も、みんな明治の人であった。

## 上役を「動かす」装置

話柄は一転するが、山口瞳は、敬三が専務時代の昭和三十三年二月、東京支店で面接をして採用を決めた中途採用組だった。自分では〈東京現地採用〉といっていた。真面目を地で行くような働きぶりであった。この年の一月、開高健は『裸の王様』で第三十八回芥川賞を受賞して、時の人として多忙を極めていたので、山口の入社は宣伝部の空洞化を未然に防いだともいえる。

しかし、山口もさるもので、昭和六十八年に小説『江分利満氏の優雅な生活』で第四十八回直木賞を受賞したことはよく知られている。敬三は、山口の想像力の鋭さやその筆力に当初から非凡なものがあると認めていたが、この受賞は新しいタイプの直木賞作家の誕生になったのではないかと期待した。山口は受賞後も一年近く社員として在職した。

開高も、正社員の頃は、小説家志望のクリエイターとしては、律儀な仕事ぶりだったが、山口は開高の上をいく、つまり一般社員の模範になるようなタイプだと敬三は評価していた。すぐに係長になり、課長補佐になった。開高は、一度も役職には就くことなく、前年、嘱託になっていた。

敬三は、時間さえあれば必ず、大阪本社でも東京支社でも、社内の各部署に顔を出すことを自分の仕事にしていた。開高や柳原良平や坂根進が、大阪から東京に異動してすでに三年、東京宣伝部は活気に満ちていた。テレビＣＭや新聞・雑誌広告の制作、ＰＲ誌『洋酒天国』の編集を部員たちが兼務でやっていた。敬三は、社長に就任してもなお、時間を割いては社内の各部署に出かけていくことをつづけていた。ビール発売を翌年に控えた昭和三十七年夏、宣伝部は目がまわるように忙しかった。しかし、ある日の夕方七時頃に敬三が宣伝部を覗くと、制作課には部員がぱらぱらとしかいない。山口が係長席に座ってなにかノートに書き込んでいる。デスクの脇には他にも十冊ほどノートが積んであった。

敬三が近づくと、山口係長は立ちあがった。

「あっ、社長……」

「いや、どうぞ仕事をつづけて。」

ワーキングテーブルで立ち働きしていた三人ばかりのスタッフが、敬三に会釈している。

「みんなどこへ行ってしもたんや。えらい少ないやないか。しかしもう、七時やな……」

「急にいなくなっちゃったんですが、まもなく戻ると思います」と山口が言う。

敬三は山口の机のノートに目をやった。赤インクでＡ５判ノートの空欄に何か細かい文字で記入していた。

「それは何やねん？」

「宣伝部員の業務日誌です。」

「毎日、出させてるのか。どんなこと書いてくるのかね？」

「はい、毎日……、自分が今日やったことと、課長、係長への提案です。」

「そうか、ええことや。だが、提案されると部下にこき使われることにもなるな。」

「たしかに。けっこう読みでがありますし、いいことを書いてくる部員もいます。彼らにこき使われることは毎回ですね。それに一行でも何か赤ペンで書いてから返却しないと、あとで煩《うるさ》いんですね。これ、日課ですわ。」

「こんなことをやってるのは、キミのとこだけか？」

「いや、営業部も毎日書いていますし、ほとんどの部署がやってますね。」

「業務日誌で上役をこき使うヤツがいるのんか。おもろいなー」

「会議であまり発言しない者が、ここに書いてくるんです。そんな提案を採用すると、たしかにこっちもすごく忙しくなります！」

敬三は、すでに六年ほど前のことになるが、開高健が大阪本社の意匠課にいたころ、よく原稿用紙に提案を書いては、秘書課経由で届けてきたことを思い出していた。『洋酒天国』の提案は、正式には役員会議で他のいくつかの販売促進プランと一緒に出されたものだったが、露払いのつもりか、開高は五枚くらいの企画案を先に提出してきたのだ。

敬三は、開高のPR冊子の提案メモを面白いと思った。戦後すぐに家庭婦人向けのサイエンス誌を何年か編集していたので、企画書だけでも冊子の具体的な姿が目にうかぶのである。これを認めてやらせるとなると、いずれ大阪より洋酒市場が大きい東京でやることになるな、とのおもいが一瞬だけ脳裡をかすめた。

新PR誌の発行は会議で正式に決定し、敬三が誌名を『洋酒天国』にするように強く指示した。開高らは「スマートじゃない」とか、「田舎くさい」とか言ってきたが、受け付けなかった。しかし、発行後、一年半ほどすると、敬三が予感したとおり、東京でなければ編集ができないから、東京宣伝課を作って欲しいという要求となり、敬三はその案を飲まされたばかりでなく、開高、柳原、坂根らの社宅を購入するはめになったのだった。後年、柳原良平は、「部下が、専務に東京転勤を要求する。重役を動かすことをやってのけた」と、いい専務のいる、いい会社で、いい仕事ができた時代だったと、すこし自慢げに著書のなかで回想している。

## 「マルめメモ」の効用か

入社三年目になった意匠課の開高健が、大阪時代に寿屋社内報『まど』（昭和三十一年新年号）に書いた一文「ほろよい・るぽるたぁじゅ」が見つかったので引用する。むろん小説家デビュー以前の文章である。

「……しかし、業界は自由競争なのです。ハイボールスタンドはトリスにかぎられているわけではありません。ニッカさんもオーシャンさんもそれぞれ自社製品を扱う経営者をいろいろとバック・アップしはじめています。すでに東京にも大阪にもそれぞれの名を夜空に染める赤い灯、青い灯がチラホラ見かけられます。頭のよいある経営者は新宿の自分の店に〝トニオ〟という看板をかけました。つまり、トリス、ニッカ、オーシャンそれぞれの頭文字をとって、値段表はどのメーカーからお声がかかっても準備OKという次第（邪推しすぎかナ？）。たいていの経営者がトリスバーという看板をかけたがるのは、コストに敏感な彼らが実際、ハイボールにして一杯ずつ量り売りするとトリスがもっとも割安で旨い、ということを知っているのと、トリスの知名度に便乗しよう、客にすぐ名をおぼえられたい、という意図からなのだと思えます」（宣伝部意匠課・開高健）。

この文章が掲載された四カ月後に、晴れて『洋酒天国』が創刊されるのだ。目を凝らしてよくみると、右の一文には開高の片鱗は感じられるものの、生真面目な宣伝部員としての一面が浮かんでいるであろう。開高は敬三を意識しているようでもある。この頃は、もう『洋酒天国』の発行は決定されていて、大わらわで準備が進められていたのである。

　さて、敬三は、その年の夏の夕方、宣伝制作係長の山口瞳から見せられた部下の「業務日誌」の、上役を動かす威力に感心して、いつまでも気になっていた。そしてそれを自分は、メモという形で導入し、逆に社内に発信しようと思いたったのだ。つまり、敬三自身が、社内に手書きのメモを日常的に発信することを思いついたのだ。各部署の部課長や担当役員へ、指示や要望や提案を、もっぱら使用済み原稿用紙や印刷物の裏面を、メモに使えるようなサイズに切って、要件を記入し、「ＫＥＩＺＯＵ」のイニシャルの「Ｋ」を〇で囲み、毎日のように秘書課から発信したのである。

「㊙」のサインが、どうやら「㋱」にみえるので、社内では、それからもっぱら「マルめメモ」として威力を発揮することとなった。部下の提案で自分がこき使われる前に、ときに社長提案（これはもう指示か、命令となる！）として先手を打つのであった。役員や部長といえども、必ず返事を書かなければならないルールが自然に生まれた。

ふり返ってみると、敬三が指示したわけではないが、役員や部長たちが、工場はもちろん、各部門の現場にちょくちょく顔を出すのが、寿屋時代からあたりまえのことだったようだ。上にいくほど現場の空気を知っているという現象すらあったのである。別に監視するためではなく、現場に溶け込むためのようだった。山口瞳は中途入社組で、いくつもの出版社を経験しているが、寿屋に入社して一番おどろいたのは、どの部署も一様に熱気に満ちていることだった。さらにトップと現場の〝距離〟が近いことだった。

「椅子に座ったまま電話をしている社員がいないね、この会社は……。立って電話をするから声がやたらにデカイね。小さい声で話をするとソンをする会社だ、ここは。」

これが山口の口癖だったし、身辺小説のなかでも、そのことを何度も書いている。江戸ッ子を自認していた山口は、開高健とは、すこし違う角度から寿屋、サントリーをみていたのである。

しかしその時代、日本経済新聞社に、一世を風靡した名記者で大和勇三《やまとゆうぞう》というジャーナリストがいたが、寿屋の応接ロビーにやってくるや、第一声、「この会社の社員は、みんな前のめりに椅子に座って客と応対しているね!」といったのだった。つまり、忙しい会社だ、ということと、前向きで熱心な社員が多いということを言いたかったらしい。「新聞社よりホットな空気を感じる」ともいった。大和記者が、もし、その理由を敬三や当の社員たちに質問しても、なぜ、そうなのかは、社長にもその場の従業員たちにも、はっきりとは答えられなかったに違いない。

# 第八章　誰のための会社か——精神のエネルギー

## 1　グローバリズムの時代へ——企業文化と技術の力

### 企業分割論

一九七〇年代後半から八〇年代前半にかけての十年間は、国内外ともに経済情勢や産業動向、そして社会風俗や、人びとのライフスタイルが激変した時代であった。いってみれば、その後出現するバブル経済がピークに向かって突き進んでいく直前の一時期でもあった。何もしなければ時代の波に呑み込まれてしまう。このとき敬三は、押し寄せる新しい時代のうねりと、どのように取り組んでいくべきか、また勝負していくべきか、真剣に考えていた。

経済の高度成長を達成しながら、多くの面で成熟し肥大化したひずみが、その反動として生まれていた。それを一種の凪の状態と指摘する識者もあった。さらにまた、国際的な動向の急変で、わが国のメーカーは予想外に遅れをとっている面があることがわかり、にわかに対応が急がれるという事態にもなった。これまでの国際化とは質的に異なるグローバリズムという未知との遭遇であった。

しかしながら今からみると、いずれも第一次（一九七三年〜、第四次中東戦争）、第二次（一九七九年〜、イラン革命）オイルショックが招いた大激変だったことがわかる。

敬三は、この時期のことについて、いささか実感をこめてこう書いているのだ。

「昭和四十八年（一九七三）十月、石油ショックは日本経済を直撃した。産業の血液ともいうべき石油を求めて企業は狂奔した。買い占め、売り惜しみ、やみカルテル等々、物価もまた狂乱した。

関西人はいつもながらの〈おっちょこちょい性〉がこの時も発揮されて、大阪・千里のショッピングセンターからトイレットペーパーが姿を消し、この噂はたちまち全国に広がり、パニックを生んだ。」（『へんこつ　なんこつ——私の履歴書』）

ついで商社によるマグロの買い占めが大きく新聞に取り上げられるや、大企業批判の嵐が起こったのだ。巨大商社丸紅がからむロッキード事件で、前首相・田中角栄が五億円の収賄容疑で逮捕されたのが、一九七六年（昭和五十一）のことだった。こうしたことを背景に公正取引委員会は、時機は至れり、とみて、早々にいわゆる独禁法の強化に乗り出したのである。この荒波を、敬三がまともに被ることになった。

思えば一九七〇年代は、繁栄の陰に腐敗を感じさせる企業の不祥事も多かった。

今日からはすぐには理解しにくいだろうが、独禁法の強化という名目で、カルテル対策をはじめ、企業分割、原価公表、株式の保有制限という、まるで燃えあがる「大企業悪玉論」に油をそそぐかのような法律改正をめぐって〝騒動〟がもちあがったのだった。法的規制によって競争力を制限してしまうということは、企業の国際競争力を弱めてしまうことに繋がり、日本企業にとっては悪法だと財界は主張した。キリンのトップ佐藤保三郎も反対と唱えてメディアで発言していた。

敬三はこのとき、企業分割をめぐってたいへん苦い体験を味わったのである。それはオイルショックの数年後のことであったが、よほど憤りがつよかったのであろう。先の回想録『へんこつ　なんこつ――私の履歴書』では、憤懣やるかたない思いをぶつけて、「あわや分割」という一章を割いているのだ。

それは一九七七年（昭和五十二）四月二十八日、十三時から十五時三十分までの国会での出来事であった、と敬三は詳細をきわめて書いている。敬三は独禁法にからむ法案の審議のため、衆議院の商工委員会に参考人として呼び出しを受けたのだった（ほかに徳永久治新日鉄社長、町田栄次郎三井物産専務、国井真富士写真フィルム常務、喜多山美雪旭硝子労組委員長がよばれた）。このときの自分の発言の要旨を、みずからこのように注意深くしたためている。

サントリーは消費財とりわけ嗜好品のメーカーとして、品質の向上、価格の安定に懸命の努力をはらって来た。現在のシェアにしても、そうした創業以来の努力の帰結である。にもかかわらず、そうした企業をあたかも罪あるものの如く企業分割という死刑を宣告するというのは、かつての悪名高い治安維持法にも類した行為ではないか。また企業にとって、特許権と並んで製造のノウハウが重要である。ウイスキーに関していえば、ブレンド技術は品質を決定する最も重要な要素である。

サントリーにあってはこの私が、マスターブレンダーとしてすべての製品の品質について全責任を負っている。もしサントリーという企業を分割しようというなら、まず、私の身体を二つに裂いていただきたい。経営の実態を無視した分割論の一人歩きに、わが社はすでに大きな打撃を被っている。

敬三は、この衆議院商工委員会での発言を「サントリーの血の叫びであった」と述懐しているのだ。関西財界の大先輩、日向方斎ゆずりの反骨ぶりであった。このときにやり玉にあがった新日鉄などの巨大企業を別にすると、富士写真フィルムとサントリーとはいささか似たところがあったとも書いている。一方はコダックという世界の巨人を、もう一方は、当時DCLという巨怪を相手に闘っていたサントリーだったからだ。

しかしあろうことか、三十五年後の二〇一二年（平成二十四）一月、巨人コダックは経営破綻した（もっと早い時期に、前述のとおりもうひとつのDCLも、M&Aの嵐のなかでギネスに呑み込まれてしまっていた）。ここでも一寸先は闇であった。

### 進出はたした海外拠点

海外に現地法人や生産拠点をもつことは、一九六〇年代から七〇年代にかけて、経営者にとっては、いってみれば悲願のようなものであった。何を大げさな、と受け止められるかもしれないが、実際、商社や金融や商船・航空などという分野の企業なら、海外拠点はあたりまえなので、そのような一般企業の経営者の気持ちなど、理解の外であったであろう。しかし、とくに自動車や、意外なことに家電業界でも、海外支店網や現地法人をもつ時期は、そんなに早くない。モノで輸出していた方が有利と読んで急がなかったともいえるが、わが国の経済復興の速度にくらべると、いかにも慎重な経営方針だった。

さて、敬三は、チャンスとみるとすぐに実行するという気性をもつ経営者だった。これが長所なのか、短所なのか、すぐには決めかねるし、むろんケース・バイ・ケースということにはなろう。メキシコ・シティーに現地資本と合弁で生産拠点を設立したときも素早い決断だった。一九六二年（昭和三十七）五月、寿屋はサントリー・デ・メヒコを、現地資本（日系の松本三四郎氏）と共同出資で立ち上げ、ただちにウイスキーの瓶詰プラントの建設を開始している。たまたまひと月前の四月、シンガポールのラフェルサ社と技術提携を結び、サントリーウイスキーの瓶詰めをはじめているのだった。

当時、飛ぶ鳥を落とす勢いといわれていた東レが、アジアで現地生産（タイ）を開始したのが一九六三年（昭和三十八）であるから、敬三の決断力と先進性がわかる。むろん東レにとって、これが世界進出の第一歩だった。

敬三の海外拠点づくりは、これも社長に就任してわずか二年目の早業であった。しかも翌々年には、来日したメキシコのアドルフォ・ロペス・マテオス大統領と、東京は柳橋の料亭「いな垣」で会食しながら親しく歓談しているのだった。さらに一九六七年（昭和四十二）には、敬三は外務省からメキシコ名誉領事に任命されている。

そうした時期に敬三の長男・信忠は、慶應義塾大学を卒業すると、カリフォルニア大学ロサンゼルス校の経営大学院に留学した。一九六八年（昭和四十三）のことだった。その前年にアメリカ現地法人「サントリー・インターナショナル」が、ロス市内に設立されており、信忠はときに顔をだすことがあった。しかし、いつも「どうもアメリカやメキシコでの商売のやりかたは、おかしいのではないか？」という疑問をもち続けていた。

同大学院でＭＢＡ取得後、ソニー商事に修業のため入社し、経理部に所属して、ソニーショップの棚卸しから決算書の作成などをしばらく体験した。大学時代は村田昭治教授が指導するサークル「広告研究会」で、夏休みには湘南の逗子海岸などで模擬店を開き、熱心なメンバーとして活動に参加していたので、ソニーショップでの仕事は面白かった。

一九七四年（昭和四十九）、ソニーを辞してサントリーに入社した信忠は、二年後、慶大で同窓の岩田英子と結婚した。英子は岩田工機社長の岩田誠三氏の令嬢である。敬三が大阪財界で親しくしている山田稔ダイキン社長夫妻が仲人を務めた。長男・信忠の結婚式での敬三の滂沱《ぼうだ》の涙は、後々まで語りつがれる感動的なものだったといわれた。謝辞のことばが涙で出てこない。それまでの三十一年間のつもる思いが一気に押し寄せたものだったに違いない。

敬三はこの年、早速、信忠をアメリカ駐在とし、妻英子をともなって赴任させることにしたのである。もはやアメリカの経営者たちが集まる社交界に出しても、十分に通用すると思ったのだ。そしてここに、サントリーの新しいグローバル戦略の種が蒔かれ、きたるべき時代の、海外への飛躍のための調査と研究がはじまるのであった。

## 2 パイオニア精神の一考察――会社の進化

M&A

高い関税に泣かされることもなく、またその国から熱心な誘致を受けて優遇されても、ウイスキーやワインは、農業生産物に近い〝嗜好品〟である。先祖代々、その国で育まれた保守的な味覚という嗜好は元来生まれつき備わっているもので、衣料や電気製品を普及させることとは根本から異なる次元の〝商売〟であった。人びとの食習慣や嗜好については、もともと未知の国で、輸出であろうが、現地生産であろうが、ゼロから事業に取り組むには、莫大な資金と時間と人の手が必要だった。だからいってみれば、サントリーは、そんな努力を一九六〇年代からおこなってきたのであった。

そのことに、UCLA時代にロスにいた信忠は気づいていたのであった。グローバル戦略とは、その企業の業態によっていろいろあってもよいのではないか。自社製品を世界の国々にひろめることができれば、むろんそれが一番よいことに違いない。とくにサントリーウイスキーは、一九六一年（昭和三十六）、アメリカで「ジャパニーズ・ウイスキー」としてはじめてラベル登録の承認を受けていた。カテゴリーのうえでは「スコッチ」「バーボン」「カナディアン」などのウイスキーと同様の扱いを受けたのであった。そして戦後の初輸出は翌六二年八月だった（戦前には一九三四年（昭和九年）、禁酒法廃止後のアメリカへ一六六七ケースを輸出したという記録がある）。

ロス事務所に続いてニューヨークに駐在員を置いたのが六五年二月で、準備にやや時間がかかっている。しかし一歩一歩、準備はととのったが、ジャパニーズ・ウイスキーという誇りをもって、現地駐在員たちがどんなに頑張って活動しても、販売数量はなかなか伸びなかったのだ。最初は単に力不足と思っていたが、やはり目には見えない嗜好という厚い壁に阻まれていることは明らかだった。そこで数年をおいて、ウイスキーと並行してあらたにメロン・リキュール「ミドリ」を発売したところ、これはカクテルの国アメリカに受け入れられ、大いに売り上げを伸ばしたのであった。しかし、これとて、この国での有益な事業展開とはいえなかった。だから、次はなにか、ということが、UCLA大学院時代から、信忠の年来の課題となった。

そして、答えは一つだったのである。それはM&A（Mergers and Acquisition＝合併と買収）を実行することだった。もちろん、現地生産による進出は、その後もタイやブルガリアなどでもおこなっているが、海外戦略の第二段階の方法としてのM&Aの研究がはじまった。自社製品を海外で販売することに、あえてこだわらない国際戦略であった。

アメリカの投資銀行は一九七〇年代にM&Aを仲介する専門部門をつくっていた。サントリー・インターナショナル社は、まず、手はじめに自分たちの手で、アメリカ商務省発行の「産業分類」をもとに、サントリーが手がけられそうな業種・業態を洗い出していた。一九七九年に信忠が同社の社長に就任した際、敬三は「アメリカ法人の経営は任せるから、思い切ってやってほしい」と信忠には言ってあった。むろん、敬三は、「ああせい、こうせい」とはいっさい言わない。

一九八〇年（昭和五十五）三月末に大阪本社で開催された「総合会議」で、敬三は出席した四〇〇名を超える全幹部社員に向かって〈生活文化企業〉をめざすことを表明した。それまでのサントリーの歴史を総括し、将来を見据えての新しい経営ビジョンを打ち出したのである。その月の社内報では、全社員に向けて、みずから筆を執り、これからめざすべき〈生活文化企業〉というサントリーが進むべき方向を熱っぽく説いている。

アメリカでM&Aの準備、検討に余念のなかった信忠にとっても、海外戦略として視野におくべきM&A選択の基準は、新しい企業理念ともいうべき「生活文化企業」の路線であった。調査を進めている「産業分類」に掲載のある千数百の業種から数十に絞り込むことは容易ではなかった。信忠を中心にスタッフたちが議論を戦わせながら絞り込み、最終的にソフトドリンク業界の企業ということに落ち着いたのである。

現在、サントリーHD社長・佐治信忠は、当時のことをこう回想している。すでにはるか三十二年も前のことである。当時、信忠は三十五歳であった。

「その時期に米国のソフトドリンク業界で第四位のシェアをもつセブンアップの、手ごろなエリアをもつボトラーが、五十億円ほどで手に入るという情報を摑んでいたんですがね。多角的に調べあげて、やれると判断しました。早速この物件でいきたいと、サントリー本社にぶつけました。ところが、返ってきた父からの返事は、〈そんな小さなことで勝負するのんか、もっと大きくやれ！〉ということでした。ちょっと驚きました。さすがは、〝大将〟のせがれや、と思いましたな。」

信忠の祖父・信治郎は、生涯を通じて大きな勝負に賭けてきた。「やってみなはれ」とは、見えないものへ「勝負してみなはれ」ということでもあったからだ。敬三も、信治郎から経営を引きついでからというもの、「勝負」の連続だった。

この発言の後、信忠はつづけて、父・敬三についてこう語っている。

「また、おやじのビールへの挑戦ぶりを、大学時代からずっとみてきましたが、本当はいわば書斎派の人なんですが、まあ凄く意志の強い、何事にもへこたれない男だと思いましたね。手ひどくやられてもメゲない。いや、たしかにへこたれないいんだな、モノに動じない人、まさにそんなトップでした。大きなことをやれ、というのは、そうしたみずからの信念から出ているのでしょうね」

これが長男としての、そして現社長としての、信忠自身の「やってみなはれ」のひとつの解釈とみてよいであろう。「へこたれない」という信念は、パイオニア精神と表裏の関係にあり、同義語として聞こえてくるのである。

M&Aは決断の勝負といわれる。優良企業の買収となると、そこには情報が張り巡らされていて、鷹のようなするどい目でねらっている企業が多いのである。迷っている猶予はなかった。

一九七〇年~八〇年代は、アメリカはちょっとしたM&Aのブームで、投資銀行の動きも活発だった。また、その頃ニューヨーク大学の佐藤隆三教授はこの分野の権威の一人で、日本経済新聞などにはよくアメリカのM&A事情について書いており、著書『M&Aの経済学』(TBSブリタニカ、一九八七年)は広く読まれた。

信忠はラザール・フレール投資銀行の俊敏なピーター・ルイスがもってきた新しい案件に関心をもっていた。本社の社長がそういう意向なら、思い切りやってやろうと思っていた。当時、大阪本社の国際本部長だった鳥井信一郎とは頻繁に連絡をとっていた。なにせ大きな勝負となるのである。

信忠が白羽の矢を立てたのは、全米のソフトドリンクではコカコーラに次いで第二位のシェアをもつペプシコーラのボトラーで「ペプコム」といった。資本金は三〇〇〇万ドルで全米ボトラー業界第三位。テリトリーとして定められている地域も、米国東海岸の優良なエリアであり、年商も利益もしっかりした会社であった。経営リスクは少ないと信忠は確信していた。

買収額は、同社のほぼ年商額に近い一億ドルだった。当時の邦貨にして二二〇億円。全額をサントリー・インターナショナル社が出資する。調査分析した分厚い資料を送り、サントリー本社に決断を迫った。信忠が予想したとおり、敬三からは「そうか、やってみなはれ！」という快諾の返事がもたらされたのである。

一九八〇年六月十日、このM＆Aが発表されると、日経は夕刊の一面で、ワシントン発で「サントリー、米国ペプコムに二二〇億円！　史上最大の企業買収」と大きな見出しをつけて報じた。時間を縫って渡米した敬三が、現地工場の視察を終えた六月二十八日に正式に契約が成立し、三カ月後の九月三十日にサントリー側に引き渡された。

ペプコム買収の成功は、サントリーの海外戦略の多角化に新しい視点をあたえ、さらに自信を高めることになったのだった。アメリカ東海岸に重要な戦略の橋頭堡をもったことは、その後の大きな跳躍台となった。

## 理系が「ハッピー」な会社

こういうたとえは、ときに誤解を招くかもしれない。つまり、敬三はバルザックよりは、トーマス・マンを愛好する人であった、というようないい方である。あるいはフランス人ベルリオーズよりも、やはりドイツ人ベートーヴェンが好きだったに違いない、などいうような……。

あるとき敬三は思わずこんなことを言った。

「私は、フランスは大変好きだが、フランス人は奥深いからナ……」

なにがあったのかは、わからないが、ほとんど独り言のようないい方だった。本心かどうかもわからない。

しかし、こんな声も聞こえてくる。

「佐治敬三氏にはドイツロマン派に通じるものが感じられ、ご本人もお好きでした。たとえばシューマンの交響曲など。だが案外、バルザック的なものにも関心がありますね。とくに人間喜劇なんかは面白いと思っていたはず。それに開高健から聞かされていたフランス・ルネサンスの、ラブレーのカーニバル的な哄笑が描かれた世界なんかも嫌いじゃなかったですね。開高との雑誌の対談では、ぜひ読むからと書名まで確認していたこともありましたね」と語るサントリー文化財団の役員もいるのである。

たしかに敬三は、「フランスは好き」だった。フランス文学や美術や音楽に親しみ、フランスとの文化交流に貢献した日本の出色の経営者の一人であろう（一九九〇年、フランス政府より「レジオン・ドヌール・オフィシエ章」を受章した。「オフィシエ」は将校を意味し、シュヴァリエ＝騎士の一階級上の勲章だという）。

一九七四年（昭和四十九）、仲介者があって、敬三はボルドーのクラスは高くはなかったが、よく知られた「シャトー・カイヤヴェ」のM＆Aの話を検討したことがあった。フランス文学史では、ノーベル賞作家のアナトール・フランスの愛人だったカイヤヴェ夫人がオーナーだったというエピソードが語られる由緒あるシャトーだった。同夫人は一九世紀末のパリ文壇の花形的存在だった。敬三の食指は動いたが、当時、「日本人に名門シャトーを売り渡すな」とか、もっと露骨に「文豪の畑に日本人の土足を許すな」などという声が強く、実現しなかった。ボルドーのナショナリズムはなんとも激しかった。ボルドーではなかったものの、一九五〇年、リヨン大学にモーリヤック研究で留学した遠藤周作も、やはりこうした勢力には緊張したであろう。世紀末頃からでてきたといわれる「黄禍論」の名残が、ボルドーはじめフランスの地方にはまだあり、極東の民族にはきわめて排他的だったのだ。

しかし、サントリーのワイン部門と、イギリス・ロンドン支店のスタッフたちの十年に及ぶ臥薪《がしん》嘗胆《しょうたん》の努力の結果、敬三はふたたび、ボルドーはメドック地区のサンジュリアン村の名門シャトー「ラグランジュ」を獲得する機会にめぐまれたのである。敬三はこのシャトーをよほど気に入ったようで、「ボルドー地方の千を超えるシャトーの中、十指に入る珠玉の一つ〝シャトー・ラグランジュ〟を買収した」と歓びをそのまま吐露している。実はこのときも、フランス大蔵省、農林省に若干の抵抗があったのだ。敬三は、こうした関門を乗り越えた現場のスタッフの動きとともに、フランス中央官界に人脈のあった当時の副社長吉田富士夫の功績が大きいとしているのである。

このシャトーはグランクリュの名門であるにもかかわらず、スペイン系の前オーナーが十分な管理をおこなっていなかったという。敬三はこう書いている。

「何しろ前の所有者がまったく葡萄酒に関心を失い、見捨てられ、荒れ果てた葡萄畑を引き受ける相手がなかなか見つからなかったためだろう。わが社はこの葡萄園に、買収とほとんど同額の資金を投入して、葡萄園の再生に努力した。

一九九〇年産、この年は恐らくは今世紀最良の年となるであろうという当たり年、この年のシャトー・ラグランジュは、ボルドー、ブルゴーニュを通じて、品質で世界第四位にランクされる出来ばえであった。」（『へんこつ　なんこつ——私の履歴書』）

サントリーには鳥井信治郎を源泉とするエノロジスト（葡萄の栽培から醸造・貯蔵に至るワイン造りの専門家）の流れがある。すでに書いてきた川上善兵衛や川上英夫は、その源流にあたる初期開拓者である。むろん現在のサントリーにつながっている。常務だった松宮節郎も、大井一郎も、湯目英郎も、東条一元も、西野晴夫なども、その流れに連なる人々だ。名前はあげきれない。

一九八五年から九〇年、ほぼ五年の歳月をかけてシャトー・ラグランジュはみごとに復興した。そして、そこにはずっとボルドーに駐在して頑張った鈴田健二がいたのだ。敬三は、とくに功績のあったエノロジストとして、鈴田についてこう書いている。

「鈴田はこの大仕事に挑み、見事にその負託に応えた。ボルドー大学のエノロジーの世界的な泰斗ペイノー博士は、エノロジー界では神様のような存在で、特にボルドーではその名声、実力ならぶ者がない。鈴田は同博士の愛弟子、同校をトップで卒業し、その令名はボルドーにとどろいている。そのことがシャトーの経営の上に大きなプラスとなった。」

ついでに添えると、彼の長男はボルドー生まれだ。鈴田自身、ほとんどボルドーの人間になりきっていたのである。それにしても技術陣の一人について、敬三がここまで書くことはめずらしい。同シャトーの復興計画の段階で、敬三は鈴田らに対してかなり大きな爆弾を落としたということが伝わっているので、計画の成就と大成功が嬉しかったのだ。ひるがえって考えると、すでに書いてきたことではあるが、ウイスキーやビール部門についても、敬三は技術陣に対してはことさら、強い共感と深い理解をよせていることがわかる。ウイスキーのチーフブレンダーでもあった大西為雄、佐藤乾、稲富孝一や山崎や白州蒸留所の工場長を長く務めたウイスキーのプロフェッショナル・嶋谷幸雄など、ビールを含めて、海軍燃料廠時代の僚友・山崎悠三、そして鳴海欣一、西沢力、井上繁、西垣守はじめ、ヨーロッパ研修組の面々があげられるが、これも数え切れない。

また敬三は、戦前から寿屋が手がけてきたノンアルコール部門ともいえる食品分野に、強い関心をもっていた。弘前産のリンゴを、昭和九年に開設された道明寺工場で搾汁して多重効用蒸発缶で濃縮して生産したコンク（濃縮）ジュースのパイオニア「コーリン」は、ヒット商品だった。

しかし、時代の変化によって有為転変する市場で大ヒットしたのは、当時、意外と思われた缶入り

「烏龍茶」だった。今からおよそ三十年前である。昭和五十六年十二月に「サントリー缶入りウーロン茶」が発売された。大ヒットとなり、現在につづいている。ここにも生産部門のプロフェショナルがいた。川口宏史だった。敬三は川口について「中国福建省茶葉分公司から名誉茶師の称号が授与された。もちろん外国人としてはただ一人の名誉だった」（前掲書）と書いている。部下たちの貢献を大きく評価する姿勢は、むろん技術系に偏っていたわけではない。敬三はカリスマにみえて、カリスマ的支配とはほど遠い経営思想をもったトップだった。

中央研究所や（公・財）生物有機科学研究所（前身は敬三が戦後すぐ立ちあげた財団法人食品化学研究所）の陣容にも、敬三は注意深く配慮と差配をおこない、大いに力を注いでいた。その歴史と実績は、現在にもつながり、世界の学界から熱い眼差しが注がれている。

## 3 財界活動とは何か──「コミュニティー」の推進力

### 千里の万国博覧会

敬三が四十八歳になったばかりの一九六七年暮れのことだった。某紙というよりはっきり書くと、めずらしく共同通信政治部の記者が、新年の大きな特集記事のための取材にやってきた。敬三は社長になってすでに六年がたっていた。そしてこの年七月、森下泰など関西の企業仲間に推されて社団法人「日本青年社長会」の会長に就任していたのである。

政治部記者は、自分が正月企画で割り当てられた若手経営者である佐治敬三の談話がほしかったのである。インタビューのなかばで記者がこんな質問をした。

「佐治さんは政治に関心がありませんか。国政選挙にうってでるとか。バックは十分だと思いますが……」と、真顔な問いであった。

「まったくありませんね。政治動向には多少の関心はありますが、好きではありませんし、自分からやろうとは思いませんね」と敬三はきっぱり否定した。

「私はもったいないと思いますが……。けれど、財界活動にご興味は?」

「財界となると、好き嫌いでは決められませんからね。大阪は地元ですし、東京も無関心でいるわけにはいかないでしょう。進んでやりたいとは思っていませんが……」

敬三は自社の経営で超多忙であったが、記者の口からこんな質問が、何の不思議もなく自然に飛び出してくることに、一瞬身を引き締めたのだった。

さて、そんなこともあったが、敬三が財界活動に引っぱり出されるまでに、さして時間はかからなかった。五十代になってからの敬三は、関西財界を中心に東西を股にかけ、八面六臂の活躍をすることになる。

それにしても敬三は、晩年になって一九九二年のことであるが、財界活動に足を踏み入れたばかりの頃を、こんな文章で回想しているのである。戦後まもなく、信治郎の片腕としてスタートしたばかりの頃のことについてであった。

「井の中の蛙が、財界という大海に泳ぎ出した端緒を振り返ってみると、昭和二十一年頃か。理学部を出てにわかに実業界に放り出された私には、相談すべき友、語り合える友はほとんどいなかった。その時手をさしのべてくれたのが小野一夫（日本香料薬品社長、浪高尋常科の友人）であった。彼の推輓で大阪工業会の新人会に入会した。この会は時の大阪工業会の会長、吉野孝一氏が〝大阪のボンチどもをたたき直してやる〟とのご趣旨で出来た会。その通り、原田誠一、森下泰等々、大阪のボンチどもが群れていた。この会が後に大阪青年会議所に発展する。」（『へんこつ　なんこつ――私の履歴書』）

財界活動の第一歩であったとはいえ、ずいぶん控えめに書かれていて、若々しさを感じさせるが、しかし、この文章は、財界というものの性格の一端を鋭く衝いているように思われる。財界とは、まず、コミュニティーなのである。第一に目的を共有する同志のあつまりだからである。

話をもどすと、社長に就任した翌年の昭和三十七年（一九六二）十月に関西経済連合会理事に就任したが、財界の活動は重なるもので、翌十一月、敬三はフジタ工業の社長藤田一暁らと、森下泰のすすめで入会したばかりの国際的組織・ＹＰＯ（青年社長会）の日本支部を発足させたのだ。これはすでに書いた。

そして、間もなく敬三は、EXPO '70へサントリーとして企業参加することを決めた。パビリオン「サントリー館」の総合プロデューサーは山崎隆夫宣伝部長。すぐれたアートディレクターであり、院展幹部の洋画家でもあった。テーマを山崎蒸留所にちなんで「生命の水」としたのである。パビリオンのデザインは、京都郊外山崎の孟宗竹をイメージさせる円筒形の巨大なコンクリートの建物だった。

つまり五階建てのビルの壁面に相当する縦十七メートル、横十六メートルの六面マルチスクリーンをそなえた大きな建造物だった。社内に専門家を含めたプロジェクトチームをつくり、万全を期したのだった。生命の水をテーマにした映像は坂根進が担当したが、パビリオン全体の構成では梅棹忠夫、小松左京、京都の歴史風俗に詳しい京都女子大学江馬務学長（当時）などの協力を仰いでいる。期間中、圧倒的な人気パビリオンとなり、サントリー館だけで、入場者は一七〇万人を超えたのである。このわが国ではじめて国家の威信をかけて開催されたEXPO '70の大成功は、改めて書くまでもないくらい幾多のプラスの影響と効果をもたらした。とくに産業界にとっては、国際化の嵐にもまれている時期だっただけに強い追い風となった。

### 財界人として

昭和四十五年（一九七〇）四月、敬三は関西財界の三団体の一つ「関西経済同友会」代表幹事に就任したのである。大阪を活動の中心にしていたが、東京財界にも顔のある気鋭の経営者という評価が固まっていたのであろう。ちょうどその時期、大阪・千里で開催されていた万博「EXPO '70」は、大いに盛り上がっていたのである。関西財界も活気づき、時代に大きな変化がはじまっていた。

敬三に打診があったのは、前年の暮れである。関西経済同友会元代表幹事の中司清鐘化会長と同じ慶応ＯＢの阪急電鉄会長の清水雅から「同友会の代表幹事を受けてみないかね」という話があったのだった。敬三は、自分はまだ若すぎる、という理由で固辞したが、「こういうことは人が推してくれるときに受けるものやで」と中司にたたみかけられて、敬三は「軟化した」という。この年、敬三は五十歳。むろん不安はなくはなかったが、若いなりに勉強になることではあったのだ。こうして敬三は、関西中央の財界活動にかかわることとなった。敬三はこののち関西財界の要職に次々に就任する。

まず、その全容を列挙しておきたい。昭和五十二年(一九七七)五月、関西経済連合会は、大揺れの後、関西電力の芦原義重が名誉会長となり、住友金属の日向方斎が新会長に就任した。このときの騒動を大阪のキタとミナミになぞらえて第一次南北戦争ともいうが、ともかく、日向新内閣の下で、敬三は関西経済連合会の副会長に就任した。このときは松下正治・松下電器産業会長とコンビを組んでいる。むろん佐治を登用したのは日向の裁量だった。

そしてまた、昭和六十年(一九八五)、「機が熟した」といわれて、大阪商工会議所会頭に選出され就任する。この間、東京では経団連の理事を長年務めており、また五島昇会頭の下で日本商工会議所副会頭にも就任していた。

関西経済同友会の代表幹事に就任してから大阪商工会議所会頭を平成四年(一九九二)十一月に退任するまで、ほぼ二十二年間、敬三は関西財界のメイン三団体で大きな実績を残している。すべてを取り上げることは不可能だが、おもなものをあげてみよう。

①関西経済界代表団が、わが国初の訪中を実現

昭和四十六年(一九七一)七月十六日、突如としてニクソン米大統領の訪中声明が発表された。「わが経済界にも大きな波紋を生じた。しかし、先を越されたという挫折感からか、訪中ミッショ

ンには悲観論が多かった。（中略）とくに中国の国連代表権支持という明確な態度は、まだ、どの経済団体も打ち出していない。ここに関西経済同友会の役割があるのではないか。」（関西経済連合会『語り継ぐ三十年史』、佐治敬三の一文から）

同じ代表幹事の山本弘氏らと相談し、正式代表団派遣は決まった。財界からは一致した支持があり、ただちに訪中団が結成された。団長は大阪商工会議所会頭に就任したばかりの近鉄会長佐伯勇氏で、日向方斎、川勝伝、山本弘、永田敬生などが名をつらね、敬三も加わる。九月十五日北京着。初の訪中ということもあり、多少の混乱には見舞われたが、周恩来総理をはじめ多数の要人との会談が実現し、大きな成果につながった。日中の正式国交樹立の一年前のことであった。補足しておくと、昭和六十年（一九八五）、敬三は日本商工会議所ミッションで再び中国を訪問した。後述する。

②関西新国際空港の建設に積極的にかかわる

昭和五十二年（一九七七）五月、関西経済連合会副会長に就任すると、さっそく、難題が待ち受けていた。すでに新空港建設の第一期工事は、民間からの資金を得ての「民活方式」とされていたが、昭和五十五年（一九八〇）の第二期工事も、政府は民活方式を示唆していた。これを「おかしい」と政府に直言したのが敬三だった。第一期のときは、おりあしく土光臨調が財政再建の大鉈を振るっている最中で、例外的措置とされていたが、第二期もとなると、やはり「おかしい」のであった。空港は典型的な公共事業であり、成田も羽田も、全額を国費で建設されている。これが敬三のというより、関西財界の主張の大意だった。このとき、敬三は自社の経費を使い、公共的な広告さえ打っている。

結果として、民間出資分の圧縮に大いに役立った。

③国際産業映画ビデオ祭、組織委員長に就任

昭和六十年（一九八五）秋、経団連が神戸で開催する国際産業映画ビデオ祭プロジェクトの組織委員長として運営を任されたが、在阪の経済記者は、中央財界の佐治敬三待望論のあらわれと論評した。イベントは大成功だった。これも経団連と関西経済連合会との連携がうまくいったことが大きな要因であり、たしかに経団連首脳が敬三に白羽の矢をたてたわけだといわれた。そして同年十二月、敬三は第二十一代大阪商工会議所会頭に選任されたのだった。

④大阪商工会議所会頭——経営者という〝文化人〟

五島昇は大正五年生まれで、敬三より三歳年上であった。敬三はどこか、五島昇とは馬が合うと感じていた。昇は東急電鉄の五島慶太の長男で、学習院から東大経済学部をへて東芝に入社したが、戦時中は陸軍大尉として軍務に就いていた。昭和二十九年、東京急行電鉄社長に就任、三十四年、父・慶太の死後東急グループ各社を引き継いで、さらにグループの改革を推進した。

久原財閥をおこした久原房之助の四女を妻としたが、一男一女をもうけて妻は早世、新橋の芸妓だった陽子と再婚して話題になった。ダンディーと「粋」をあわせもった異色経営者であった。二人とも教養人、文化人であったことはいうまでもない。昇は、昭和三十五年（一九六〇）には、敬三が開設したサントリー美術館より一年早く、五島美術館を開館しているのであった。

さて、五島は昭和五十九年（一九八四）五月、日本商工会議所会頭に就任した。十五年におよぶ長

期政権だった永野重雄会頭のあとをうけたもので、ときの総理・中曽根康弘に乞われてのことだった。敬三が大阪商工会議所会頭に就任したのは、五島の日商会頭就任のほぼ一年余りあとである。これは関経連会長の日向方斎と、五島昇の意向が暗黙のうちに反映されたものだと書いた経済部記者もいた。たしかにかねてから、五島は敬三には一目おいており、関西財界のなかで新しい時代を築く人物は、第一に佐治敬三とみなしていたのである。

ところで、大阪商工会議所会頭時代に、敬三は再び中国公式訪問にかかわっている。前の項で触れたとおりだが、昭和六十年（一九八五）、このときは日本商工会議所会頭・五島昇を団長として、団員、報道関係者あわせて総勢百名という大掛かりな財界の公式訪問であった。

鄧小平が開放政策を進めていた頃のことで、新体制の中国を知るまたとない機会となった。訪問団を前にして鄧小平はよくしゃべり、胡耀邦、趙紫陽の名をあげて、二人を左右の腕として開放を進めるつもりだと、団員の面々に対し熱弁をふるったのである。日本との合弁事業を望んでいることを切々と訴えたのだった。敬三はこのときのことを、すこしユーモアをこめてこんな印象をしたためている。

「為日中両国人民子々代々友好」カンペイ、カンペイ。フェアウェルパーティーが人民大会堂で催された。宴たけなわとなった頃、私は中国語で、「北国の春」を熱唱した。この歌は中国でももてはやされていて、多くの人々が愛唱している。私はそれまでに幾度か中国で歌ったことがあるのでこのことを知っていた。案の定、満場拍手喝采であった。（『へんこつ　なんこつ――私の履歴書』）

再度の中国公式訪問は、大きな成果を上げたが、北京の人民大会堂で、堂々と「北国の春」を熱唱した日本の経営者は、敬三をおいては他にいないだろう。しかも中国語で歌えるほど場数を踏んでいるとは、のちに財界の語り草になった。敬三は回想録では触れていないが、これにはわけがあった。

一九八一年（昭和五十六）九月、中国で初の「北京国際マラソン」にサントリーが全面的に協賛して敬三は北京を訪問した。競技の模様は、日本ではＴＢＳテレビから全国に中継された。

この大会は、第二次天安門事件の前年の一九八八年までつづけられたが、その間、日本選手としては伊藤国光、宗茂、宗猛、児玉泰介などが出場。児玉が樹立した二時間七分三十五秒という日本記録はその後十三年間破られなかった。敬三も、毎年とはいかなかったが可能なかぎり北京を訪問し、中国の首脳陣に会っていた。そんな公式の宴の折々に、敬三はだいぶ前から凝っていた軽妙なジョークを交えたスピーチを行い、さらに「北国の春」を中国語で歌い、喝采をうけていたのだった。

昭和六十二年（一九八七）十二月、五島昇は就任三年半で日商会頭を辞め、次期会頭を鹿島の石川六郎にひきついだ。その後、敬三は新しい石川日商会頭とよく連携しながら、大商会頭として関西財界のグローバル化に力を注いだ。前年の秋、東京・赤坂のサントリーホールを鹿島が施工したという縁が石川とはあったのである。敬三の七年間の会頭在任中、実に八回も海外への使節団を出し、みずから団長を務めている。

身を粉にして財界活動に邁進していた昭和六十三年（一九八八）二月、突発的な出来事がもちあがった。敬三は大商会頭就任二期目に入ったところだった。同月二十八日（日）夕方、ＴＢＳ系ニュース番組「報道特集」で、そのころ喧《かまびす》しかった遷都問題をとりあげたなかでのことであった。それは「東京をどうする？——高まる遷都論　仙台、名古屋の声も」というタイトルの六十分の構成番組で、一連の各地の首都機能招致運動の動きが紹介されたのである。すでに二十四年も前のことであり、今や大阪都構想の時代であり、遷都論はこのところすこしトーンを変えているので、意外に思われるむきが多いかもしれない。むろん今も論議はつづいているが、当時はさらにホットだった。

### 喧しい遷都論

政財界の中心では、東京一極集中を解消するための遷都論として、活発な議論がくり広げられていた。ちょうどその頃、自民党が「首都機能移転に関する調査会」を発足させ、それにも同党国会議員が約二〇〇人も名を連ねていた。各地域を巻き込んだ国民的な関心事となっていたのである。

財界では関西経済連合会と東北経済連合会が提案を競い、それぞれの地域でシンポジウムや勉強会をしばしば開催していた。この年、昭和六十三年二月二日、近畿商工会議所連合会は大阪でシンポジウムを開いたのだ。パネリストの一人が敬三だった。

「仙台遷都などアホなことを考えている人がいるそうですけれども、東京から大阪までのあいだには六〇〇〇万ないし七〇〇〇万の人間が住んでおるそうであります。北の方になんぼ住んどるか知りませんが、だいたいがクマソの産地、クマソの国でございますから、そんなたんと住んどるはずはないです。文化的にもきわめて低いということになれば、新しい〝分都〟は、やはり東京―大阪間におこなわれるべきではないか……」

と、発言した部分だけが取り上げられ報道された。全国放送だったから、東北各地の視聴者がこの放送をみて怒り、抗議の電話が殺到したのである。翌日二十九日の河北新報朝刊に取り上げられると、さらにその翌日、三月一日の朝日新聞朝刊が社会面に大見出しで報じた。毎日新聞、読売新聞は、その日の夕刊で追った。サントリー東北支社はむろん、大阪、東京のオフィスは抗議の電話でパニック状態に陥った。

敬三は三月一日の朝、十一時三十分過ぎには仙台市本町の宮城県県庁に到着していた。放送があった二十八日は日曜日だったが、夕刻に連絡を受けると、敬三はすぐ行動を起こした。ヘタなジョークだった、ではすまないことを直感していたのである。これは大失態だと思った。

知事室に案内されると、敬三はまず山本壮一郎知事に「失礼な発言をして宮城県民の心を傷つけてしまい、心からおわびします」と、同知事の前で深々と頭を下げて陳謝した（毎日新聞、三月一日付夕刊）。報道陣とカメラの砲列に囲まれていた。

この年は閏年だったので、前日の二十九日には朝から、ともかくも東北六県の県庁に、専務、常務ら取締役を手わけで訪問させて、お詫びと、可能な限り一刻も早く佐治敬三本人がお詫びに参上させていただく旨をつたえたのだった。社内では危機管理体制をとり、全社の対応責任者を東京駐在の杉村正夫専務一人に絞った。ほんらいは社長が就任すべき任務である。社長が渦中の人であっては、こうするほかはなかった。杉村に一切の情報を集中させ、杉村が決定と管理と具体的な指示命令をだすことになった。

朝日新聞のコラム「青鉛筆」は、二十九日に岩手県庁に赴き、ともかくも秘書課長と面会した常務永井紀芳の言葉をこう伝えた。「予想以上のお怒りにただただ恐縮……」、そして永井が中村岩手県知事に会えず、困り切って茫然としている様子を伝えていた。

この日、社内では急転直下、専務取締役の佐治信忠（現社長）本人が「これは私のつとめだ」といって、自分の意志でこの事態の全社的な対応責任者を杉村と交代したのだった。

**アダとなったサービス精神**

敬三の失言には、前段があった。敬三はどこまでも柔らかな言葉で考えをアピールし、自分なりの筋をとおしたいと思っていた。そしてこのシンポジウムには、いつものとおり真摯な姿勢を貫き、しかし、柔軟な態度で取り組んでいこうとしていた。だから、こう述べたのだった。

「正式には明治維新のとき天皇は東京遷都を宣言しておられないのです。だから長いご旅行中ともいえるでしょう。京都にお帰りいただくことは、いわば私ども関西人の願いなのであります」と、多少のユーモアをまじえ、関西への遷都の正当性を、歴史的事実をもちだして訴えたのだった。

これは会場を沸かせたという。また〝失言部分〟を含めて参加者からとくに違和感なく受け止められ、さらに集まっていたマスコミ各社も取材していたけれど、その直後の報道では、新聞、テレビともに〝失言〟を取り上げてはいなかった。それから約ひと月後、東京キー局のＴＢＳが各地の議論を報道特集として企画構成したときに、敬三の発言が「これぞ」ということになり、とくにこの三十秒の部分だけが「面白おかしく」取り上げる、格好の素材となってしまったのだった。

もちろん、身内へのリップサービスやジョークですむことではなかった。すでに書いたように敬三自身が、東北六県を訪問し、県知事、市長、経済団体、酒類業界団体のトップに謝罪し、経済記者クラブで県民へのお詫びの会見を行い、八方手をつくした。

しかし、敬三は謝罪のあと、はっきりとこう釈明している。「私は決して東北をばかにしたつもりはない。大阪がもっと頑張らなければ東京との格差が広がるという意味で話したつもりだ。熊襲は私の発言の意図ではないと了解してほしい。」（毎日新聞、三月一日付夕刊）

サントリーの行動は早かった。新聞には謝罪広告を出し、東北地方におけるテレビの商品CMを中止し、提供番組からも降りた。しかし料金は通常どおり支払った。

その一方で、ときあたかも前年三月、アサヒビールが新発売した「スーパードライ」が猛威をふるいはじめており、ビール営業部は「ドライ戦争」の渦中で、最前線では闘志を燃やした面々が八面六臂の活躍中だった。負けられない勝負のときだった。しかし、二十九日以降、東北地方の各支店は、まさに営業活動どころではなくなっていた。お得意先との信頼関係を切らさぬために走り回らねばならなかった。敬三は県や市に謝罪に出向いた際には、必ず最寄りの支店に立ち寄った。そこで、男女の従業員が、抗議電話の対応に追われている姿を目の当たりにして、涙を流して詫びたのであった。

新聞やテレビのいわばストレート・ニュースが、すこし鎮まると、次には週刊誌が攻勢をかけてきた。『週刊文春』は四ページだての東北六県へのルポを特集した。『週刊朝日』『サンデー毎日』、そして『週刊新潮』がさらりと書いた。内容はきびしかった。当時、必ず一ひねりする記事で売っていた『週刊新潮』は、やはりこの週刊誌らしいひねり方で扱っている。「サントリー社長〝間違い放言〟で怒ったフリする東北」という見出しで、これはまともに受けとめると、東北の人々が怒りそうな見出しである。リードの部分を引用してみるが、こんな調子だった。

「サントリーの佐治敬三社長（六八）は放言が好きらしい。〝東の渡辺ミッチーか、西の佐治か〟ともいわれる。〈労働者は日経連に騙され続けてきた〉と言って財界を怒らせたり……（中略）ま、面白いといえば面白い。そして今度は、〈東北は熊襲の産地。文化的程度も極めて低い〉——熊襲と蝦夷を間違えたところが滑稽。大阪漫才のトンチンカン発言かと思ったのだが、〈東北〉が真面目な顔をして怒り始めた。」

この部分だけで、記事の内容はおおよそ予想できてしまう。一ひねりある批評が効いていた。このなかで、仙台遷都の論客である河北新報の一力一夫社主と、ある財界人の発言が取り上げられている。

「かりに関西電力や近鉄、阪神などの社長であったら、東北の人間がいかに怒ったとて、如何ともしがたかったでしょう。佐治さんも軽はずみでしたね。不買運動など大人げないとも思えますが、東北人の気持ちからいえばねえ……」（一力一夫社主）

「セールスマンを自任する佐治さんのことだから、彼個人の失言を消費者にサントリーの責任ととられても仕方がない。が、だからといって不買運動をやるのでは、レベルの低い話になってしま

う。」（ある財界人）

一方、新聞などでは文化人の発言もけっこう掲載されていて、むろんまともに怒っている人もいれば、やや含みのある発言をする人もあった。昭和五十一年サントリーゴールドの「ソソ、ソクラテスか、プラトンか」のＣＦに出演した野坂昭如は辛口の発言をしていたが、やはりウイスキーのＣＦ「ワン・フィンガー・ツー・フィンガー」に出演していた作家の村松友視は、著書『黄昏のダンディズム』（二〇〇二年）で、ダンディーとしての敬三を取り上げ、やや複雑な思いを滲ませながら、こう書いている。

「〝関西復権〟を提唱していた折でもあり、情熱が先ばしったのか、真意のところはつかめない。しかし、発言のあと不買運動を招き、おわび行脚をしたのだから、予定の発言ではなさそうだ。こんなニュースの波紋は、大阪商工会議所会頭失格の声が出ても不思議ではないが、人柄をよく知る関西では〝苦笑い〟ですまされたという。」

村松はこの時期に、宮城県の気仙沼から講演をたのまれていたが、サントリーのＣＦに出て協力しているという理由で講演を断られたという。そのときの電話では、「そういうこともあるのかね」と納得したとあるが、ふと思い出したことがあり、言葉をつないだ。

「新聞記事で石井仙台市長が、〈我々を熊襲と一緒にするとは何事か〉と言っていたが、差別発言としてはこれも同罪だね、と言ったら、その旧知の相手は、〈いや、わかってるけどさ、何でもいいから盛り上がりたいのよ〉とけっこう粋な答えが返ってきたのが面白かった。」

と騒ぎの一端を書いているのだった。

たしかに調べてみると、敬三がみずから理事長を務める「サントリー文化財団」の地域文化賞は、昭和五十四年創設以来、六十三年のその問題の発言の年までに、東北の六件のプロジェクトが、最優秀賞か優秀賞に選ばれているのである。こうした活動からみると、東北文化の軽視、または蔑視などはどうやらなさそうである。たとえば最優秀賞には「遠野市民の舞台」（岩手県・昭和五十八年）が、優秀賞の第一回は「ＦＭＣ混声合唱団」（福島県・昭和五十四年）が、また、「石巻文化をはぐくむ港町づくり」（宮城県・昭和六十年）も受賞という具合なのである。敬三は東北を理解している経営者というより、東北に惚れ込んでいた文化人だったといってよいだろう。

村松友視も、敬三の〝放言〟の真意がわからないと書いている。とっさに口をついて出てしまったのであろう。東北文化を大事に考えているはずの本人が、魔が差してつい言ってしまったが、いつもの軽妙洒脱なジョークとはならなかった。

ところで、この発言をめぐっては、父と娘の間でもうひとつの後日譚があったことを、昨年秋になって知ったのである。それは父・敬三が長女の春恵さんや家族の前で、あるときぽろっと呟いたというのである。春恵さんは、読売文学賞受賞の劇作家で、以前、早稲田大学演劇博物館グローバルＣＯＥプログラムの研究生だった。お話を聞いたのは、大隈会館「楠亭」で昼のランチをとりながらであった。

しばらく思い出話をしていたのだったが、ふと春恵さんが「じつはこんなことがありました」と語ったのがこの話だった。夫の堤剛氏がずっと音楽監督をやっている霧島国際音楽祭に、家族で出かけた折のことだったという。

敬三は晩年の十年近く、毎年夏になると、霧島に出かけることを年中行事のようにして愉しんでいたという。ちなみに春恵さんの夫・剛氏は、世界的に高名なチェリストで芸術院会員、桐朋学園大学学長やサントリーホール館長などを務めている。春恵さんが、父・敬三の口からぽろっと出たその話を聞いたのは、ある年の夏、同音楽祭の会場「みやまコンセール」に移動中の車のなかだったという。春恵さんの話はこうだった。

熊襲の話が出たのは、おそらく南九州の輝くような日差しからの連想ではなかったかと思います。

「高校（浪高）の同級生にしょっちゅう手紙よこすやつがおってな」と父は話しはじめました。

「そいつ毛深かったんで熊襲いうあだなやってんけどなー。会社の事やらなんやら毎年手紙で文句いうて来よるねん。学生の頃から負けず嫌いでうるさいやっちゃったからなー。」

「ほんで?」

「戦後は地方で学校の先生しとったから会う機会はなかったんやけど、なんかあるとすぐ手紙でなんじゃかんじゃ言うて来よるんや。」

その後会話は少し途切れたように思いますが、私が父を振り返ってみると、父は少し恥ずかしそうに眼を細め、ほんの少し声を落としてつぶやきました。

「そいつ、仙台に住んどったんや。」

「ほいでお父さん、あんとき東北の熊襲と……」

これが話の一部始終である。「今でも霧島三山の稜線を見ると父を思い出します」と春恵さんは語っている。

# 第九章　「夢」は大きく――「文化」を創造する企業哲学

## 1　サントリーホールはなぜ成功したのか――カラヤンの助言

### 演奏家と聴衆が一体となる「理想」

開高健が、ステージの右上の二階最前列席で上半身を乗り出すようにして、湧きあがってくるピアノの演奏に聴き入っている。

昭和六十一年（一九八六）十月にサントリーホールがオープンし、その翌十一月四日のことだった。わずかな当日券もすぐに完売で、場内は超満員だった。敬三・けい子夫妻は当初一階のほぼ真ん中の左通路側の席で聴いていたが、しばらくたつと、二階席二列二七番と二八番が決まった席になった。

この日のソリストはロンドンを中心にヨーロッパで演奏活動をおこなっている内田光子、モーツアルトのピアノ協奏曲全二十一曲（K. 175～K. 595）演奏会。前期と後期にわかれていたが、その前期の第一日目だった。演奏されたのは第十七番と二十番ほか。そのときの指揮者とオーケストラを、今回、サントリーホールの八反田弘総支配人補佐に確認したら、指揮者は前期の十一月がアンドリュー・リットンで、後期の翌年二月からがジェフリー・テイト、オーケストラは、いずれもイギリス室内管弦楽団ということだった。内田が指揮者を兼ねた回もあったというが、開高はリットン指揮で聴いていたわけだ。そのとき、いつもは二階正面席で聴いている作曲家の諸井誠氏が、どうやら開高さんの隣の席におられたらしい。たぶん偶然であろう。開高は以前から、「音楽は、ミューズの神々に任せておくわ。わしゃ忙しくてのう、紙の上の戦争や」などといって、クラシック好きの翻訳家・菊谷匡祐などから演奏会に誘われても、相手を煙に巻いていたが、とつぜん「サントリーホールで内田光子を聴きたいのやがな」と言いだしたのだった。サントリーホールでの内田によほどの関心があったのだ。運よく開高は〝ワインヤード〟の二階席から、舞台を覗く感じで内田の妙技をしっかり聴くことができ、とても満足していた。

「モーツアルトは、無我の境地になれるか、子どもにかえれるか、そんな天性のセンスのあるピアニストがいいと思うけれど、内田光子は両方の素質をそなえていらっしゃる！」というのが、開高のこの演奏会評だった。的確な批評であろう。休憩時間に一階のホワイエに降りて、敬三とも合流、諸井誠氏も一緒にワイングラスを傾けた。それにしても開高は、大胆で的確な内田評を述べたものだ。むろん、敬三も「内田光子さんは、さすがやなあ」と賛辞を惜しまなかった。そのころ『サントリークォータリー』に連載を書いておられた諸井氏に、後年、そのときのことを伺ってみたが、やりとりの会話まではおぼえておられなかった。ともかくサントリーホールの内田光子は、「紙の戦場」で闘っているしめきり間際の小説家を、書斎から引っ張り出すほどの力があった。ちょっと大げさにいえば、オープニング早々、話題沸騰だった。

昭和五十八年一月、敬三は旧制高校時代の友人で建築家の佐野正一とともに、ベルリンでカラヤンに会っていた。設計を担当した佐野は、東京から持参したA、B、C、D、四つの設計図とそれぞれの内部スケッチのパースを拡げ、カラヤンに説明した。この会見の模様を、ノンフィクション作家の石井清司氏は、著書『ドキュメント・サントリーホール誕生』（一九九一年）で、次のように紹介している。

「……カラヤンはそれを聴きながら図面をじっとみていたが、佐野の話が終るか終らないかのうちに、はっきりとA案を指し、

『ホールにはいろいろな形式があるが、これがいいから、ぜひこれを使いなさい。ベルリン・フィルハーモニーホールとおなじワインヤード型を（私は）勧める』

カラヤンは、ベルリン・フィルハーモニーホールのようなワインヤード方式のホールで演奏すると、聴衆とともに音楽を創るという思いが非常につよくなる、それが

サントリーホール大ホールのステージ
（オーストリア・リーガー社のパイプオルガンがある）

いい音楽をつくる要素としてたいへん大事だ、と真鍋圭子の通訳を通して力説した。」

ここに登場する真鍋圭子はヨーロッパの楽壇に詳しく、のちに同ホールの欧米関係のプロデューサーとして活躍する重要な役割を担っていた。カラヤンは、音楽は音楽の作り手、聴き手が一体となって作るものだ、という信念をかねてからもっていたので、アーティストをとり囲むような形のホールをすすめたのだと敬三は思った。「わが意を得たり」というのは、まさにこういうことだった。

## マエストロの指摘

サントリーホールはステージを客席がかこむように配置され、ぶどう畑のようにみえる。つまりワインヤードだ。普通、アリーナ方式といわれている。長方形のシューボックス形式と比較されるが、わが国ではどういうわけか、こちらシューボックスの方が多いようである。カラヤンの指摘は、音楽の真実を衝いた名言だと敬三は感じていたが、実は酒類メーカーのオーナーとしてワインヤード形式の採用は何よりもありがたかった。敬三には特別の感激があった。

サントリーホールは担当役員副統括を稲見宗孝取締役（当時）、山崎一夫を準備室長として、また、当初からこのプロジェクトの中心的な役割を担っていたサントリー宣伝部からも、辰馬通夫と若林覚などがかかわっていた。竣工までに四年の歳月がかかっており、いろいろ困難にも遭遇している。そんななか、昭和六十年十月には、ニューヨークから戻った国際派の由里正雄が副統括総支配人として着任したのだった。

しかし、多くの難題を乗り越えて、ユニークなアリーナ形式のホールが完成した。そしてもちろん、オーストリアのリーガー社製の五八九八本のパイプをもった世界最大級のパイプオルガンを舞台正面に備え、客席数は二〇〇六席。大きな「夢」が実現し、今、目の前にあるのだった。

サントリーホールの出現について、専門家のあいだでこんなことがいわれている。建築家の斎藤義氏が、鹿島出版会から出た『音楽空間への誘い』（二〇〇二年）というムックのなかのホール設計のプロたちによる座談会で、こう語っているのである。

「（アリーナ形式のよいホールがわが国に少ないのは）僕はホールのオーナーの中にサントリーの佐治さんのように関わった人がいないからではないかと思うんですよ。あそこまでこだわって、最後まで捨てなかったからこそ成功したのではないかと……」

そしてすこし遅れてオープンした渋谷 Bunkamura オーチャードホールは、オーナーの五島昇氏が、途中から「みんなに任せるよ」と現場に譲ったという説も飛び出しているのだが、同ホールが完成度の高いシューボックス形式の代表的なホールであることはいうまでもない。

昭和五十七年に竣工した大阪のザ・シンフォニーホールは、アリーナ（ワインヤード）形式・一七〇〇席のすぐれたコンサート専用ホールである。それにしてもみごとな決断だった。サントリーの準備チームは、この先行した名ホールの体験談をいろいろ参考にさせてもらっている。

同様に、サントリーホールが完成した三年後、一九八九年（平成元）に竣工するオーチャードホールの建設に際しては、先方から乞われてサントリーからも、文化事業部担当の平木英一常務らが、これまたあれこれ体験談を披露しにでかけている。あまりにもヤング志向、ヤング路線でやってきた既存のカルチャーをのり越えようとしていた大阪と東京で、ほぼ同時に起こった現象だった。都市文化はすでに円熟期を迎えていた。

ともあれサントリーホールは、「世界一響きの美しいコンサート専用ホール」をコンセプトに、最高の音質・音色を追求し、心やすまるアトモスフィアの醸成にこだわった。音響設計は第一人者の永田穂に依頼。テスト演奏の段階では、早稲田大学交響楽団（指揮・田中雅彦）やＮＨＫ交響楽団（指揮・サヴァリッシュ）など、アマチュアとプロフェッショナルの協力を得ている。むろんこれにはアンサンブルの感じを確認するという理由もあったようだ。完成までに、多くの物語が、幾重にも織り込まれているのだった。

待ちに待ったオープニングセレモニーは、昭和六十一年十月十二日午前十時三十分から開始された。政財界、各国大使、会社得意先代表、音楽関係者など二千名が招待された。祝辞は宮沢喜一大蔵大臣、五島昇日本商工会議所会頭などだった。正面のパイプオルガンの前に立った主役の敬三は、「Ａ」のキーを押した。オペラ界の俊英・鈴木敬介の演出であった。これを合図に、ステージ上のＮＨＫ交響楽団の楽員がいっせいにチューニングを開始。指揮者サヴァリッシュが登場し、芥川《あくたがわ》也寸志《やすし》へ委嘱した作品「オルガンとオーケストラのための響」を演奏した。オルガン演奏は林佑子。見事な演出、演奏との評判だった。

記念コンサートは、レセプション後、一時三十分からベートーベンの「交響曲第九番」が演奏された。オール東京混声合唱団、オール二期会合唱団が出演し、ソリストは、ルチア・ポップ、伊藤尚子、ペーター・ザイフェルト、ベルント・ヴァイクルというそうそうたる顔ぶれがそろった。合唱団のバリトンのパートで、なんと敬三が歌っていた。サヴァリッシュから特別の許可が出ていたのだ。四年前から、大阪城ホールで開催している「サントリー一万人の第九」で歌ってきたことが評価された。同社広報部が制作した記録映画『サントリーホール誕生』は、すこし遅れて完成したが、経団連産業映像祭でグランプリを獲得した。敬三はこれをよろこんだ。

さて、オープニング記念演奏会では、ヘルベルト・フォン・カラヤンとベルリンフィルハーモニーの公演が予定されていたが、体調不良でマエストロ・カラヤンが来日できず、愛弟子小澤征爾が指揮した。これは日本での初顔合わせとなり大好評で、小澤は無事に代役をはたしたのだった。翌々年の昭和六十三年五月に来日したカラヤンは、同月二日のサントリーホール初演で、モーツアルトの交響曲第二十九番とチャイコフスキーの交響曲第六番「悲愴」を演奏した。七回、八回とカーテンコールに応えたあと、楽屋に落ち着いたカラヤンは、敬三にこんなことを語っている。

「私は感激した。この素晴らしいホールは音の宝石箱のようだ。数々の素晴らしい宝石が秘められている……」

このとき、敬三は楽屋でカラヤンを迎え、手を握り感謝の意を伝えたが、カラヤンの掌は冷たく、疲れていたと語っている。しかし、カラヤンの助言をそのとおり実現できたことを、音楽の神に祈りたい気持ちだったという。そのとき、カラヤンは八十歳。体調は万全とはいえず、力をふり絞っての演奏だった。ふたたび来日公演は不可能と思われたが、後日、敬三はカラヤンから一通の書簡を受け取った。

一九八八年五月、私は大いなる喜びをもって、この美しいサントリーホールで演奏いたしました。このホールは、多くの点で私の愛するベルリン・フィルハーモニーホールを思い起こさせました。ぜひ、再び、この水準の高いホールに帰って来たいものだと思っています。わが友、佐治氏に心より深く感謝いたします。氏は、この建物によって、日本の、そして世界の音楽生活に大きな貢献をされました。心をこめて――

一九八八年十月二十二日

ヘルベルト・フォン・カラヤン

こんな謝辞がしたためてあった。翌年七月、カラヤンは惜しまれながらザルツブルグで逝去、八十一歳だった。この書簡は記念レリーフとして、今も同ホールの一階正面に掲出されている。

## 2 石橋を叩けば渡れない――出る杭を伸ばそう

### 西堀栄三郎と不思議な共通項

ある年、社内講演会の講師のことで、担当者たちが敬三のもとに提案にきたとき、「西堀栄三郎先生はどや?」と逆提案をしたのであった。敬三は同じ理系で化学畑の出身であっても、京都生まれで東芝勤務の経験もあり、第一次南極観測隊の越冬隊長でもあった〝実務派〟の西堀栄三郎博士を、片や現場の経験のある第一人者として考えていたようだ。

むろん敬三の阪大理学部の後輩でソニーの創立者の一人であった盛田昭夫には、真っ先に白羽の矢を立てて招いていた。盛田氏はとても印象的な創業時代の体験を語った。のちに井深大氏にも来てもらっている。これは前章ですこし触れた。

西堀栄三郎は、すでに書いたとおり、昭和三十二年（一九五七）日本学術会議が派遣した第一次南極観測隊の副隊長兼越冬隊長の任にあったが、観測隊が南極へでかけるにあたり、敬三は、越冬用に必要なウイスキーを樽詰めにして協賛していたのだった。西堀博士とは古くからそんな縁もあった。

余談であるが、ビールが発売されてからは、むろんサントリービールも越冬用に寄贈し、積み込んでもらったが、一年経って持ち帰られた一ダースほどの瓶ビールを、サントリーの分析センターが品質検査をした結果、まったく変質はなかった。南極は寒冷で問題はないが、酷暑の赤道を二度も通過しているのであった。クーラーがあったにせよ、サニタリー（徹底した微生物管理）の成果だった。

これは敬三にとっては最大の関心事で、品質管理のプロ・西堀博士が「さすがやな」と言ったというので溜飲を下げたのだった。敬愛する恩師・小竹無二雄とは、またある面で異なる学者らしからぬ洒脱さを備えていた西堀栄三郎に、敬三は共感するところが多く、考え方のうえでも多くの「共通項」があったのだ。

冒頭にかかげた「石橋を叩けば渡れない」も、また「出る杭を伸ばす」も、西堀の造語で、同博士は各々このタイトルで二冊の著書を上梓している。象牙の塔に籠るタイプの学者ではなかったのである。ノンフィクション作家の本田靖春は、西堀の中学・高校・大学時代を通じての畏友であった「今西進化論」で知られる今西錦司の評伝を書いているが、そのなかで西堀をこう紹介している（岩波現代文庫版『評伝　今西錦司』より引用）。

「西堀は一九〇三（明治三十六）年一月二十八日、京都市中京の裕福なちりめん問屋の息子として生れた。京都一中・三高を経て二八（昭和三）年に京大理学部化学科を卒業、京大講師となって真空内化学反応に関する研究を手がけ、三六（昭和十一）年に〈分子線ニヨル化学的研究〉で理学博士号をとり、助教授となった。

その年、東芝の前身である東京電気に移り、三九（昭和十四）年には渡米して、ゼネラル・エレクトリクス社やRCA社で真空管製造技術を研究した。戦後間もなく東芝を離れ、コンサルティング・エンジニアとして独立する。これはその当時、まったく新しい職業で、企業の作業工程を分析して欠陥を見つけ出し、その改善方法を助言する仕事であった。その目的とするところは、いかに製品の出来のばらつきを低く押さえるかであり、つまりはその後各企業がこぞって取り入れることになる品質管理である。五四（昭和二十九）年、西堀は統計学を利用した品質管理の普及に貢献したとして、デミング賞を受けている。（中略）その後、東海大学教授、電電公社電気通信研究所特別研究室長を経て、五六（昭和三十一）年から五八（昭和三十三）年まで京大教授を務めた。」

なぜ、本田靖春は、今西錦司の評伝のなかで、西堀栄三郎をここまで詳しく紹介したのか。むろん、西堀夫人の美保子が、今西の二番目の妹であったことも一つの理由だし、また少年時代からの山への愛着が二人を強くむすびつけたということばかりではない。西堀の経歴の異色ぶりであり、またそれはなによりも、今西が着想の名人であるとするなら、西堀は課題解決とそのための段取りの達人という際立ったタイプの違いがあって、お互い刺激しあうよい相手だったからなのである。

赤坂のサントリー東京支社のひろい社員食堂で、西堀を招いて社内講演会を催したとき、むろん敬三は最前列で聴講していた。演題は「石橋を叩けば渡れない」であったが、これは当時すでによく知られていたサントリー第二の社是ともいえる「やってみなはれ」と関連させた講話で、サントリーを「出る杭を伸ばす」前向きの空気がみなぎったリベラルな会社だと評価してのことだった。

西堀の話、「石橋を叩けば渡れない」は、つまり勇気を出して「やってみなはれ」に通じる。また、西堀が組織論の急所として繰り返し述べている「出る杭を伸ばす」は、敬三の人材育成と組織運営の基本哲学と共通していたのである。まわりを気にせずに、伸び伸びと大いに「やってみなはれ」ということだった。この頃、サントリーの工場における提案制度の件数の多さと、その質の高さは業界で有名だった。後年、サントリーの武蔵野ビール工場をはじめ三工場がすぐれた品質管理を認められてデミング賞を受けている。

さて、よく知られるところでは、こうしたことがサントリー宣伝部についてもあてはまるということだ。開高健も、山口瞳も、柳原良平もみな出る杭であったが、すぐれたクリエイティヴと先見性のある仕事ぶりで会社を牽引する役割を十分にはたしていた。さらに、もっとも会社の基幹部門ともいえる生産や販売や企画・総務部門でも、〈出る杭〉が組織をリードして、会社を引っ張っていたという事例はいくらでもあった。理系学者としてはめずらしく、西堀の講演は身辺に起こる具体的な例示が多く、わかりやすかった。登山家、探検家としての一面がよくでていた。自著にもでてくる小見出しを引用して、いくつか紹介してみよう。

自分自身を深く「未知」にかかわらせる

ロジックでいかないあたりをもっと勉強せねばあかんな

科学の一つの限度

一体感こそ小集団のいのちである

リーダーの責任と「共同の目的」

「異質の協力」ということの大切さ

会社は何のためにあるか――西堀流の考え方

西堀栄三郎は今でいう、システム論、マネジメント論を噛んで含めるような表現で語っているのである。たとえば、仕事が好きで好きで……、という従業員が多い会社（あるいは組織や集団）と、仕事は苦役、義務だから……、として処理している従業員が多い会社とでは、当然、すべての結果がかわってくる、と西堀はいう。

つまり会社の目的は、西堀流では、本来目標であるべき、そして義務でもある「利潤追求」は、あくまで目的を達成するための手段にすぎないのである。人びとには仕事そのものが喜びで、自分が所属している集団や社会に役立つことの喜びを知る〝人間的本能〟が本来備わっていて、そうしたことが達成できる集団こそが「会社」とよべるもの、としている。クリスチャンとしての西堀の信念によるものともいえよう。

一九九九年（平成元）、『とにかく、やってみなはれ――西堀栄三郎語録』（西堀岳夫編、ＰＨＰ研究所）という一冊が上梓されたのである。西堀が他界して十年が経っていた。おや、佐治敬三語録と置き換えてもよさそうだな、と思ったが、西堀栄三郎と佐治敬三、年齢の差こそあれ、この二人には不思議な共通項が存在しているのである。

## 3　逸材の孵卵器をつくる――「サントリー文化財団」

**音楽財団と文化財団を設立**

一九七九年（昭和五十四）は、八十年代へ移行するいわば過渡期の年なのであったが、次の時代を予感させる大きな出来事もなく、逆に奇妙な空白感が漂っていた年であった。

一九六九年から七十年代にかけては、全共闘を巻き込んだ学園紛争があり、国際的にもフランスでの学生による「五月革命」や中国での紅衛兵の反乱がある一方、さらに国内的には、七〇年（昭和四十五）大阪万国博覧会の大きな盛り上がりで経済的な存在感が増したが、かたや政治的にはロッキード事件に火がついた時代でもあった。一九七〇年代は、対立と反乱と経済的な高揚とが集中して起きた時代だった。

しかしそんな不思議な盛り上がりはすでに過ぎ去っていた。山崎正和氏は、そうした祭り後のような一九七九年（昭和五十四）を〝奇妙な「凪」の時代〟といっている。過渡期といわれる時期に、人々の心のなかは、強い風が吹くのではなくて、往々にしてなにもなく凪いでしまう現象がみられるようである。

こうした不安定な混迷が予感された昭和五十四年に、サントリーは創業八十周年を迎えていた。二月一日が創立記念日である。節目の年の記念日であったが、大阪とか東京に従業員を集めるのではなく、この日、全国を二十ブロックに分けて、役員たちが手分けして各地に出向き、記念式典を挙行したのである。社長訓辞はテレビで各ブロックの全社員が聞いたけれど、敬三は大阪と東京には出席し訓辞を述べている。

さらにこの年、二つの大小のプロジェクトをスタートさせている。一月には『洋酒天国』の休刊以来、十五年ぶりに季刊ＰＲ誌『サントリークォータリー』が創刊されたが、趣向的には活字を中心とした、飲酒文化をめぐる、柔らかい評論誌とでもいうべき地味なスタイルのものだった。

それが逆に話題となり、一般書店から次々に要望がでて、書店店頭に並ぶことになった（同誌は創刊三十年目の平成二十一年四月、すでに役割を終えて休刊している）。

同じく二月一日、創業八十周年の記念事業として「サントリー文化財団」が設立され、敬三は東京内幸町の日本記者クラブで公式発表した。山崎正和、高坂正堯、開高健が敬三を挟んで壇上に並んだ。

さらに付け加えると、この年五月十七日、国際戦略の一環として、鳥井道夫（当時副社長）を中心に第一回「サントリー世界マッチプレーチャンピオンシップトーナメント」ゴルフ大会を英国ロンドンで開催した。こうした国際スポーツ大会は、グローバル戦略を進めるうえで大きな効果がある。ついでに書くと、二年後の昭和五十六年には中国では初の第一回「北京国際マラソン」の単独スポンサーとして協賛しているのだ。

ふり返ってみると、サントリー文化財団の設立は、サントリー音楽財団よりも十年遅い。すなわち、昭和四十四年（一九六九）、音楽財団は、会社の創立七十周年事業の一環として設立された。だから鳥井信治郎を記念して、昭和五十三年までは「鳥井音楽財団」と称していた。設立当初は、芥川也寸志、団伊玖磨、黛敏郎、丹羽正明らが理事や評議員に就任して運営され、サントリー音楽賞、海外を含めた作曲委嘱、現代音楽のサマーフェスティバル（これはサントリーホールができてから）の開催など、今日までユニークな活動をつづけている。敬三にとっては、おろそかにできない、いわば入魂の文化活動であった。

敬三は、音楽財団の設立も、それに関連したサントリーホールの建設も、作曲家・芥川也寸志氏の示唆に負うところが大きいと書いている。同財団が芥川逝去のあと、武満徹、黛敏郎らの協力を得てただちに芥川作曲賞を設けたのは、そんな理由からだった。

現在は平成二十一年（二〇〇九）に設立された公益財団「サントリー芸術財団」に、音楽財団、サントリー美術館ともに統合されている（芸術財団は評議員会長・佐治信忠、代表理事を堤剛と鳥井信吾として評議員会、理事会が構成されている）。

さて、音楽財団の活動が、クラシック音楽の世界だけでなく、広くジャーナリズムからも高く評価され、期待されたことが、文化財団設立につながったことはいうまでもないが、その背景にはもうひとつ事情があった。

敬三とはいつも胸襟を開いて語り合うことのできた、年齢のちがう友人同士とでもいうべき開高健の示唆が影響していたのであった。開高は音楽財団の活況を目にするにつけ、敬三にこう言っていたのである。

「音楽財団の活動はすごくいい。クラシック音楽の世界の片隅を照らす、という考えには賛成です。しかし、思想や文化・学芸や文芸の領域は、新聞社や出版社をのぞくと、企業からの支援はほとんど手つかずの状態。これでは文化国家が泣きますのや。もっとも文学賞はいろいろあるけどねえ……。政治、経済、思想、文芸、演劇、美術、風俗などの分野の若手研究者を励ます財団を、ぜひつくって欲しいですな。」

むろんこのような開高の熱心な助言だけで財団の設立を決めたというのではない。敬三の脳裡にとどめておかれたことは間違いないが、昭和五十四年（一九七九）、ちょうどこの年は先に書いたとおり、サントリーは創業八十周年を迎える準備を進めていた。

その頃大阪では「関西復権」の機運が高まっていて、「中之島芸能センター」の構想や、「大阪築城四〇〇年まつり」「大阪二十一世紀協会の創立」などいろいろの事業がおこなわれた。敬三はこれらの事業とかかわるなかで、学識経験者として推進していた大阪大学教授（当時）の山崎正和氏を知ったのである。敬三は『へんこつ なんこつ――私の履歴書』でこう書いている。

「（山崎）氏は類いまれな幅の広い多才な人物で、文学部教授である一方、ユニークな劇作家、プロデューサーとして新しい演劇活動に情熱を燃やし、評論活動にも独自の境地を開いておられる。かねてから大阪の情報発信能力充実の必要性を痛感していた私は、氏の〈世界に向けた文化発信の拠点を大阪に〉という構想に一も二もなく賛成した。

財団には山崎氏のほか、梅棹忠夫、高坂正堯、小松左京、森口親司、蠟山昌一、堺屋太一等、大阪の誇る文化界のそうそうたる方々にご参加ご協力いただくことになった。専務理事の佐野善之は本職能楽師、住友海上火災の常務からの転進、浪高の同級生でもある。」

敬三は、山崎正和という強力な支援者であり、同時に推進者ともなる逸材を得て、創業八十周年記念の中心的な事業として「サントリー文化財団」を、大阪を本拠地として設立することを決めたのだった。すでに現在までに三十年以上の活動の歴史をもつ。敬三を初代理事長として、鳥井信一郎が第二代（このとき敬三は名誉理事長）、佐治信忠が第三代理事長を務めた。今は組織があらたまり、評議員会長・佐治信忠、理事長・鳥井信吾（サントリーホールディングス副社長）、また新たに副理事長を山崎正和氏が務めている。

同財団の活動は多岐にわたるが、「サントリー学芸賞」「同地域文化賞」「ハイパーフォーラム」などのほかに、国際シンポジウムの開催や国内および国際的な学術助成、機関誌『アステイオン』の発行などがある。なかでも敬三が予見していたとおり、学芸賞にはひろく注目があつまった。

財団活動の構想を描く段階では、敬三を中心に、山崎正和、高坂正堯、粕谷一希、開高健などが何度も会合をもった。そして、山崎正和が提案した「サントリー学芸賞」は、当初は「政治・経済」「芸術・文学」「社会・風俗」の三部門でスタートすることが決まり実施されたが、翌年、「思想・歴史」部門が追加され、四部門となって現在に及んでいる。

### 国際シンポジウム「日本の主張」

音楽財団が着実に成果を生んでいたことから、敬三は文化財団の独自の活動に大きな期待をかけていた。活動する財団をめざして欲しいと願っていた。その第一歩として、まず国際的なイベントを開催したいと考えた。

山崎正和は、敬三の気持ちを忖度《そんたく》して、財団創設記念事業に国際シンポジウム「日本の主張 Japan Speaks」を開くことを提案し、これが決まった。大阪で年一回、連続三年間開催するのである。国内の一流の論客を招き、海外からもテーマにふさわしい高名な学者をゲストパネリストとして招聘することになった。

一年間の準備期間をおいて、第一回は昭和五十五年（一九八〇）三月十四〜十五日、大阪ロイヤルホテルで開催された。以後、五十六年、五十七年と実施されたが、各回の全記録が編集されて文藝春秋から刊行された。

第一回『「顔のない巨人」の顔』（文藝春秋、一九八一年三月）

登壇者　ロバート・リフトン、クロード・レヴィ＝ストロース、ダニエル・ベル、公文俊平、高坂正堯、小松左京、佐藤誠三郎、永井陽之助、芳賀徹、森口親司、山崎正和、米山俊直。

第二回『日本は「ただ乗りの大国」か』（文藝春秋、一九八一年十二月）

登壇者　ジェームス・ブキャナンほか。

第三回『日本は世界のモデルになるか』（文藝春秋、一九八二年四月）

登壇者　ドナルド・ドーアほか。

この連続シンポジウムには出席していないが、ハーバード大学教授・ジョン・K・ガルブレイスの名著『不確実性の時代』（都留重人監訳、一九七八年）や、同大学教授・エズラ・ヴォーゲルの大ベストセラー『ジャパン・アズ・ナンバーワン』（広中和歌子他訳、一九七九年）がこのすこし前に上梓され、ともに出版社はＴＢＳブリタニカだった。

シンポジウム「日本の主張 Japan Speaks」が、こうした時代の空気を背景としたアクチュアルな企画だったことは明らかである。敬三は昭和五十六年八月四日、ＴＢＳブリタニカの株式を五十一％取得し、サントリーの傘下とした。敬三が会長に就任、国際畑の山本勝が専務として出向した。のち堀出一郎などが社長をつとめ、その後も同社から多くのベストセラーが出たことはよく知られている。

一方、敬三が期待した社会・人文学系の若手研究者を顕彰する「サントリー学芸賞」は、財団設立と同時に選考委員会を決め、第一回の受賞者発表と贈呈式を同年十二月四日に東京・内幸町の日本プレスセンタービルで行った。

初年度の選考委員は「政治・経済部門」は粕谷一希、京極純一、熊谷尚夫、高坂正堯、永井陽之助など、「芸術・文学部門」は上田篤、大岡信、開高健、佐伯彰一、高階秀爾など、「社会・風俗部門」は浅利慶太、小松左京、田中健五など、全員を紹介しきれないが、山崎正和のネットワークが生かされ、いずれ劣らぬ充実ぶりといわれた。

さらに受賞者は綺羅星のごとくであり、ここでは多くを掲載する紙幅はないが、気がついたところをあげると、小池和夫（七九、政治・経済）、野口悠紀雄（八〇、政治・経済）、磯田光一（七九、芸術・文学）、谷沢永一（八〇、芸術・文学）、芳賀徹（八一、芸術・文学）、船橋洋一（八三、社会・風俗）、塩野七生（八一、思想・歴史）、佐伯啓思（八五、思想・歴史）など（それぞれの数字は受賞年）、枚挙にいとまがない。アカデミズムとジャーナリズムが密接につながった選考であった。

平成二十一年、同財団三十周年記念として『サントリー学芸賞選評集』（二〇〇九）が編まれた。私家版で非売品だ。A５判でゆうに五〇〇頁を超えている。「発刊にあたって」で、佐治信忠は、「……全受賞者二六〇名についてそれぞれをご紹介した選評を集めて刊行することにいたしました」としたためている。さらりと書かれているが、三十年間で二六〇名の各界俊英たちの受賞歴と、選考委員たちの選評全文が収録されているのだった。

これに目をとめた丸谷才一氏が、同年十一月二十三日付『朝日新聞』朝刊文化欄で、「サントリー学芸賞のこと」という大きな見出しの一文を書いておられた。

「今年は財団創立30周年に当たるので、それを記念して『サントリー学芸賞選評集』（非売品）が出た。わたしは一読して偉容に驚嘆し、迂闊を恥じた。／一般に賞の権威は受賞者たちのその後によって定まる。新人賞の場合はとりわけそうだ。しかしこれが意外とむづかしいことは、わが国で最も有名な新人賞である芥川賞の受賞者のうち、作家として成熟する者がさほど多くないことでもわかる。」丸谷才一氏は、そのあとサントリー学芸賞は打率が高いと評価して、五百旗頭真、御厨貴、若桑みどり、三浦雅士、鹿島茂、原武史、野口武彦、石川九楊氏等々をはっきり明記して称賛しておられる。丸谷氏があげた人々を、今すべて書ききれないが、「もしこの賞が若いころの彼らを励まさなかったら、現代日本の文化はかなり寂しいものになったのじゃないかと思いたくなる」と、選考委員の眼力を評価して「偉い――」と書いているのだ。

選者の選評の目の付けどころを、丸谷流の切り口で明快にさばいているが、批評とはこういうことだとつくづく思い至る。丸谷氏はこの選評集を、「見事な書評集」と断じているのだった。一般の人びとにも、手にしてもらいたい内容の、目線の高い選評集なのである。

敬三は「よいと思ったことは、継続せなあかんな」とよく言ったが、情況によっては、継続できないのが現世というものであろう。しかし、文化財団の活動もすでに三十三年になった。サントリーホールと同じ位相で捉えることはできないが、ともに文化への貢献という点では雌雄をつけがたい。人々の目を世界に向け、愉しみと知性と教養の世界をさらにひらきたいと願った敬三の「夢」は、今もなお、大きく膨らみつつあることを感じるのである。

# エピローグ 〈個〉を開くひと

落穂ひろい

佐治敬三は、エピソードの多い人であった。

船場生まれの大阪人である。育ちは既述のとおり阪急沿線の雲雀丘であるが、陽気で洒脱な明るい人物像が浮かびあがってくる。だからこそ、その人柄に由来するエピソードは多いのであろう。しかしまた、こんな見方もあったのである。

サントリー美術館運営委員として、また文化財団役員として、敬三とつきあいの深かった詩人で芸術院会員の大岡信氏は、敬三の思い出をこう書いておられる。

佐治さんは、世間がそう思っていたかもしれないような、陽気で口が軽い、失言も時には意識してやりかねない外向的・外交的な、明るいばかりの人、ではなかった。少なくとも私の知っている佐治さんは、シャイで考え深く、努力家で生一本の人格だった。言いかえれば、ちょっと取っつきにくく、鮨屋でお気に入りの大将に握ってもらっている時でも、話はたえず途切れ勝ちになり、隣席に座っている人間は、適当な話題を見つけるのに、意外と苦労することがあったのだ。……

（「佐治敬三氏の思い出」『佐治敬三追想録』）

意外なことと思われるだろうが、大岡氏の指摘は大げさではなく、敬三の生涯を通じて変わることのなかった、いわば身についた内面性ともいうものであったのである。それはたぶん少年時代に遡ることができるだろう。

現社長で長男・信忠は、「おやじは、ビールに進出してから、がらっと変わりましたね。外向的で明るくなった。書斎派でとおすわけにはいかなくなった。社交を意識するようになったのではないかな」と語っている。

大岡氏がいう「陽気で口が軽い――外向的・外交的な、明るいばかりの人」にみえる場合でも、〝根〟はどこか、内向的な性格のひと特有の、懐疑派的な傾向があり、生一本の思索の人であった、ということであろう。だから、こういってもさして過大表現にはならないと思われる。つまり、この二重性が、敬三の生涯の基調をなす通奏低音だった、と。

しかしながら、すでにみてきたように、幼少年時代から青年時代にかけて、本人は悩んだり落ち込んだり、必死に闘っていたが、その歳月は、まずは〝ウェル・ビーイング（well-being）〟だった。すなわち「豊饒の人生」につながる見事な生き方だった、ということである。そしてこの二重性の相克から発するエネルギーが、大きな結果をもたらしたのであろう。生涯を通じて手がけた事業は多く、その周辺には新しい文化が生まれ、語られるべきエピソードが数多く存在した。一冊の書物で語りつくすことはとうてい不可能だ。しかし世間には、稀なケースもあって、たとえば鹿島茂氏は足かけ十七年をかけて上下二巻、各四百八十頁の大著『渋沢栄一』伝を昨年完結した。実に原稿用紙に換算して一七〇〇枚を費やしたという。これは同氏ならではの快挙である。——

『佐治敬三』を書き終えるにあたり、まだまだ語りおくべき出来事をとり残したままにしているという不安が強いのである。このままではいけない。せめて、完璧は期せないまでも、刈入れをすませたあとの田圃にもう一度もどり、あえて次のような「落穂ひろい」をしたい、と思うのである。いや、「落穂」とはむろん貴重なものである。言いなおすと、大事なものをとり残さないために、まだ刈り損なっている黄金色の稲穂たちを、もう一度とり込もうという魂胆なのである。

**大阪大学佐治敬三記念ホール**

母校の大阪大学中之島センター（平成十六年に開設）の十階に一九二席の、正式名称「佐治敬三メモリアルホール」が遺族の寄付によって完成した。敬三は昭和四十四年に、創業七十周年記念として大阪大学に、「サントリー記念館」を寄付している。また母校に限らず、東大、京大、北大、東北大や早大、慶大などほかの大学や、研究所、学会、研究機構などにも、必要とみれば数々の寄付をおこなった。外国の大学、たとえばコロンビア大学やロンドン大学などにも大きな寄付をおこない、あわせて国内では寄付講座（慶大など）も実施した。敬三は講演（阪大、東北大、早大など）を好んで引き受け、昭和五十六年、早大大隈講堂での講演は、永六輔氏と一緒だった。敬三は大正・昭和の生活文化についての話をした。

一方、教育現場への貢献ということで付け加えると、兵庫県川西市の雲雀丘学園（現在は小・中・高一貫校）は開校以来、鳥井信治郎が初代理事長を務め、敬三は第二代を務めた。現在は鳥井信吾が理事長であり、事務局長（理事）もサントリーから山下喜史が出向している。

**大阪大学中之島センター**
（10階に佐治敬三メモリアルホールがある）

### 沖縄文化の遺宝展

ところで敬三は沖縄への関心が深かった（戦前から沖縄寿屋があった）。沖縄返還が決まった昭和四十七年（一九七二）二月、工芸家で沖縄文化研究家の鎌倉芳太郎（人間国宝）の依頼を受け、本土復帰の三ヵ月前に、サントリー美術館と琉球政府立博物館共催で「五〇年前の沖縄——写真で見る失われた遺宝」展を首里の同博物館で開いた。小学生を中心に十八万人を超える入館者があった。鎌倉氏が大正末年から昭和初期にかけて沖縄文化研究のため撮影した作品（大型ガラス乾板一二〇〇点）を厳選して展示、あわせて貴重なスケッチを陳列、大展覧会となった。のちに大型写真集『沖縄文化の遺宝』（岩波書店、一九八二年）が刊行された。鎌倉氏は貴重な解説を付けている。昭和五十年の沖縄国際海洋博覧会への出展は、このときの経験がいかされた。なお、敬三は海洋博出席のため沖縄に滞在したときに、はじめて泳げるようになったと、後年、告白している。「海軍大尉だったが、実は泳げなかったんや」と周囲を笑わせていた。晩年は元オリンピック選手木原美知子（故人）に指導を受け、水泳を趣味とした。

**ロマネ・コンティ**

「ロマネ・コンティ」はわが国でも、もっとも名声の高いフランスのワインとして知られている。サントリーが〈ドメーヌ・ド・ラ・ロマネ・コンティ〉と提携し、あわせて独占販売権を取得したのは一九九二年（平成四）だった。

敬三がボルドーの「シャトー・ラグランジュ」を取得したのが一九八三年（昭和五十八）で、メドックはグラーブ・サンテミリオン地区の「ボンタン騎馬団」の名誉ある正会員になったのが、一九八四年であった。だから、「ロマネ・コンティ」との提携は十年ほど遅れるが、その間、敬三はフランスにおけるワイン事業やパリ管弦楽団への支援などによって一九八六年にフランス芸術文化勲章の最高位コマンドールを受章した。

また「シャトー・ベイシュヴェル国際現代芸術センター」（フランスの生命保険会社ＧＭＦと共同出資）を一九九〇年九月に設立、山崎正和、高階秀爾両氏をはじめ、ジャン・クレール氏（フランス、ピカソ美術館館長）らの協力を得て、世界からアーティストを招待、「アーティスト・イン・レジデンス」を催した。これら多岐にわたる活動で、敬三は実行力のある新しいシャトーのオーナーとして、ワインの世界でも国際的に、その存在が認められたのである。

ニューヨークに本社をおく世界的な経済紙「ウォール・ストリート・ジャーナル」は、既述のとおり一九八九年十一月三日号で敬三が率いるサントリーの、フランスにおけるワイン事業の成功を、大きな記事として伝えた。

「フランスの文化的にもっとも微妙な分野への日本からのはじめての投資であり、きわめてめずらしいケースといえるが、地元ボルドーの人びとはラグランジュの新しい城主である敬三とそのスタッフを歓迎し、ラグランジュの再生に対して感謝の念さえ抱いている。」――

敬三とフランスワインをめぐって、有力紙のこの記事が掲載される数年前、こんな出来事があった。開高健は短篇『ロマネ・コンティ・1935年』を、『文学界』の一九七三年一月号に発表して高い評価を得たが、同作品を含む短編集が一九七八年五月に上梓された。さらに仏訳の開高健作品集が出たのは一九八〇年代の後半になってからだったと思われる。そして版元は、ガリマール書店だったはずで、同じタイトルの作品集であったと思われる。開高健書誌にも、同記念会の資料にも記録がなく、むろん現物もなく、今、正確なことがわからない。しかし、一九九三年に、パリの出版社であるEdition Philippe Picauierから「開高健　ロマネ・コンティ　1935」というペーパーバックの短篇集がでており、これは開高健記念館に所蔵されている。

ところでまだインクの匂いのする、上梓されたばかりのガリマール書店版（あるいは前記のペーパーバック版元から出た元本）だったと思われるその仏語訳の美しい本が、原作者の開高健よりも早く敬三あてにエアメールで届いたのだった。一九八七年であったと思われる。敬三は、添えてあった手紙を見て嬉しくなった。「ロマネ・コンティ」のオーナーのオベール・ド・ヴィレーヌ氏からであった。

同社と正式提携をする五年も前のことで、同氏の心遣いに感動した。同オーナーは、敬三に親近感を抱いており、かつ開高健との関係を聞き知っており、また文学通でもあったのである。

### スポーツ文化振興

サントリーは昭和四十八年（一九七三）、ミュンヘン五輪で活躍した大古誠司選手や岡野昌弘選手を核として男子バレーボールチームを結成した。敬三の期待どおり「サントリー・サンバーズ」は一流のチームに成長し、創部七年にして全国制覇、平成十一年から十五年まで、実にVリーグ五連覇を達成した。

ラグビー部「サンゴリアス」は昭和五十五年（一九八〇）に創部されている。学生時代にラグビーをやった社員や役員が多く、そんな社風から、早くから名選手があつまった。しかし、全国社会人大会で優勝するまでに十六年もかかり、平成十六年に三洋電機（当時）を破り劇的な初優勝を飾った。なかなか勝てなかった時代から、敬三は武蔵野ビール工場がある府中市の東芝府中グランドでの対東芝戦を応援するために、凩の吹くなかを、コートの襟を立てて声を嗄らしていた。

プロ・ゴルフトーナメントなどはイベントとして別格だったとしても、国際マラソン（北京）、バドミントンなどにも力を入れてきた。スポーツを通じて健康な社会づくりに貢献することは、企業の使命でもあり、また、アマチュアスポーツは、これまで企業の力強い支援が支えてきているという歴史の重さを、敬三はよく認識していたのであった。

### 岩波文化と敬三

近年、岩波映画が制作したかつてのドキュメンタリー映画が注目され、定期的に東京大学本郷キャンパスの福武ホールで再上映会が開催されている。

しかし、岩波映画製作所は、実は一九九八年(平成十)に倒産しているのだ。創業は、昭和二十四年(一九四九)、中谷宇吉郎研究室プロダクションとして設立され、中谷のもとに岩波書店の小林勇、羽仁進らがあつまって作られた。翌年、岩波映画製作所と改称するが、敬三は、中谷博士との縁で、早くから同製作所とはかかわりをもっていた。

一九六〇年代はじめに、ドキュメンタリー映画制作会社に所属していたことのある的場晴(東京美術学校卒)が宣伝課長(のち広報部長)として中途入社すると、ワインやウイスキー造りを伝えるすぐれた産業映画を、岩波映画に外注して制作を開始した。産業映画としては、数々の名作が制作された。あわせて敬三は、産業映画祭、映像祭などの中心的な役割をはたしていた。広告CF制作活動とは、またひとつ異なる文化的な意義があった。小林勇(岩波書店専務・随筆家)との関係で、同書店ともパイプが生まれ、サントリー美術館が設立されると、雑誌『図書』の表四(裏表紙)に、同美術館の展覧会の告知広告を毎月掲載した。琉球政府立博物館で催された「五〇年前の沖縄——写真で見る失われた遺宝」展の開催にあたっても、岩波映画、岩波書店の熱心な協力と、経験豊かなスタッフの知見のひろさ深さに負うところが大きかった。

### 映画「アルゴ・プロジェクト」

かつて文化事業部は、映像事業部門を設けて映画事業に取り組んだことがある。当時、文化事業部はトップが期待をこめて、昭和六十二年(一九八七)の全社事業部制への移行の組織改革のときに新設した。(現在は新組織になっている)同事業部は手はじめの事業のひとつとして伊藤忠、TBS、サントリーの三社によるCSTコミュニケーションズを発足させたのである。

そんな模索段階で平成元年（一九八九）、六人の映画プロデューサーが結集して、凋落の著しい日本映画を再興させる機運につなげよう、という動きが出てきた。これをひとつのチャンスと捉えたサントリーの映像事業グループは、参画を検討し、不振を続ける邦画界に一石を投じることになった。これが「アルゴ・プロジェクト」である。参画したプロデューサーは、『セーラー服と機関銃』の伊地知啓、『家族ゲーム』『お葬式』の岡田裕、『遠雷』の佐々木史郎、『ロックよ、静かに流れよ』の増田久雄、『私をスキーに連れてって』の山田耕太、『台風クラブ』の宮坂進などであった。『マリアの胃袋』（監督・平山秀行）や『喪の仕事』（監督・君塚匠）のあと、キネマ旬報はじめ各種の映画コンクールで一九九〇年度邦画ベスト1を独占した『桜の園』（監督・中原俊）をプロデュースしたのは岡田裕だった。このプロジェクトも、敬三にとっては功罪相半ばするところであったであろう。しかし、ブロードウェイ・ミュージカルを招聘し、欧米の一流オーケストラの演奏会を開催することも必要だが、足元のわが国の映像文化への、このやや実験的な支援も、次につながる確かな活動になると敬三は考えた。外からのそうした評価も多かったのである。ノン・フィクション作家の佐野眞一氏は、平成三年から平成五年にかけ、『サントリークォータリー』で、全十回連続の、アルゴ・プロジェクトを中心としたわが国の映像文化の事態を冷静に洗い出した。平成八年にはＴＢＳブリタニカから『日本映画は、いま――スクリーンの裏側からの証言』（一九九六年）という一冊になった。

## 青いバラを咲かせた

「青いバラ」というと、言葉の響きだけでうっとりするような夢の香りが漂ってくる。ドイツの初期ローマン主義の詩人ノヴァーリスの「青い花」を思い出す人もいるだろう。しかし長い間、「青いバラ」を咲かせることは不可能なことで、花言葉は「夢叶う」であり、英語でBlue Roseは「不可能」を意味すると辞書にある。

ところが敬三は、花卉《かき》事業にのりだすようになって以来、青いバラの開発を指示していた。その不可能な夢の開発に挑戦したのが、サントリーのバイオテクノロジーの技術者たちであった。なかでも挑戦し続けたのは田中良和（現・サントリー植物科学研究所長）で、平成十六年には開発に成功し、発表にこぎつけたが、正式に農林水産省の認可が下りて、発売されたのが平成二十一年だった。足かけ二十年の歳月を費やしている。田中は『文藝春秋』（二〇一〇年二月号）に「青いバラが咲いた日」というエッセイを寄せたが、残念ながら期待してくれていた敬三会長に見せられなかった、と嘆いている。それはまさに敬三の「夢」であったからだ。

「青いバラ」の発売は、世界中の花の愛好家を驚かせた。今までに累計十万本の人気商品になっている。

## 玄鳥俳句の粋

旧制高校の頃から句会に出ていたことのある敬三は、会長に就任してしばらくたったある日、俳句を再開する気持ちになった。

会長執務室ではもちろん、移動中の飛行機のなか、空港からオフィスまでのクルマのなかで作句し、また、出張や旅行は吟行の旅となった。どこでも一句ひねる習慣がついた。

俳人、佐治玄鳥第一句集『自然薯』は一九九五年（平成七）九月に角川書店から上梓された。一五八句が選句されており、選句と跋文は詩人で、朝日新聞「折々のうた」の選者でもあった大岡信氏であった。大岡氏にみてもらうまでに、不要な紙の裏などをメモ用紙として五〇〇句あるいは千句近く詠んでいたのではなかろうか。大岡氏は、敬三の集中力に脱帽だった。

この処女句集の目次は、作句の年次順に、五つの季語が見出しに掲げられている。「岩魚」（平成三年）、「雪炎」（平成四年）、「夏木立」（平成五年）、「櫓太鼓」（平成六年）、「自然薯」（平成七年）という構成で、晩年のこの時期の日常を彷彿とさせるのである。

水仙のまだ咲き初めず開高忌
石楠花の根本にすみれ楚々とあり
かいつぶりへの字に渉る益田川

正調の有季定型の作句であるが、敬三の心情がストレートにでている。開高忌は十二月九日、水仙はまだつぼみで花をひらいていないだろう。しかし、開高健がめでたという越前海岸の水仙が、敬三宅の庭に植えられている。日本海の春近い白い波濤を思いやっているのである。二句目は菫草の楚々とした可憐さを、大きな石楠花とくらべ視線がやさしい。三句目は島根県益田市で詠んだ句。かいつぶりを眺めていて、そのおかしみを一句にしたためた諧謔味ある快作だ。

感じたことをストレートにいいきってしまう「粋《すい》」と、日常目にするおかしさを感じとるセンサーが、玄鳥俳句の特徴のように思われる。ここでは念のために「粋」とは、人情に通じ、「まじりけのないこと」という広辞苑の説明を引いておく。松村友視氏なら、さしずめ「ダンディー」というであろう。

第二句集『仙翁花』は、一九九八年（平成十）に朝日新聞社から上梓された。選句と跋文は俳人で芸術院会員の森澄雄。澄雄、敬三はともに大正八年生まれの同年であり、句集を編む前に、雑誌『俳句朝日』で対談がおこなわれ、お互いに戦争体験など共通する話題があって、気心のしれた間柄になっていた。

山独活《うど》のたけだけしくも匂いけり
ゴビの夏悟空のごとく飛びにけり
糸杉の道まつすぐに秋の暮

澄雄が跋文で十句選句したうちの三句である。敬三の句の特徴がみごとに出ているが、森澄雄宗匠は、こう評しておられる。
「小さな技巧を弄した作品でなく、大らかで、率直で、飾りがなく、人間そのままの正直で素直な感性で詠まれていることが何よりもこころよい。ぼくも俳人として俳句を詠むのではなく、平凡な一人間として句を詠むことを一貫して信条としてきた。」

これもやはり「粋」ということでもあろうか。第二句目の悟空の句について、東京会館で開かれた出版記念会の祝辞で、女流俳人の黒田杏子さんが「俳諧の真髄を貫いたような伸び伸びした大らかな名句」と絶賛されたのであった。

第三句集『千年の葡萄』は遺句集となったが、二〇〇八年（平成二十）に上梓された。敬三の生前の千句近い発句メモから、一八九句が選句された。監修と跋文を第二句集につづいて最長老の森澄雄があたっている。

けい子夫人は「あとがき」でこうしたためた。

「間もなく没後十年、その間、世の中も随分変わりました。戦争を経て、新たに日本を再生させるという幸せな時代を精一杯生きた亡夫の思考の蹟、最後の言葉を残していただけたのが嬉しく、彼の地へおみやげに持ってゆければ喜んでもらえるかと思っています。」

長女で劇作家の堤春恵は、毎日新聞のインタビューに答えて、この遺句集から次の二句を選んでいる。

悠久の天山よりの雪解水《ゆきげみず》

連山を越えて彼方に冬の海

そしてこう語っている。「こうしたスケールの大きい風景のなかに父をおくと、なんとはなしにしっくりきます。あるいは自然のなかで悠々と生きたかったのでしょうか」

## 創業百周年

平成十一年（一九九九）四月九日、サントリー創業百周年記念式典が大阪城ホールで開催された。経営者にとって、まして創業者的二代目といわれてきた敬三にとって、感激は大きかった。全世界からあつまったサントリーグループの社員、役員、そしてOBたち、あわせて七〇〇〇人が一堂に会したのである。会長の敬三の隣に社長・鳥井信一郎、副会長・鳥井道夫、副社長・佐治信忠がステージ上でやや緊張の面持ちであった。

式典が開始すると信一郎社長が「創業以来のベンチャー精神を受け継いで、志をあらたにグローバルなグループ企業をめざして挑戦していきたい」と、創業第二世紀・百一年目への決意を宣言した。敬三は嬉し涙ではやくも顔を汚していた。正面最前列でけい子夫人は、その光景を見て眼がしらをそっと押さえた。それでも敬三は、社歌斉唱では、大きな声で歌った。敬三の病はこの頃、実はかなり進行していたのである。

つづいては宝塚歌劇団星組によるオリジナルミュージカルが上演された。この友情出演は、むろん小林一三翁にちなんだものだ。信一郎社長の顔もほころんでいた。信一郎の母・春子は、小林一三の四女である。宝塚歌劇団のゴッドマザー的存在だった。春子も元気に出席しており、舞台を眺めている。

得意先と関係先へは、すでに三月二十一日、創業百周年「謝恩コンサート」と銘打って、サントリーホールでのウィーンフィルハーモニーの演奏会へ招待し、一方、夜は、特約店代表を招いて「謝恩の夕べ」を開催した。創業の原点に帰って、気持ちをあらたにグループが一丸となって前進していくには、得意先、関係先とともに歩むことが肝心だった。

創業百周年記念として、数々の文化行事を開催した。翌年が二〇〇〇年を迎える節目の年に、創業百周年に当たっていたということは、思わず気が引き締まる心地がした。記念催事にも力が入った。サントリーホールでは、ウィーンフィルハーモニー交響楽団のコンサートが、サントリー美術館では「光悦と宗達」「日本のガラス二千年」展などを開催した。文化財団や音楽財団も、それぞれに趣向を凝らした多彩な行事を開催した。

さて、大阪城ホールでのセレモニーのあと、第二部は懇親会だった。七〇〇〇人が「スコール！」とグラスをあげて乾杯、CMに出演しているタレント諸氏が駆けつけ、祝辞と余興で会場を盛り上げた。敬三は多くを語らなかったが、

「夢、大きく膨らませてみなはれ！　新しい世紀にむかって羽ばたこう！　これからは諸君の時代だ。ありがとう、ありがとう！」

と、贈られた大きな花束を高く掲げて、七〇〇〇人の同志たちに訴えた。敬三が全社員の前に立ったのは、この日が最後となった。

**美感遊創**

敬三の一生は二十世紀を生き抜いた生涯だった。けい子夫人が遺句集『千年の葡萄』の「あとがき」に書いているように、戦後、「新たに日本を再生させるという幸せな時代を精一杯生きた」のであった。めざすべき目標があり、はたすべき夢があった。

創業百周年を機に、セレモニーに出席した人々は気づいたことがいろいろあった。その第一は、鳥井信治郎、佐治敬三とともに歩んできた寿屋、サントリーの歴史は、ちょうど日本の近代化の歩みと軌を一にしてきたということだった。ワインの市場も、ウイスキーの市場も、決して用意されていたものではなかった。新しい生活文化を提案し、洋風化の意識を消費者のあいだに醸成し、新たな市場を創ってきたのだった。工夫をし、努力しつづければ、必ず結果がでるという熱い心が近代精神の核にはあった。健全な資本主義精神の基本であったといってもよいだろう。

すでに二十一世紀も歩み出して十余年が過ぎている。先がみえない時代に差しかかって久しい。そして前世紀末には否定的にみられたものが、今、再評価されはじめているのである。その一つが、工夫し、努力しつづける姿勢を評価することであった。一瞬にして、ことは為し得ない。

第二には、組織のなかにあっても「個」を開くこと。「個」を伸ばすこと。敬三のいう生活文化は「個」をひらくところからはじまっている。トリスバーの原点は、「個」を開いたところにあったと天野祐吉氏はかつて指摘した。だから「個」の価値を知る人びとのあいだに、燎原《りょうげん》の火のように、トリスとトリスバーという空間がひろがったのであった。ウイスキーの飲酒文化は、そんなところからスタートしていたのである。

「個」を開くこと、自由な発想をゆたかにもつこと、教養はどんな分野でも力になること、人のためにつくすこと、商いの心を大切にすること……。河合栄治郎なら森羅万象を「眞善美」と表現するところであろう。だがこれらを敬三は、ときの通産省の福川伸二産業政策局長（当時、のち次官）が、これからの産業振興のキーワードとして提唱した「美感遊創」という至言ともいうべきキャッチフレーズを引用して説明するようになった。

敬三は、この言葉を大阪商工会議所会頭に就任した際、すでに引用しているが、敬三が言いだすとまさにピタリであった。もちろん、以前から親交のあった福川氏とは会って、正式に「美感遊創」の使用許可を得ていた。

さて、創業百周年記念は大きな行事であったが、一世紀にわたる企業の変遷を全従業員が直接「肌」で感じるよい機会ともなった。自社の来し方を、歴史を見る視点で捉えるのである。これは変革の時代にこそ有効な戦略であった。

「夢、大きく膨らませてみなはれ、新しい世紀にむかって羽ばたこう！」

敬三の最後の言葉に力みはなかったが、二十世紀を生き抜いた異色の経営者の言葉として、誰の胸にも千金の重さをもってひびいたのであった。

## 豊饒の人生

平成十一年（一九九九）十一月三日午前六時三十一分、佐治敬三は八十年の生涯を閉じた。人は大往生というであろう。この日は文化の日、敬三らしいといえばそのとおりだが、かえって込み上げてくるものがあった。敬三は三日前の十一月一日に誕生日を迎えたばかりだった。病室の東の窓から朝日が差し込んできた。

敬三がたのしみにしていた『サントリー百年誌――日々に新たに』の見本刷りを、前夜、津田和明副社長（当時）が届けてきたが、敬三はわかったであろうか。題字はみずからが揮毫していた。敬三の強い要望で津田を委員長に、黒澤清治、江口あつみ、尾野宏明そしてデザイナー勝井三雄氏らの編集による労作だった。平成十年四月から本格的な作業がはじまっていた。七十周年、九十周年のときも、社史編纂については繰り返し指示をだし、敬三みずから編集会議に出席することさえあった。

十一月四日が通夜、五日が葬儀で、いずれも大阪市中央区の浄土真宗本願寺派津村別院（通称・北御堂）で営まれた。参列者は、通夜には四五〇〇人、葬儀には財界人、文化人ら故人を偲ぶ人々約七五〇〇人が参列、会場周辺には長い行列ができた。テレビ、新聞の報道も多かったが、それによると参列者は、財界人としては通夜、葬儀ともに、異例ともいえる分野を超えた人々が焼香したと伝えた。また、葬儀で弔電が代読されたとき、そのなかに皇后陛下からの「音楽を通じてご一緒させていただいたことが大変印象に残っています」というお言葉もあった。（廣澤昌前掲書）

社葬は十二月二日午後一時、サントリーホールで音楽葬として営まれた。故人の遺志だった。ホルストの「惑星」のなかの「木星」の演奏ではじまった。小渕恵三総理大臣（当時）をはじめ、宮澤喜一大蔵大臣、田代和大阪商工会議会頭ら政財界、文化芸能界などから八〇〇〇人が参列した。サントリーが開発した青いカーネーション（「ムーンダスト」）に飾られた遺影を前に、葬儀委員長の鳥井信一郎社長が弔辞をのべた。

「人と自然を愛し、美をこよなく愛し、常に志高く、自らつむいだ夢を次々に実現し、八十年を駆け抜けていきました」と故人の遺徳を偲んだ。

つづいて朝比奈隆指揮によりＮＨＫ交響楽団が、ベートーベンの交響曲第七番第二楽章アレグレットを献奏した。喪主の挨拶は佐治信忠副社長（当時）で、「晩年もっとも愛したサントリーホールでお見送りいただき、父もたいへん喜んでいると思います」とのべた。

フォーレの「レクイエム」を、祭壇正面のパイプオルガンが奏でるなかを、参列者は白いカーネーションを献花して、佐治敬三に別れを告げた。ようやく陽は傾きはじめ、長い長い午後の別れとなった。

# 参考文献（本文中に記した一部を除き、主要な文献を原則的に刊行順に掲げた。）


**単行本（サントリー関係）**

鳥井壽山人『生ける豊太閤』（豊公會＝発行人、鳥井信治郎・一九三九）
『壽屋社報』（一九三九、創刊号〜）寿屋サントリー社内報『まど』（復刊、一九五〇〜現在）
『洋酒天国』（寿屋・サントリー株式会社、1〜61巻・一九五六〜一九六五）
佐治敬三『洋酒天国』（文藝春秋新社・一九六〇）
佐治敬三『新洋酒天国』（文藝春秋・一九七五）
佐治敬三『へんこつ　なんこつ――私の履歴書』（日本経済新聞社・一九九四）
佐治玄鳥句集＝第一句集『自然薯』（角川書店・一九九五）／第二句集『仙翁花』（朝日新聞社・一九九八）／第三句集『千年の葡萄』（角川書店・二〇〇八）
『サントリーの70年Ⅰ・Ⅱ』（サントリー株式会社・一九七〇）
『サントリー90年史』（サントリー株式会社・一九九〇）
『サントリー百年誌・日々に新たに』（サントリー株式会社・一九九九）
『佐治敬三追想録』（サントリー株式会社編・二〇〇〇）
堤剛『私の「イリノイ日記」』（音楽の友社・一九九一）
堤春恵『仮名手本ハムレット』（文藝春秋・一九九三）

鳥井道夫『和洋胸残用』（プレジデント社・一九七六）
鳥井道夫『大才中才小才』（プレジデント社・一九九七）
十河巌『宣伝の秘密　サントリー宣伝物語』（邦文社・一九六六）
二宮欣也『〝純生〟の挑戦――ビール戦争にみる後発戦略』（ぺりかん社・一九六八）
坂根進編『トリス広告25年史』（サンアド・一九七五）
柳原良平「アンクル・トリス交友録」（大和出版・一九七六）
開高健『対談集　黄昏の一杯』（潮出版社・一九八〇）
杉森久英『美酒一代　鳥井信治郎伝』（毎日新聞・一九八三）
眞島弘『サントリーの秘密』（こう書房・一九八五）
邦光史郎『やってみなはれ――芳醇な樽』（集英社文庫・一九九一）
石井清司『ドキュメント　サントリーホール誕生』（ぱる出版・一九九一）
野村正樹『佐治敬三の心に響く33の言葉』（経済界・二〇〇〇）
柳原良平「良平のわが人生」（DANVO・二〇〇五）
廣澤昌『新しいこと　面白きこと――サントリー・佐治敬三伝』（文藝春秋・二〇〇六）
小玉武『「洋酒天国」とその時代』（筑摩書房・二〇〇七）
小玉武『「係長」山口瞳の処世術』（筑摩書房・二〇〇九）
『故鳥井道夫「お別れの会」』（ご挨拶　佐治信忠、御礼　鳥井信吾・二〇一一）
『鳥井道夫名誉会長を偲ぶ』（サントリーホールディングス株式会社・二〇一一）

## 単行本（歴史・時代考証等）

ポアンカレ（河野伊三郎訳）『科学と仮説』（岩波文庫・一九三八）
占部都美『經營者』（ダイヤモンド社・一九五八）
J・アベクレン／占部都美訳『日本の経営』（ダイヤモンド社・一九五九）
坂本藤良『日本の会社』（光文社カッパブックス・一九六一）
坂本藤良編『現代の経営』I、現代のマネジメント（中央公論社・一九六二）
山崎豊子『暖簾』（新潮文庫・一九六〇）
山崎豊子『花のれん』（新潮文庫・一九六一）
白土秀次『野村洋三伝』（私家版・序文＝鈴木大拙・発行＝野村光正・一九六三）
白土秀次『ホテルニューグランド50年史』（同ホテル発行・一九七七）
湯目英郎『ワインの話』（新潮社・一九八四）
坂口謹一郎『愛酒楽酔』（サントリー博物館文庫15・一九八八）
村上満『ビール世界史紀行』（ちくま文庫・二〇一〇）
佐野眞一『日本映画は、いま　スクリーンの裏側からの証言』（TBSブリタニカ・一九九六）
佐野眞一『カリスマ　中内功とダイエーの「戦後」』（日経BP・一九九八）
大下英治『大阪夜の商工会議所　太田恵子物語』（たる出版・一九九七）
内藤初穂『軍艦総長平賀譲』（中公文庫・一九九九）
芳賀徹『平賀源内』（朝日評伝選23・一九八一）
上笙一郎、山崎朋子『日本の幼稚園』（ちくま学芸文庫・一九九四）
レスター・サロー編著『エクゼクティブ・マネジメント――日本から何を学ぶか』（TBSブリタニカ・一九八三）

粕谷一希『河合栄治郎――闘う自由主義者とその系譜』(日本経済新聞社・一九八三)
武田清子『日本リベラリズムの稜線』(岩波書店・一九八七)
小島直記『鬼才縦横 評伝・小林一三』(PHP研究所・一九八三)
日経ビジネス編『会社の寿命――盛者必衰の理』上・中・下(新潮文庫・一九八九)
阪田寛夫『わが小林一三 清く正しく美しく』(河出書房新社・一九九一)
木島章『川上善兵衛伝』(サントリー博物館文庫18・一九九一)
大下英治『大阪 夜の商工会議所 太田恵子物語』(たる出版 一九九七)
山崎正和監修『酒の文明学』(サントリー不易流行研究所編／中央公論新社・一九九九)
本田靖春『本田靖春集3、戦後――美空ひばりとその時代』(旬報社・二〇〇二)
阿川弘之、半藤一利『日本海軍、錨揚ゲ!』(PHP研究所・二〇〇三)
宮田秀明『理系の経営者』(日経BP社・二〇〇三)
大沢武志『経営者の条件』(岩波新書・二〇〇四)
J・K・ガルブレイス『ガルブレイス わが人生を語る』(日本経済新聞社・二〇〇四)
大澤俊夫『東京商科大学予科の精神と風土』(PHPエディターズグループ・二〇〇五)
宮本又郎ほか『日本経営史・江戸時代から21世紀へ〔新版〕』(有斐閣・二〇〇七)
佐々木憲昭『変貌する財界 日本経団連の分析』(新日本出版社・二〇〇七)
筒井清忠『日本型「教養」の運命』(岩波現代文庫・二〇〇九)
池内紀『ことばの哲学 関口存男のこと』(青土社・二〇一〇)
岩橋邦枝『評伝 野上彌生子 迷路を抜けて森へ』新潮社・二〇一一)
鹿島茂『渋沢栄一 Ⅰ算盤篇、Ⅱ論語篇』(文藝春秋・二〇一一)

川北隆雄『財界の正体』（講談社現代新書・二〇一一）
筧田知義『旧制高等学校教育の展開』（ミネルヴァ書房・二〇一一）

### 全集・紀要・雑誌・機関誌等

學徒動員本部總務部『學徒動員必携　第二輯』（文部省・一九四四）
小林一三『小林一三全集』全七巻、ダイヤモンド社・一九六一）
小林一三『小林一三日記』全三巻（阪急電鉄株式会社、制作＝文藝春秋・一九九一）
小林一三追従録編纂委員会『小林一三追想録』（京阪神急鉄道株式会社・一九六一）
阿部次郎『三太郎の日記』（日本近代文学大系第三十五巻、角川書房・一九七四）
『河合栄治郎全集』第十四巻（社会思想社・一九六七）
燃料懇話会編『日本海軍燃料史』（原書房・一九七二）
下村湖人『下村湖人全集』全十巻（国土社・一九七六）
宮本又次『宮本又次著作集』全十巻、（講談社・一九七七）
『大宅壮一全集・第三巻』（蒼洋社・一九八〇）
粕谷一希「近代日本の自由主義の系譜」講演（エクゼクティブ・アカデミー・一九八五）
吉田満『吉田満著作集』上下巻（文藝春秋・一九八六）
早稲田大学エクステンションセンター・ニュース（第一号・一九八三）
脇英夫他共著『徳山海軍燃料廠史』（徳山大学研究叢書7号・一九八九）
朝日新聞社編『現代日本朝日人物事典』（朝日新聞社・一九九〇）
『ホームサイエンス』創刊号（財団法人食品化学研究所・一九四六）

開高健『開高健全集』全二十二巻（新潮社・一九九二）
山口瞳『山口瞳大全』全六巻（新潮社・一九九二）
平木英一さんを偲ぶ会世話人会編『平木英一さん』（現代創造社・一九九九）
大阪市立大学生活科学部紀要（暦年版・データベース）
日本マーケティング協会『マーケティング　ジャーナル』
中谷宇吉郎『中谷宇吉郎集』第七巻（岩波書店・二〇〇一）
『中谷宇吉郎随筆選集』第三巻（朝日新聞社・一九六六）
日経広告研究所『証言で綴る広告史』（日経広告研究所・二〇〇一）
『公共広告の40年――創立40周年記念』（公益社団法人ACジャパン・二〇一一）
早稲田大学図書館『プランゲ文庫・マイクロフィルム・データベース』
早稲田大学『占領下の子ども文化〈1945～1949〉「村上コレクションに探る」』展（同実施委員会編・二〇〇一）
宣伝会議編『サン・アド38年の軌跡』（宣伝会議・二〇〇二）
佐々木毅他編『増補新版・戦後史大事典』（三省堂・二〇〇五）
『大阪企業家ミュージアム　ガイドブック』（大阪商工会議所・二〇〇六）
週刊『東洋経済』（東洋経済新報社・二〇一一・九・七）

## あとがき

脱稿した今、大きな岩山をふう〳〵言いながら登ってきたという実感を味わっているが、同時にはっきりみえたのは、ここにそそりたつ山塊の登攀ルートは、私が登ってきた一本の道に限らないということだった。私は、自分が選んだルートに固執し、二年あまりもかけて、ようやく登ってきたのだったが、正直に書けば、今感じていることは、終着まで辿りついたという達成感とは、かなり遠いものなのである。

もっとひろく、もっとふかく書こうとすればするほど、さらにいくつもの興味深い語るべきテーマが現われてくる。しかし、調子に乗って書きすぎると、かえって理解が遠のいてゆく恐れが出てくるのだった。だから執筆の後半の日々は、それらの草稿を切りつめる作業をつづけながら今日に至った。

五年前に『『洋酒天国』とその時代』（筑摩書房）という小著を上梓した。

開高健、山口瞳という敬愛する先輩作家たちが、それぞれ主役を演じたこの異色のPR誌の成功も、よく〳〵考えてみると、佐治敬三という稀世の経営者の掌《てのひら》の世界のことだったのである。そのときもつくづく、そう納得させられたのであった。

# ゴビの夏悟空のごとく飛びにけり

佐治玄鳥

最晩年に敬三が詠んだ、いわばおのが人生への絶唱ともいえる一句である。孫悟空を自認しているようでいて、じつは悟空を自在に動かす極意が、おのずからそなわっていたのが、まさに佐治敬三という人間であったのだ。

そんなことを考えていたとき、この「ミネルヴァ日本評伝選」の監修者のお一人である東大名誉教授の芳賀徹先生から評伝『佐治敬三』執筆へのお勧めがあった。そのご厚意は、やはりうれしかったが、躊躇する気持ちもあった。とにかく評伝『平賀源内』という名著でも知られる先生の励ましである。出版社からは「時間は十分にありますから」といわれた。

その直後に、敬三夫人の佐治けい子さんにはサントリーホールで、佐治信忠社長にはOBのつどい寿山会のパーティーで、それぞれお会いすることができ、ご相談したところご快諾をいただいたのだった。長女の堤春恵さんにもご了解をいただき、執筆に当たってお力添えをお願いした。その後、けい子夫人と信忠社長に考えていることを手紙でお伝えしたことはいうまでもない。

さて、「プロローグ」で、自分に課したテーマに、私は果たして解答をあたえることができたのであろうか。今、これがいちばん肝心なことである。佐治敬三の生涯を辿るには、わが国近代史の大きなエポックである大正デモクラシーという、また大正リベラリズムという、時代思潮を避けてはとおれない。

歴史家の坂野潤治氏は近著でこう書いている。「〈大正デモクラシー〉という表現には、大正時代にデモクラシーが存在していたような語感があるが、それはあくまでも〈運動〉のレベルのことであり、慣行や制度として二大政党制と普通選挙制が実現したのは、むしろ昭和に入ってからのことであった」（『日本近代史』ちくま新書）という。

この指摘を読んでむしろすっきりした。そういうことであれば、敬三の青春期にあたる昭和初期から十年代にかけては、依然として成熟しつつあったリベラルな思潮の受容期であり、この時期に大正デモクラシーということばも定着したということなのであろう。

それともう一つ、これらの思潮の担い手たち、河合栄治郎も阿部次郎も下村湖人も、そして小竹無二雄も共に明治二十年前後にうまれ、明治の空気を十分に吸って育ったのだった。明治の気骨がダブってみえる人々である。

さらに敬三に決定的な影響を与えているのが、父信治郎である。明治十二年うまれで、骨の髄まで明治の男であった。つまり「殖産興業」と「刻苦勉励」という明治の国家建設時代のＤＮＡが、敬三の血にもたっぷりと流れているのだった。いや、敬三の血のなかに流れているのは、むしろ明治と大正のアマルガムだったというべきなのかもしれない。

それにしても昭和十年代に青春を送った敬三は、いわば筋金入りのリベラリストであって、大正時代を象徴する「生活文化」の擁護者であった。

敬三には、人生が成り立つ場とは、「生活文化」の息遣いの感じられる暮らしのなかにこそ存在するという信念があった。つまり生活文化とは、人々が、人間らしく生きてゆくためになくてはならない、行住坐臥の根幹のようなものなのだ。日常の衣食住にあっても、そこには生活スタイルがあり、遊びがあり、人間同士の愛憎があり、酒に酔っては笑い、うつくしいものには感動し、ドラマをみては涙を流す。こうした人生における「場」と「時間」を創造するものが「生活文化」なのであった。

本篇では一大プロジェクト「サントリーホール」建設のケースで、敬三がいかに顔のみえるトップであったかをみてきたが、そういうケースは枚挙にいとまがない。もうひとつ例をあげるならば、サントリー傘下だった国際的な出版社TBSブリタニカ（現・阪急コミュニケーションズ）が、『ニューズウィーク日本版』を出し、女性向け月刊誌『フィガロ・ジャポン』を創刊した時も、敬三は代表取締役会長として前面に出てかかわった。

『ニューズウィーク』誌の場合は、こんな演出が実施されたのである。

一九八六年一月、東京・ホテルオークラで開催した日本版創刊記念のレセプションには、『ニューズウィーク』本誌の親会社であった米国の高級紙『ワシントンポスト』のオーナーとして著名なキャサリン・グラハム女史の来日を実現し、またレーガン米国大統領（当時）の祝辞が通信衛星を経由して、レセプション会場の大型テレビに同時中継されたのである。

今なら技術的にはさして難しいことではなかろうが、出席していた当時のわが中曽根康弘総理も、敬三のやることに舌を巻いていた。むろんこれは、技術の問題ではなく、国際センスと海外にも通用する政治力があったということの証しだからなのである。

巻末の年譜には、外国政府や元首から授与された勲章を掲げたが、企業経営者としてはずば抜けた数にのぼっている。特出すべきことだ。これは企業活動を中心に、文化や芸術ばかりでなく、大学や研究機関への貢献が国際的な評価につながったものであろう。

国際交流という面では、こんなこともあった。一九八〇年、アメリカのスタンフォード大学の若き研究者ライザ・ダルビー嬢が、「市菊」という源氏名で京都の先斗町に住み込んで芸妓修業をした。そしてドクター論文を書きあげた。「日本社会における芸者」という文化人類学のテーマだったが、花街の仕来たりがあって、日本で出版はかなりむずかしかった。しかしながら関係先に説明して了解を得られると、敬三は、

これは文化交流としても大事な分野やな。ウチで引き受けよう。

とベテラン入江恭子訳でTBSブリタニカから『芸者――ライザと先斗町の女たち』という題で無事出版された。巷間で興味をもたれただけでなく、関西財界でも話題になった。

佐治敬三はんが会長やってはる出版社の本やて。

ということで、お茶屋のおかあさんたちも好意的であったという。ライザはその後シカゴ大学教授

になった。敬三は、吉井勇や九鬼周造がひいきにしていた祇園の老芸妓などを大事にしていたが、勇のこんな歌を、ときに口ずさむこともあった。

かにかくに祇園はこひし寝《ぬ》るときも枕の下を水のながるる　吉井　勇

敬三には遊び上手な一面があり、こういう歌がふと口をついて出るところが、バーだけでなく花街でも人気のあったゆえんである。大阪は南地の大和屋で修業を積んだ「上方舞」の文化功労者だった武原はんや大仏次郎らとの芸談についても書きたかったが、別の機会に譲りたい。しかし、ダルビー女史は「粋」を身につけた佐治敬三にこそ取材をすべきであった。

最後に言い訳しておきたいことは、やはり書ききれなかったことについてである。佐治敬三が強い関心をもちつづけた日本人の飲酒文化や酒の作法について、もっと紙幅を割きたかった。また、いまACジャパン（現・佐治信忠理事長）としてよく知られているが、一九七一年の発足の当初から、敬三が情熱をもってかかわっていた当時の公共広告などについても言及したかった。機会をあらためて視点をかえて論じたい課題である。

さて、執筆に当たっては、佐治けい子夫人をはじめ、サントリーホールディングス株式会社の佐治信忠社長、長女の堤春恵さんからは特別にお時間を頂戴し、貴重なお話を聞かせていただいた。ありがたいと思っている。また、芳賀徹先生のご高庇にどこまで応えられたか、はなはだ心もとないが、背中を押していただき衷心から感謝している。

上越は高田の陶芸家・斎藤尚明氏と岩の原葡萄園社長・坂田敏氏からは、貴重な書翰や色紙を見せていただくことができて新事実の確認に繋がった。さらに資料など多くの面でサントリーHD社の執行役員広報部長濱岡智氏、広報部の三上泰斗氏に大変お世話になった。また、『週刊朝日』元編集長川村二郎氏には敬三への貴重なインタビューの引用を、そして日本経済新聞元論説副主幹高村壽一氏にはコラム「春秋」の引用を、それぞれご許可いただいた。加えて廣澤昌氏が二〇〇六年に上梓した『新しきこと　面白きこと——サントリー佐治敬三伝』を今回参照させていただいた。記して各氏にお礼申し上げたい。

そしてまた長い間、台本や史料を貸与下さったサントリー文化財団の今井渉専務理事にもお礼を申し上げる。事実確認のため何度か電話でご教示いただいた母校横浜緑ヶ丘高校の先輩野村弘光氏、永田芳男氏、さらにサントリー大阪秘書室の山本卓彦室長、同若林良枝課長、そして会社時代の同僚江川實、土屋良雄、金田肇、岡英毅の各氏をはじめ、サントリーホール総支配人補佐の八反田弘氏、併せて一般財団法人開高健記念会の森敬子理事とコレクターの伊佐山秀人氏、博識の隣人で住友銀行ご出身の大澤俊夫氏などのほか、お名前はあげられないが、多くの方々にお世話になった。

その上、柳原良平氏のイラストと、石川九楊氏による装丁は、いかにも『佐治敬三』らしいと感激している。またイラスト使用に当たっては文藝春秋の鈴木洋嗣氏のご理解とご差配をいただきありがたく思っている。そして大阪企業家ミュージアム、府立中之島図書館をはじめ、東洋大学図書館、早稲田大学図書館、練馬区立石神井図書館、国立国会図書館には、多くの文献や資料を参考にさせていただいた。

最後に執筆のスピードがあがらない筆者を、二年以上にわたって激励し、多くのヒントを与えて下さった編集部の堀川健太郎さんに心からお礼を申し上げたい。スポーツマンだった同氏の敢闘精神が、私にも乗り移ったように思えたのは幸いだった。

二〇一二年八月　立秋の日に

小玉　武

# 佐治敬三略年譜

| 和暦 | 西暦 | 齢 | 関連事項 | 一般事項 |
|---|---|---|---|---|
| 大正 八 | 一九一九 | 0 | 11・1大阪市東区住吉町に生まれる。9・1トリスウイスキーを発売。 | 10・28米国禁酒法。 |
| 九 | 一九二〇 | 1 | 3・1瓶詰ハイボール「トリスウィスタン」を発売。 | 5・2最初のメーデー。 |
| 十 | 一九二一 | 2 | 阪急宝塚線沿線の池田分譲地に転居か。12・1信治郎は株式会社寿屋を設立。 | |
| 一一 | 一九二二 | 3 | 赤玉のヌードポスターを作成。 | 4・2「サンデー毎日」創刊。 |
| 一二 | 一九二三 | 4 | 1月弟道夫が池田で誕生。ウィスキー蒸留所「山崎工場」建設。 | 9・1関東大震災。 |
| 一五 | 一九二六 | 7 | 4・1大阪府立池田師範学校附属小学校に入学。 | |
| 昭和 三 | 一九二八 | 9 | 横浜の日英醸造の麦酒工場を買収。 | |
| 四 | 一九二九 | 10 | サントリーウイスキー「白札」を発売。 | |
| 五 | 一九三〇 | 11 | オラガビールを発売。 | |
| 六 | 一九三一 | 12 | 3月兄、吉太郎が寿屋入社。 | 9・18満州事変。 |
| 七 | 一九三二 | 13 | 3月吉太郎が取締役副社長に就任。4月浪速高等学 | 3・1満州国が独立。7・7盧 |

| | | | | |
|---|---|---|---|---|
| | | | 校尋常科に入学。母方親戚佐治家の養子となる。 | 溝橋事件。 |
| 八 | 一九三三 | 14 | 8・23母クニ死去（享年四十六歳）。 | 3・3三陸地震津波。 |
| 九 | 一九三四 | 15 | 2月ビール事業から撤退。6月川上善兵衛と共同で「寿葡萄園」を設立。のち改称「岩の原葡萄園」。 | |
| 一〇 | 一九三五 | 16 | 学校を病欠（肺浸潤）、留年。 | この年、銀座のバー全盛。 |
| 一一 | 一九三六 | 17 | 1月雑誌『青年』連載『次郎物語』熟読。10月寿屋山梨農場を開設。 | 二・二・六事件。 |
| 一二 | 一九三七 | 18 | 4月浪速高等学校高等科（理科乙）へ入学。夏、道夫と岩の原葡萄園滞在。寿屋山梨農場へ。サントリーウイスキー十二年角瓶（亀甲型）」を発売。 | 7・7日中戦争が勃発。 |
| 一三 | 一九三八 | 19 | 4月芝増上寺「修養団」に参加。 | 4月国家総動員法公布。河合栄治郎著書発禁処分。 |
| 一四 | 一九三九 | 20 | 大阪帝大理学部進学を決意。 | 1月東大「平賀粛学」を実施。 |
| 一五 | 一九四〇 | 21 | 4月大阪帝国大学理学部化学科へ。9・23兄吉太郎が病死（享年三十一歳）。 | |
| 一六 | 一九四一 | 22 | 8月道夫と岩の原葡萄園を再訪。12・6鵠沼の陶芸家斎藤三郎を道夫と訪問。 | 12・8真珠湾攻撃。 |
| 一七 | 一九四二 | 23 | 海軍技術士官に任官入隊。第一海軍燃料廠勤務。 | 6・5ミッドウェー海戦。 |
| 一八 | 一九四三 | 24 | 10月道夫が京大経済学部繰上げ卒業。入営二等水兵、のち海軍少尉になる。 | 6・25学徒動員体制決まる。 |

| | | | | |
|---|---|---|---|---|
| 一九 | 一九四四 | 25 | 12月東大前総長の平賀譲三女・好子と婚姻。 | 11・24初の東京空襲。 |
| 二〇 | 一九四五 | 26 | 3・23空襲により住吉町社屋焼失。6・1大阪工場全焼。9月復員、10・1寿屋入社。11・25妻好子長男信忠を出産、12月好子他界。 | 8・15終戦。8・18満州国解消。 |
| 二一 | 一九四六 | 27 | 2・6財団法人食品化学研究所を設立。4・1トリスを再発売。11・1『ホームサイエンス』を創刊。 | 11・3日本国憲法発布。財閥解体が本格化。 |
| 二二 | 一九四七 | 28 | 1・23大分工場（臼杵市）が竣工。 | |
| 二三 | 一九四八 | 29 | 3・20『ホームサイエンス』第八号で終刊。 | |
| 二四 | 一九四九 | 30 | 3・24住友海上会長大平賢作の三女大平けい子と宝塚ホテルで挙式。11月専務取締役に就任。 | |
| 二五 | 一九五〇 | 31 | 2・26長女春恵が誕生。「オールド」を発売。 | 初のトリスバー池袋に開店。6・25朝鮮戦争勃発。 |
| 二六 | 一九五一 | 32 | 6・15内閣総理大臣吉田茂、「山崎工場」見学。 | 9・8講和条約と日米安保条約調印。 |
| 二七 | 一九五二 | 33 | 敬三が提案の「新国民歌」募集を発表。審査員、作詞＝堀内敬三、土岐善麿、大木敦夫、西条八十、サトウ・ハチロー、佐藤春夫、三好達治、作曲＝堀内敬三、山田耕筰、増沢健美、古関裕而、諸井三郎。入選は作詞＝芳賀秀次郎、作曲＝西崎嘉太郎『われら愛す』（山田耕筰・編曲） | 5・1血のメーデー事件。 |

| | | | | |
|---|---|---|---|---|
| 二八 | 一九五三 | 34 | 6月ラジオ小説『次郎物語』新大阪放送。10・10『われら愛す』を発表。 | 7・27朝鮮戦争休戦。 |
| 二九 | 一九五四 | 35 | 1・29道夫が常務取締役に就任。7・1大阪青年会議所理事長に就任。山崎隆夫を宣伝部長に招く。開高健、柳原良平入社。11・12日本洋酒酒造組合理事長に就任。 | |
| 三〇 | 一九五五 | 36 | 鳥井信治郎が藍綬褒章を受ける。 | |
| 三一 | 一九五六 | 37 | 4・1『洋酒天国』を創刊。6・14「山梨葡萄専修学校」と寿屋葡萄研究所を開設。9・24東京支店を日本橋茅場町に移転。 | 11月トリスバーが三万五千軒に。「もはや、戦後ではない」（経済白書）。12月国連に加盟。 |
| 三二 | 一九五七 | 38 | 7・13寿屋労組、夏季賞与交渉で初めてスト突入。 | 8・27東海村原子炉点火。 |
| 三三 | 一九五八 | 39 | 2・7山崎工場の第一期増設、多摩川工場竣工。1月開高健が芥川賞を受賞。2月山口瞳が入社。 | 12月東京タワー完工。 |
| 三四 | 一九五九 | 40 | 4・17夫妻でヨーロッパ歴訪の旅。7・2「総合広告電通賞」を受賞。11・28ＴＶ番組「ローハイド」を単独提供。 | |
| 三五 | 一九六〇 | 41 | 5月中央酒類審議会委員就任。「サントリーウイスキーローヤル」発売。12・20初の著書『洋酒天国』刊行。秋ビール事業進出を決意。 | 安保強行採決。池田内閣、国民所得倍増計画。 |
| 三六 | 一九六一 | 42 | 5・30社長に就任。鳥井信治郎が会長に、鳥井道夫 | |

| | | | | |
|---|---|---|---|---|
| | | | が専務に就任。9・8ビール製造の内免許申請書を提出。午後、ビール事業進出を正式発表（帝国ホテル）。9・11「トリスを飲んでハワイへ行こう」キャンペーンを開始。11・20サントリー美術館開設、館長就任。 | |
| 三七 | 一九六二 | 43 | 2・20鳥井信治郎会長が逝去（享年八十三歳）。2・25社葬、大阪四天王寺本坊。葬儀委員長＝国分勘兵衛。喪主＝鳥井信一郎。友人総代＝池田勇人、高碕達之助、山本為三郎、杉道助、鈴木三郎助。「雲雀丘学園」理事長就任。5・21「サントリー・デ・メヒコ社」設立。 | |
| 三八 | 一九六三 | 44 | 1月国際部を新設。海外志向を強める。3・1「サントリー株式会社」に社名変更。4・20ビール生産拠点「武蔵野ビール工場」が竣工。4・27サントリービールを発売。 | |
| 三九 | 一九六四 | 45 | 3・20「サントリーレッド」を発売。11月大阪広告協会会長に就任。 | 10月東京オリンピック。 |
| 四〇 | 一九六五 | 46 | 2・15ニューヨークに駐在員事務所開設。IBM1440型EDPSを導入。 | 2・7米国北爆開始。 |
| 四一 | 一九六六 | 47 | 5・21日本万国博広報専門委員に就任。 | |

| | | | | |
|---|---|---|---|---|
| 四二 | 一九六七 | 48 | 鳥井信一郎がサントリー入社。3・1全デンマーク産業組合より産業功労者としてオスカー賞を受賞。4・20サントリービール〈純生〉を発売。6・15メキシコ名誉領事に任命される。7・1日本青年社長会（YPO）会長に就任。同日、ニューヨーク駐在員事務所開設。7月ロサンゼルス事務所改組、サントリー・インターナショナル社を設立。 | |
| 四三 | 一九六八 | 49 | 3月信忠、慶應義塾大学経済学部卒業。輸入酒販売部門を独立。 | 学生運動激化。 |
| 四四 | 一九六九 | 50 | 2・19ビール第二の生産拠点桂工場を長岡京に建設。6・17創業七十周年記念製品「サントリーウイスキースペシャルリザーブ」発売。6月社史『サントリーの70年　やってみなはれ　みとくんなはれ』発行。12・26七〇周年記念事業として鳥井音楽財団（のちサントリー音楽財団）を設立し、理事長に就任。あわせて大阪大学に記念館を寄贈。 | |
| 四五 | 一九七〇 | 51 | 2・19サントリーミネラルウォーターを発売。3・11日本万国博覧会「サントリー館」を竣工。4・9関西経済同友会代表幹事に就任、日中国交回復を提言。 | 3〜9月大阪で万国博覧会開催。 |

| | | | | |
|---|---|---|---|---|
| 四六 | 一九七一 | 52 | 3月信忠がカリフォルニア大学ロサンゼルス校（UCLA）経営大学院卒業。3・29サントリー本社ビル（大阪市）竣工。6・21ロンドン駐在員事務所開設。7月社団法人関西公共広告機構を設立、初代理事長に就任。9・15訪中関西財界代表団に参加、日中国交回復の先駆けとなる。 | 6・17沖縄返還協定調印。 |
| 四七 | 一九七二 | 53 | 2月洋酒拡売のために「二本箸作戦」を展開。 | 2月札幌オリンピック。 |
| 四八 | 一九七三 | 54 | 2・1白州ディスティラリーが竣工。4・1新社是発表、4月サントリー・バレーボールチーム結成。 | 10月第四次中東戦争でオイルショック起こる。 |
| 四九 | 一九七四 | 55 | 5月第一回愛鳥キャンペーン実施。3・1サントリー・インターナショナル社の「ニューヨーク支店」を開設。6月佐治信忠がサントリー入社。 | |
| 五〇 | 一九七五 | 56 | 3・12東京支社ビル竣工（港区元赤坂）、サントリー美術館を大手町パレスビルより同ビルに移設。10・17山梨ワイナリーで、日本初の貴腐葡萄を収穫。4月新五カ年計画経営ビジョン「超種類企業への脱皮」策定。11・25著書『新洋酒天国』を文藝春秋より上梓。 | 4・30ベトナム戦争終結。 |
| 五一 | 一九七六 | 57 | 2月関西財界セミナー（関西経済連合会主催）での | 7・27田中角栄首相逮捕。 |

| | | | | |
|---|---|---|---|---|
| 五二 | 一九七七 | 58 | 発言が大きな話題に。「鉄が国家なら、ウォータービジネスも国家なり」（朝日新聞等）。5・29信忠、岩田英子と結婚。6・11第一回全社員セールスマン作戦実施。10・6藍綬褒章を受章。<br>4・18衆議院商工委員会で独禁法改正企業分割論に、〝私の身体を二つに〟と発言。5月関経連副会長就任。油彩画に初挑戦、「花とウイスキー」を制作。毎年政経文化画人展に出品。7月自由社会研究会発足（盛田昭夫理事長、佐治敬三副理事長）。9月大阪工場の新型蒸溜器を備えた大増築工事が竣工。式典に松下電器の松下幸之助、住友銀行頭取の伊部恭之助らが列席。 | |
| 五三 | 一九七八 | 59 | 3月ロンドン大学にサントリー&トヨタ基金を創設。LSE（ロンドン・スクール・オブ・エコノミクス）が運営。5月春恵、堤剛と結婚。6月佐治敬三、豊田章一郎（英二の代理）が出席して、同大学で贈呈式と公式記者会見。同月経済団体連合会常任理事に就任。10月経済審議会総合部会委員に就任。12・5十周年を期して鳥井音楽財団を「サントリー音楽財団」と改称。 | 成田空港開港。 |

| | | | | |
|---|---|---|---|---|
| 五四 | 一九七九 | 60 | 1・25PR誌『サントリークォータリー』を創刊。2・1サントリー文化財団設立、理事長に就任。「地域文化賞」「学芸賞」を創設。5月麦酒酒造組合代表理事に就任。信忠がサントリー・インターナショナル社社長に就任。5月ウイスキー博物館開設、監修梅棹忠夫他。 | 第二次オイルショック。6月東京サミット開催。ソ連、アフガニスタン侵攻。 |
| 五五 | 一九八〇 | 61 | 3・25総合会議で「生活文化企業」を掲げる。4・28ラグビーフットボールクラブを結成。10・1サントリー・インターナショナル社がペプコム社を買収。サントリー文化財団、国際シンポジウム『日本の主張』(Japan Speaks) 開催。11月税制調査会委員に就任。 | |
| 五六 | 一九八一 | 62 | 5・9早大大隈講堂で「企業経営と文化」について講演、永六輔氏とともに。9・27第一回「北京国際マラソン」開催に協賛。8・4ＴＢＳブリタニカ株式を五十一％取得。 | |
| 五七 | 一九八二 | 63 | 8・28ブロードウェイ・ミュージカル「ダンシン」を公演。(東京、大阪で八十三公演を実施) 10月財団法人「世界自然保護基金日本委員会(ＷＷＦＪ)」副会長就任。11月アメリカのＭＩＴ(マサチューセ | |

| | | | | |
|---|---|---|---|---|
| | | | ッツ工科大学）で同大学と共同主催でシンポジウム「日本的経営とは何か」を開催。 | |
| 五八 | 一九八三 | 64 | 3・1北京事務所開設。12・4第一回「サントリーオールド一万人の第九コンサート」開催（大阪城ホール）（敬三、逝去の前年まで、第四楽章の「歓喜」をバリトンで歌う）。11・9「サントリーシンポジウム〈洋酒天国83〉――ウイスキーづくり60周年記念」を新高輪プリンスホテルで。主催者あいさつをおこなう。12・15仏の「シャトー・ラグランジュ」を取得。 | 青函トンネル開通。 |
| 五九 | 一九八四 | 65 | 5・12ボルドー・サンテミリオン地区の「ボンタン騎士団」の正会員になる。11月中国江蘇三得利食品有限公司を設立。 | |
| 六〇 | 一九八五 | 66 | 3・17科学万博つくば'85に「燦鳥館」出展。3・1解放政策の進む中国を日本商工会議所ミッションで再度公式訪問。中国語で「北京の春」を歌う。9・18「シャトー・ラフイット・ロートシルト」と業務提携。12・2大阪商工会議所会頭に就任。 | |
| 六一 | 一九八六 | 67 | 2・14国際花と緑の博覧会協会副会長に就任。3・4サントリー生ビール〈モルツ〉を発売。5・13フ | バブル景気。 |

| | | | | |
|---|---|---|---|---|
| | | | ランス芸術文化勲章の最高位コマンドール受章。10・12十二日、「サントリーホール」を開設。10・16ドイツ連邦共和国政府より功労勲章大功労十字章を受章。 | |
| 六二 | 一九八七 | 68 | 2・24メキシコ政府からアギラ・アステカ勲章を受章。11・3スウェーデン王立理工学アカデミーの会員となる。 | 4・1国鉄の分割民営化。 |
| 六三 | 一九八八 | 69 | 2・28ＴＢＳ系のＪＮＮ特集報道番組で、大阪発、「東京をどうする? 仙台、名古屋の声も」で、いわゆる遷都問題での〝熊襲発言〟を放送。5・2サントリーホール、カラヤン来日公演。10月財団法人「大阪バイオサイエンス研究所」理事長就任。10・12アライド・ライオンズ社（イギリス）と資本業務提携。11・25オーストリア共和国政府からコマンダークロス勲章受章。12月経団連評議員会副議長就任。 | |
| 昭和六四<br>平成　元 | 一九八九 | 70 | 3月信忠が副社長に就任。4・3創業九十周年記念ウイスキー〈響〉を発売。5・21創業九十周年記念「不易流行研究所」を設立。9月入院中の開高健を三田の済生会中央病院に見舞う。10月英国スコットランド、「ゼ・キーパーズ・オブ・ゼ・クェイク | 1・7昭和天皇崩御。中国で天安門事件。11・9ベルリンの壁崩壊。 |

| | | | | |
|---|---|---|---|---|
| | | | (The Keepers of the Quaich) 正会員に推され認証式に出席。11・3勲一等瑞宝章を受章。12・9開高健が死去。享年五十八歳。 | |
| 二 | 一九九〇 | 71 | 3・27会長に就任。道夫副社長が副会長に、鳥井信一郎副社長（五十二歳）が社長に就任。4・1花博協会会長代行として活躍、サントリー館を出展。4月セレボス・パシフィック社（シンガポール）を買収。7・4フランス政府よりレジオン・ドヌール・オフィシエ章を受章。9・24ボルドーにシャトー・ベイシュヴェル国際現代芸術センターを開設。9月ブルゴーニュのシュバリエ・ド・タートバンの正会員に叙任。11・4念願のヒマラヤ行きを果たす。 | 8・2イラク、クウェートに侵攻。 |
| 三 | 一九九一 | 72 | ブロードウェイ・ミュージカル『ジェローム・ロビンス・ブロードウェイ』（トニー賞作品）を述べ八十一公演、観客動員数は十二万人。11・4イタリア政府からイタリア共和国功績勲章コメンダトーレを受章。12月文化交流の貢献に対しオランダのベアトリクス女王よりオレンジ・ナッソウ勲章受章。 | 1・17湾岸戦争。12・17ソ連消滅。バブル崩壊。 |
| 四 | 一九九二 | 73 | 2・3第三回飛騨古川音楽大賞特別賞受賞。3月開高健賞をTBSブリタニカに設立。大阪コミュニテ | |

| | | | | |
|---|---|---|---|---|
| | | | ィー財団会長就任。5・1ロマネ・コンティと提携し、独占販売権を取得。6月経済広報センター副会長に就任。9月ロマネ・コンティを敬三夫妻が訪問、オベール・ド・ヴィレーヌ氏を表敬。 | |
| 五 | 一九九三 | 74 | 長女堤春恵が『仮名手本ハムレット』で読売文学賞を受賞。3月大阪二十一世紀協会会長に就任。4・1から「私の履歴書」（日経）を連載。 | |
| 六 | 一九九四 | 75 | 2・18日本経済新聞より『へんこつ　なんこつ――私の履歴書』を発刊。5月公共広告機構会長に就任。9・26モリソン・ボウモア社（イギリス）を買収。11・3サントリーミュージアム「天保山」を開設。九月、ウルムチ、トルファン、敦煌への旅。11月サントリーホールが「メセナ大賞'94」を受賞。（肺がんの手術を受ける。大阪大学付属病院） | |
| 七 | 一九九五 | 76 | 9・1第一句集『自然薯』（跋文・大岡信）を角川書店より刊行。9・2梅田近代美術館で「佐治敬三の美感遊創」展を開催。 | 1・1世界貿易機構WTO発足。1・17阪神淡路大震災。3・20東京地下鉄サリン事件。 |
| 八 | 一九九六 | 77 | 2・25ラグビー日本一の栄冠に輝く。国立競技場で胴上げ。東京紀尾井町の文春ギャラリーで「佐治敬三の美感遊創」展を開催。6月ボルドーのシャト | |

| | | | | |
|---|---|---|---|---|
| 九 | 一九九七 | 78 | ー・ラグランジュで、ワイン商の名誉ある組織「ボンタン騎士団」特別祭を敬三が主催。7・19桂ビール工場ＩＳＯ９００２認証取得。2・13長女堤春恵作『仮名手本ハムレット』ニューヨーク公演を観劇。オフオフ・ブロードウェイの「ラ・ママ」劇場で、木山事務所が上演。3・2「佐治さんありがとうの会」サントリーホールで開催。世話人は朝比奈隆、原武など十二名。5・30渡邊暁雄音楽基金・特別賞を受賞。5・30日本文化デザイン賞を受賞。10・27ブルーカーネーション「ムーンダスト」発売。 | 7・1香港、中国に返還。11・17北海道拓殖銀行破綻。 |
| 十 | 一九九八 | 79 | 3・20第二句集『仙翁花』（跋文・森澄雄）を朝日新聞社より発刊。4・2出版記念パーティーを東京会館で開催。森澄雄、大岡信、有馬朗人、黒田杏子氏ら俳人や詩人も多く出席した。10・6ＮＨＫ交響楽団より第十八回有馬賞を受賞。11・3一九九八年度大阪文化賞を受賞。 | 2・7長野冬季オリンピック。 |
| 一一 | 一九九九 | 80 | 3・16ウィーン・フィルハーモニー管弦楽団より「フランツ・シャルク金メダル」を贈呈される。3・22創業百周年謝恩コンサートを開催。4・9創 | 1・1ユーロ誕生。2・28脳死による臓器移植を実施。 |

| | | | |
|---|---|---|---|
| | | | 業百周年記念式典を大阪城ホールで挙行、新たな出発に全社員七千名を激励。5月神奈川近代文学館で開催中の「開高健回顧展」を夫妻で観る。7・2大阪青年会議所のOBとして『大阪JC記念誌』発刊のための座談会に出席。7・20天神祭の船渡御を帝国ホテル八階の窓から見物。11・3午前六時三十一分、逝去。享年八〇歳。同日、正三位旭日大綬章が贈られる。親族と対面のあと、雲雀丘の自宅に運ばれ、「洋館」で仮通夜。11・4北御堂（大阪）で通夜。11・5北御堂（大阪）で密葬。12・2故人が愛したサントリーホールで社葬を行う。 |
| 一三 | 二〇〇一 | | 3月長男・信忠が代表取締役社長に就任。「佐治敬三賞」をサントリー音楽財団（現・サントリー芸術財団）が設立。 |
| 二〇 | 二〇〇八 | | 没後十年ということで、遺句集『千年の葡萄』を角川学芸出版より（跋文・森澄雄、あとがき・佐治けい子）を刊行。 |

▨年譜作成にあたっては、『佐治敬三追想録』『サントリー百年誌』、社内報『まど』などを参考にさせていただいた。

# 人名索引

## あ　行


青木月斗　172
阿川弘之　2, 101
秋山裕一　96
芥川也寸志　370, 379
朝比奈隆　404
浅見与七　82
浅利慶太　384
アベグレン，ジェームス　205
阿部次郎　74-76, 162
阿部知二　76, 152
安倍能成　76
安倍川佳司　250
天野祐吉　169, 402
アミエル，アンリ　71
荒垣秀雄　257
有川浩　51
飯田龍太　10
五百旗頭真　385
池内紀　54
池田勇人　243
井坂孝　138
石川九楊　385
石川達三　215
石川六郎　354
石坂泰三　293, 323
石濱恒夫　34
石原慎太郎　174, 225
泉鏡花　171
磯田光一　384
市村清　293
伊藤国光　354
伊藤尚子　370
稲富孝一　345
稲葉元吉　304
稲見宗孝　368
稲森和夫　62
稲山嘉寛　323
井上繁　345
井上木它　171, 172
井上靖　2
今西錦司　374
岩下清周　55
岩田誠三　336
岩本栄之助　12, 21
ヴァイクル，ベルント　371
上田篤　384
ヴォーゲル，エズラ　383
内田光子　366
梅棹忠夫　221, 349, 381
占部都美　204, 206, 207
江馬務　349
江口あつみ　404
遠藤欣之助　162
遠藤周作　174
大井一郎　344
大内兵衛　77
大江健三郎　174
大岡昇平　10
大岡信　384, 387, 388
大隈重信　159
大塚信一　34
大西為雄　223, 345
大野晋　10
大橋鎮子　151

大平賢作　164
大宮庫吉　240
大宅壮一　162
丘浅次郎　159
大仏次郎　215, 257
小澤征爾　371
織田作之助　211
小野塚喜平次　195
尾野宏明　404
小渕恵三　404

## か　行

開高健　5, 22, 41, 128, 145, 173, 174, 177, 207, 217, 218, 221, 229, 258, 260, 294, 325, 327, 366, 375, 379, 380, 382, 384, 392
開高道子　119, 177
筧克彦　80
鹿島茂　385, 389
粕谷一希　162, 382, 384
片岡敏郎　169-171, 190, 192
加藤完治　80, 82
加藤周一　10
金子兜太　10, 109
鎌倉芳太郎　390
カラヤン，ヘルベルト v.　308, 371, 372
ガルブレイズ，ジョン　130, 131, 383
河合栄治郎　74, 77, 78, 80, 161, 162
川勝伝　324, 351
川上善兵衛　80, 191, 193, 197, 344
川上英夫　344
川上宏史　346
川村二郎　147, 149
喜多山美雪　333
木下杢太郎　184
木村健康　76
京極純一　384
ギルダー，ジョージ　227
国井真　333
國田稔　250
熊谷尚夫　384
熊田順一　250
公文俊平　383
倉田百三　74, 76, 160
グラハム，キャサリン　62
クレール，ジャン　401
黒澤清治　404
黒田清　320
小池和夫　384
小磯良平　152
小出楢重　8, 36
高坂正堯　379, 381-384
幸田露伴　159
小崎一昌　36
小島直記　10, 46
五代友厚　20
小竹無仁雄　5, 18, 82, 88, 112, 115, 139, 324
小谷正一　156
児玉泰介　354
児玉其治　129
五島慶太　55
五島昇　350, 352, 369
小西儀助　14, 23-26, 28, 29
小林一三　40, 44, 48, 49, 51, 55, 125, 152, 242, 324, 400
小林勇　394
小林中　323
小松左京　349, 381, 383, 384
小宮豊隆　76
近藤悠三　103

## さ　行

斎藤三郎　102, 104
斎藤尚明　102
斎藤茂吉　31, 184

ザイフェルト，ペーター　371
サヴァリッシュ，ヴォルフガング　370, 371
佐伯勇　324, 351
佐伯啓思　384
佐伯彰一　384
酒井睦夫　178, 229
堺屋太一　381
坂口謹一郎　70, 81, 82, 184, 193, 195-197, 201, 263
阪田寛夫　49, 50
坂根進　178, 229, 260, 325, 349
作田耕三　47, 122, 168, 205, 207
佐治けい子（大平）　52, 72, 164, 234, 399
佐治信忠　72, 113, 203, 277, 303, 335, 339, 357, 380, 381, 384, 390, 400, 405
佐治英子（岩田）　336
佐治好子（平賀）　107, 109
佐谷正　67, 69, 73
佐藤鬼房　10
佐藤乾　345
佐藤誠三郎　383
佐藤保三郎　333
佐藤安文　310
佐藤嘉尚　217
佐野眞一　395
佐野善之　381
佐橋滋　323
サロー，レスター　304
椎尾辨匡　82
塩野七生　384
志賀直哉　3
信夫韓一郎　257
清水雅　324, 349
下田歌子　159
下村湖人　73, 81, 156, 158
シャイン，エドガー　304
庄野潤三　174
菅原努　153
杉村正夫　252, 356
杉本久英　245
鈴木敬介　370
鈴田健二　344
住吉屋藤左衛門　11
関口存男　54
宗茂　354
宗猛　354

## た　行

高碕達之助　59, 194, 256
高碕芳郎　59, 64
高階秀爾　384, 391
高田敬三　60
竹内均　188
武田泰淳　174
武田麟太郎　212
竹鶴政孝　222
武満徹　379
太宰治　211
田沢義鋪　81, 158
田代和　404
太刀山峯右エ門　171
辰馬通夫　368
田中健五　384
田中水四門　192
田中良和　396
谷川徹三　76
谷川英夫　168
谷崎潤一郎　8
谷沢永一　177, 384
壇一雄　123
丹下健三　294
塚本幸一　10
津田和明　403
堤剛　362, 380
堤春恵（佐治）　72, 168, 362

坪内逍遙　184
都留重人　383
寺田寅彦　185
ドーア，ドナルド　383
東条一元　344
徳川無声　232
徳田球一　122
徳永久治　333
富本健吉　103
鳥井喜蔵　13, 23, 25
鳥井吉太郎　5, 10, 18, 36, 83, 91, 103, 203
鳥井クニ　10, 36, 62
鳥井邦枝　113
鳥井こま　13
鳥井信一郎　53, 113, 277, 279, 303, 381, 400, 404
鳥井信吾　27, 53, 277, 380, 381
鳥井信治郎　5, 8, 10, 14, 17, 18, 19, 22, 24, 31, 33, 36, 39, 43, 45, 48, 115, 136, 139, 170, 176, 186, 203, 213, 217, 232, 246, 256, 283, 314, 390
鳥井せつ　13
鳥井忠兵衛　13, 14, 23, 24
鳥井信宏　277
鳥井春子（小林）　83, 113, 400
鳥井道夫　10, 100-102, 167, 379, 400
鳥井ゑん　13

## な　行

永井紀芳　357
永井陽之助　383, 384
中内功　10, 102
中勘助　42, 73, 75
長州一二　10
中曽根康弘　79, 107, 108
永田敬生　324, 351
永田穂　370
中谷宇吉郎　146, 185, 394
中司清　324, 349
永野重雄　353
中山素平　323
鳴海欣一　345
西垣守　345
西沢力　250, 345
西野晴夫　344
西堀栄三郎　372-375
新渡戸稲造　159
二宮欣也　237, 242
丹羽文雄　215
野上弥生子　209
野口武彦　385
野口悠紀雄　384
野坂昭如　360
野間宏　174
野村徳七　21, 25
野村弘光　135
野村光正　135, 136
野村洋三　135, 138

## は　行

芳賀徹　383, 384
橋詰せみ郎（良一）　56, 57, 59
八反田弘　151, 366
花森安治　147
羽仁進　394
林忠彦　211
林芙美子　146
林佑子　370
原武史　385
原田憲　59
バルザック，オノレ　342
日向方斎　323, 350, 351
平賀譲　77, 105, 107
平木英一　284, 349, 369
廣澤昌　104, 404
広瀬義夫　116

広中和歌子　383
ブキャナン，ジェームス　383
福川伸二　402
福澤諭吉　184
藤田一暁　293, 348
船橋洋一　384
ペダル，マービン　297, 305
ベル，ダニエル　383
堀田善衛　174
ポップ，ルチア　370
堀出一郎　284
本多久吉　249, 259
本田親男　194, 256, 319

## ま　行

牧羊子（金城初子・開高初子）　22, 112, 119, 143, 145, 177
正岡子規　172
町田栄次郎　333
松井慎一郎　162
松井康雄　315
松下正治　350
松原治　78
松宮節郎　344
松村友視　398
松本三四郎　335
マテオス，アドルフォ・ロペス　335
的場晴　394
真鍋圭子　368
黛敏郎　379
丸谷才一　384, 385
マン，トーマス　342
三浦菊太郎　74, 78
三浦雅士　385
御厨貴　385
水上勉　10
宮沢喜一　10, 404
武者小路実篤　76
務台光雄　257
村岡花子　152
村上満　252
森鷗外　184
森際三良　182
森口親司　381, 383
森下泰　290, 292, 294, 348
森澄雄　10, 85, 87, 109, 398, 399
盛田昭夫　10, 373
諸井誠　366

## や　行

八尾公子　61
安岡章太郎　174
安村圭介　252, 272
柳原良平　5, 173, 229, 258, 260, 325, 327, 375
山口瞳　5, 38, 41, 173, 260, 324, 329, 375
山崎一夫　368
山崎隆夫　34, 173, 174, 176, 205, 229
山崎豊子　15, 24
山崎正和　379, 381, 383, 391
山崎悠三　262, 345
山下喜史　400
山田稔　290, 292, 294
大和勇三　330
山本勝　383
山本為三郎　254, 261
山本弘　351
湯目英郎　344
由里正雄　368
横光利一　196
吉岡実　10
吉田鴻司　10
吉田富士夫　344
吉行淳之介　174, 212
米山俊直　383

## ら・わ行

ライシャワー，エドウィン　226, 293
リフトン，ロバート　383
レヴィ＝ストロース，クロード　383
蠟山昌一　381
ロストロポーヴィッチ，ムスティスラフ　62
若桑みどり　385
若林覚　368
和田精　156, 157
渡辺忠雄　176

《著者紹介》

小玉　武（こだま・たけし）

1938年　東京生まれ。神戸，横浜で育つ。

1962年　早稲田大学を卒業後，サントリー株式会社（当時寿屋）入社。
宣伝部で広告制作，『洋酒天国』編集を担当。のち広報部長，文化事業部長，TBSブリタニカ取締役出版局長を歴任。『サントリークォータリー』創刊編集長を14年間兼務。2000年３月退職後，母校早稲田大学の参与と非常勤講師をつとめ，

現　在　早稲田大学参与・石橋湛山記念早稲田ジャーナリズム大賞事務局長。日本文藝家協会会員。公益財団練馬区文化振興協会理事。エッセイスト・俳人（師は森澄雄）。

著　書　『『洋酒天国』とその時代』筑摩書房，2007年（第24回織田作之助賞受賞）。『「係長」山口瞳の処世術』筑摩書房，2009年，など。

ミネルヴァ日本評伝選
佐《さ》治《じ》敬《けい》三《ぞう》
——夢，大きく膨らませてみなはれ——

2012年９月10日　初版第１刷発行　〈検印省略〉

定価はカバーに
表示しています

著　者　小　玉　　武
発行者　杉　田　啓　三
印刷者　江　戸　宏　介

発行所　株式会社　ミネルヴァ書房
607-8494　京都市山科区日ノ岡堤谷町１
電話代表（075）581-5191
振替口座　01020-0-8076


共同印刷工業・新生製本

ISBN978-4-623-06443-4
Printed in Japan

# 刊行のことば

歴史を動かすものは人間であり、興趣に富んだ人間の動きを通じて、世の移り変わりを考えるのは、歴史に接する醍醐味である。

しかし過去の歴史学を顧みるとき、人間不在という批判さえ見られたように、歴史における人間のすがたが、必ずしも十分に描かれてきたとはいえない。二十一世紀を迎えた今、歴史の中の人物像を蘇生させようとの要請はいよいよ強く、またそのための条件もしだいに熟してきている。

この「ミネルヴァ日本評伝選」は、正確な史実に基づいて書かれるのはいうまでもないが、単に経歴の羅列にとどまらず、歴史を動かしてきたすぐれた個性をいきいきとよみがえらせたいと考える。そのためには、対象とした人物とじっくりと対話し、ときにはきびしく対決していくことも必要になるだろう。

今日の歴史学が直面している困難の一つに、研究の過度の細分化、瑣末化が挙げられる。それは緻密さを求めるが故に陥った弊害といえるが、その結果として、歴史の大きな見通しが失われ、歴史学を通しての社会への働きかけの途が閉ざされ、人々の歴史への関心を弱める危険性がある。今こそ歴史が何のためにあるのかという、基本的な課題に応える必要があろう。評伝という興味ある方法を通じて、解決の手がかりを見出せないだろうかというのも、この企画の一つのねらいである。

狭義の歴史学の研究者だけでなく、多くの分野ですぐれた業績をあげている著者たちを迎えて、従来見られなかった規模の大きな人物史の叢書として、「ミネルヴァ日本評伝選」の刊行を開始したい。

平成十五年（二〇〇三）九月

ミネルヴァ書房

# ミネルヴァ日本評伝選

**企画推薦**
梅原　猛
ドナルド・キーン
佐伯彰一
角田文衞

**監修委員**
上横手雅敬
芳賀　徹

**編集委員**
石川九楊　今橋映子　竹西寛子
伊藤之雄　熊倉功夫　西口順子
猪木武徳　佐伯順子　兵藤裕己
今谷　明　坂本多加雄　御厨　貴
武田佐知子

## 上代

*俾弥呼　古田武彦
日本武尊　西宮秀紀
仁徳天皇　若井敏明
雄略天皇　吉村武彦
*蘇我氏四代　遠山美都男
推古天皇　義江明子
聖徳太子　仁藤敦史
斉明天皇　武田佐知子
小野妹子・毛人　大橋信弥
*額田王　梶川信行
弘文天皇　遠山美都男
天武天皇　新川登亀男
持統天皇　丸山裕美子
阿倍比羅夫　熊田亮介
柿本人麻呂　古橋信孝
*元明天皇・元正天皇　渡部育子
聖武天皇　本郷真紹
光明皇后　寺崎保広
孝謙天皇　勝浦令子
藤原不比等　荒木敏夫
吉備真備　今津勝紀
*藤原仲麻呂　木本好信
道　鏡　吉川真司
大伴家持　和田　萃
行　基　吉田靖雄

## 平安

*桓武天皇　井上満郎
嵯峨天皇　西別府元日
宇多天皇　古藤真平
醍醐天皇　石上英一
村上天皇　京樂真帆子
花山天皇　上島　享
*三条天皇　倉本一宏
藤原薬子　中野渡俊治
小野小町　錦　仁
藤原良房・基経　瀧浪貞子
菅原道真　竹居明男
*紀貫之　神田龍身
源高明　所　功
*安倍晴明　斎藤英喜
藤原実資　橋本義則
*藤原道長　朧谷　寿
藤原伊周・隆家　倉本一宏
藤原定子　山本淳子
清少納言　後藤祥子
紫式部　竹西寛子
和泉式部　ツベタナ・クリステワ
大江匡房　小峯和明
阿弖流為　樋口知志
坂上田村麻呂　熊谷公男
*源満仲・頼光　元木泰雄
平将門　西山良平
藤原純友　寺内　浩
空　海　頼富本宏
最　澄　吉田一彦
*空　也　石井義長
奝　然　上川通夫
*源　信　小原　仁
後白河天皇　美川　圭
式子内親王　奥野陽子
建礼門院　生形貴重
藤原秀衡　入間田宣夫
平時子・時忠　元木泰雄
平維盛　根井　浄
守覚法親王　阿部泰郎
藤原隆信・信実　山本陽子

## 鎌倉

源頼朝　川合　康
*源義経　近藤好和
源実朝　神田龍身
後鳥羽天皇　五味文彦
九条兼実　村井康彦
九条道家　上横手雅敬
北条時政　野口　実
熊谷直実　佐伯真一
*北条政子　関　幸彦
北条義時　岡田清一
曾我十郎・五郎　杉橋隆夫
北条時宗　近藤成一
安達泰盛　山陰加春夫
平頼綱　細川重男
竹崎季長　堀本一繁
西　行　光田和伸
藤原定家　赤瀬信吾
*京極為兼　今谷　明
*兼　好　島内裕子
重　源　横内裕人
*運　慶　根立研介
快　慶　井上一稔

法然　今堀太逸
慈円　大隅和雄
明恵　西山　厚
親鸞　末木文美士
恵信尼・覚信尼　西口順子
覚如　今井雅晴
道元　船岡　誠
叡尊　細川涼一
*忍性　松尾剛次
*日蓮　佐藤弘夫
一遍　蒲池勢至
夢窓疎石　田中博美
*宗峰妙超　竹貫元勝

## 南北朝・室町

後醍醐天皇　上横手雅敬
護良親王　新井孝重
赤松氏五代　渡邊大門
*北畠親房　岡野友彦
楠正成　兵藤裕己
*新田義貞　山本隆志
光厳天皇　深津睦夫
足利尊氏　市沢　哲
佐々木道誉　下坂　守
円観・文観　田中貴子
足利義詮　早島大祐
足利義満　川嶋将生
足利義持　吉田賢司
足利義教　横井　清
大内義弘　平瀬直樹
伏見宮貞成親王　松薗　斉
山名宗全　山本隆志
日野富子　脇田晴子
世阿弥　西野春雄
雪舟等楊　河合正朝
宗祇　鶴崎裕雄
*満済　森　茂暁
一休宗純　原田正俊
蓮如　岡村喜史

## 戦国・織豊

北条早雲　家永遵嗣
毛利元就　岸田裕之
毛利輝元　光成準治
*今川義元　小和田哲男
*武田信玄　笹本正治
*武田勝頼　笹本正治
*真田氏三代　笹本正治
三好長慶　天野忠幸
*宇喜多直家・秀家　渡邊大門
*上杉謙信　矢田俊文
島津義久・義弘　福島金治
吉田兼倶　西山　克
山科言継　松薗　斉
*雪村周継　赤澤英二
織田信長　三鬼清一郎
豊臣秀吉　藤井讓治
*北政所おね　田端泰子
*淀殿　福田千鶴
前田利家　東四柳史明
*黒田如水　小和田哲男
蒲生氏郷　藤田達生
*細川ガラシャ　田端泰子
伊達政宗　伊藤喜良
*支倉常長　田中英道
ルイス・フロイス　エンゲルベルト・ヨリッセン
*長谷川等伯　宮島新一
顕如　神田千里

## 江戸

徳川家康　笠谷和比古
徳川家光　野村　玄
徳川吉宗　横田冬彦
*後水尾天皇　久保貴子
光格天皇　藤田　覚
崇伝　杣田善雄
春日局　福田千鶴
*池田光政　倉地克直
シャクシャイン　岩崎奈緒子
*田沼意次　藤田　覚
*二宮尊徳　小林惟司
末次平蔵　岡美穂子
*高田屋嘉兵衛　生田美智子
林羅山　鈴木健一
吉野太夫　渡辺憲司
中江藤樹　辻本雅史
山崎闇斎　澤井啓一
山鹿素行　前田　勉
*北村季吟　島内景二
貝原益軒　辻本雅史
松尾芭蕉　楠元六男
*ケンペル　B・M・ボダルト＝ベイリー
荻生徂徠　柴田　純
*雨森芳洲　上田正昭
石田梅岩　高野秀晴
前野良沢　松田　清
平賀源内　石上　敏
本居宣長　田尻祐一郎
杉田玄白　吉田　忠
上田秋成　佐藤深雪
木村蒹葭堂　有坂道子
*大田南畝　沓掛良彦
菅江真澄　赤坂憲雄
*鶴屋南北　諏訪春雄
良寛　阿部龍一
*山東京伝　佐藤至子
*滝沢馬琴　高田　衛
平田篤胤　山下久夫
シーボルト　宮坂正英
本阿弥光悦　岡　佳子
小堀遠州　中村利則
狩野探幽・山雪　山下善也
尾形光琳・乾山　河野元昭
*二代目市川團十郎　田口章子
与謝蕪村　佐々木丞平
伊藤若冲　狩野博幸
鈴木春信　小林　忠
円山応挙　佐々木正子
*佐竹曙山　成瀬不二雄
葛飾北斎　岸　文和
酒井抱一　玉蟲敏子
孝明天皇　青山忠正
*和宮　辻ミチ子
徳川慶喜　大庭邦彦
島津斉彬　原口　泉

＊古賀謹一郎　小野寺龍太
＊栗本鋤雲　小野寺龍太
＊塚本明毅　塚本　学
＊月　性　海原　徹
＊吉田松陰　海原　徹
＊高杉晋作　海原　徹
ペリー　遠藤泰生
オールコック　佐野真由子
アーネスト・サトウ　奈良岡聰智
緒方洪庵　米田該典
冷泉為恭　中部義隆

## 近代

＊明治天皇　伊藤之雄
＊大正天皇　F・R・ディキンソン
＊昭憲皇太后・貞明皇后　小田部雄次
大久保利通　三谷太一郎
山県有朋　鳥海　靖
木戸孝允　落合弘樹
井上　馨　伊藤之雄
＊松方正義　室山義正
北垣国道　小林丈広
板垣退助　小川原正道
長与専斎　笠原英彦
大隈重信　五百旗頭薫
伊藤博文　坂本一登
井上　毅　大石　眞
井上　勝　老川慶喜
＊桂　太郎　小林道彦
渡辺洪基　瀧井一博
＊乃木希典　佐々木英昭
林　董　君塚直隆
＊児玉源太郎　小林道彦
＊高宗・閔妃　木村　幹
山本権兵衛　室山義正
高橋是清　鈴木俊夫
小村寿太郎　簑原俊洋
＊犬養　毅　小林惟司
加藤高明　櫻井良樹
加藤友三郎・寛治　麻田貞雄
牧野伸顕　小宮一夫
田中義一　黒沢文貴
内田康哉　高橋勝浩
石井菊次郎　廣部　泉
平沼騏一郎　堀田慎一郎
宇垣一成　北岡伸一
宮崎滔天　榎本泰子
＊浜口雄幸　川田　稔
幣原喜重郎　西田敏宏
関　一　玉井金五
水野広徳　片山慶隆
広田弘毅　井上寿一
安重根　上垣外憲一
＊グルー　廣部　泉
＊永田鉄山　森　靖夫
東條英機　牛村　圭
今村　均　前田雅之
蔣介石　劉　岸偉
石原莞爾　山室信一
木戸幸一　波多野澄雄
＊岩崎弥太郎　武田晴人
伊藤忠兵衛　末永國紀
五代友厚　田付茉莉子
大倉喜八郎　村上勝彦
＊安田善次郎　由井常彦
渋沢栄一　武田晴人
山辺丈夫　宮本又郎
武藤山治　阿部武司・桑原哲也
西原亀三　森川正則
小林一三　橋爪紳也
大倉恒吉　石川健次郎
大原孫三郎　猪木武徳
＊河竹黙阿弥　今尾哲也
イザベラ・バード　加納孝代
＊林　忠正　木々康子
森　鷗外　小堀桂一郎
二葉亭四迷　ヨコタ村上孝之
夏目漱石　佐々木英昭
巌谷小波　千葉信胤
樋口一葉　佐伯順子
＊島崎藤村　十川信介
泉　鏡花　東郷克美
有島武郎　亀井俊介
永井荷風　川本三郎
北原白秋　平石典子
菊池　寛　山本芳明
宮澤賢治　千葉一幹
正岡子規　夏石番矢
高浜虚子　坪内稔典
与謝野晶子　佐伯順子
＊種田山頭火　村上　護
＊斎藤茂吉　品田悦一
＊高村光太郎　湯原かの子
萩原朔太郎　エリス俊子
＊原阿佐緒　秋山佐和子
＊狩野芳崖・高橋由一　古田　亮
竹内栖鳳　北澤憲昭
黒田清輝　高階秀爾
中村不折　石川九楊
横山大観　高階秀爾
＊橋本関雪　西原大輔
小出楢重　芳賀　徹
土田麦僊　天野一夫
岸田劉生　北澤憲昭
松旭斎天勝　川添　裕
中山みき　鎌田東二
佐田介石　谷川　穣
ニコライ　中村健之介
出口なお・王仁三郎　川村邦光
島地黙雷　阪本是丸
＊新島　襄　太田雄三
木下広次　冨岡　勝
嘉納治五郎　クリストファー・スピルマン
津田梅子　田中智子
＊澤柳政太郎　新田義之
河口慧海　高山龍三
山室軍平　室田保夫
大谷光瑞　白須淨眞
＊久米邦武　髙田誠二
フェノロサ　伊藤　豊
三宅雪嶺　長妻三佐雄
＊岡倉天心　木下長宏
志賀重昂　中野目徹
徳富蘇峰　杉原志啓

竹越與三郎　西田　毅
内藤湖南・桑原隲蔵　礪波　護
岩村　透　今橋映子
西田幾多郎　大橋良介
金沢庄三郎　石川遼子
上田　敏　及川　茂
柳田国男　鶴見太郎
厨川白村　張　競
大川周明　山内昌之
西田直二郎　林　淳
折口信夫　斎藤英喜
九鬼周造　粕谷一希
辰野　隆　金沢公子
シュタイン　瀧井一博
*西　周　清水多吉
*福澤諭吉　平山　洋
福地桜痴　山田俊治
田口卯吉　鈴木栄樹
*陸　羯南　松田宏一郎
黒岩涙香　奥　武則
宮武外骨　山口昌男
*吉野作造　田澤晴子
野間清治　佐藤卓己
山川　均　米原　謙
岩波茂雄　十重田裕一
*北　一輝　岡本幸治
中野正剛　吉田則昭

満川亀太郎　福家崇洋
杉　亨二　速水　融
*北里柴三郎　福田眞人
田辺朔郎　秋元せき
*南方熊楠　飯倉照平
寺田寅彦　金森　修
石原　純　金子　務
J・コンドル　鈴木博之
辰野金吾　河上真理・清水重敦
*七代目小川治兵衛　尼崎博正
ブルーノ・タウト　北村昌史

## 現代

昭和天皇　御厨　貴
高松宮宣仁親王　後藤致人
*李方子　小田部雄次
吉田　茂　中西　寛
マッカーサー　柴山　太
石橋湛山　増田　弘
重光　葵　武田知己
市川房枝　村井良太
*池田勇人　藤井信幸

高野　実　篠田　徹
和田博雄　庄司俊作
朴正熙　木村　幹
竹下　登　真渕　勝
*松永安左エ門　橘川武郎
鮎川義介　井口治夫
*出光佐三　橘川武郎
松下幸之助　米倉誠一郎
渋沢敬三　井上　潤
*本田宗一郎　伊丹敬之
井深　大　武田　徹
*佐治敬三　小玉　武
幸田家の人々　金井景子
*正宗白鳥　大嶋　仁
大佛次郎　福島行一
*川端康成　大久保喬樹
*薩摩治郎八　小林　茂
松本清張　杉原志啓
安部公房　成田龍一
*三島由紀夫　島内景二
R・H・ブライス　菅原克也
金素雲　林　容澤
柳　宗悦　熊倉功夫

バーナード・リーチ　鈴木禎宏
イサム・ノグチ　酒井忠康
川端龍子　岡部昌幸
藤田嗣治　林　洋子
*井上有一　海上雅臣
*手塚治虫　竹内オサム
山田耕筰　後藤暢子
古賀政男　藍川由美
*吉田　正　金子　勇
武満　徹　船山　隆
*力道山　岡村正史
*西田天香　宮田昌明
安倍能成　中根隆行
サンソム夫妻　平川祐弘・牧野陽子
和辻哲郎　小坂国継
矢代幸雄　稲賀繁美
石田幹之助　岡本さえ
*平泉　澄　若井敏明
安岡正篤　片山杜秀
島田謹二　小林信行
前嶋信次　杉田英明
保田與重郎　谷崎昭男
*福田恆存　川久保剛
井筒俊彦　安藤礼二
佐々木惣一　松尾尊兊

*瀧川幸辰　伊藤孝夫
矢内原忠雄　等松春夫
福本和夫　伊藤　晃
*フランク・ロイド・ライト　大久保美春
大宅壮一　有馬　学
今西錦司　山極寿一

*は既刊
二〇一二年九月現在